Adolfo Braga Neto

A Mediação e a Administração Pública

Adolfo Braga Neto

A Mediação e a Administração Pública

São Paulo
2021

Editor: Fabio Humberg
Editor científico: Guilherme Assis de Almeida
Capa: Alejandro Uribe
Revisão: Humberto Grenes

Dados Internacionais de Catalogação na Publicação (CIP)
(Câmara Brasileira do Livro, SP, Brasil)

Braga Neto, Adolfo
   A mediação e a administração pública / Adolfo Braga Neto. -- 1. ed. -- São Paulo : Editora CL-A Cultural, 2021.

   Bibliografia.
   ISBN 978-65-87953-11-3

   1. Administração de conflitos 2. Administração pública 3. Direito administrativo 4. Direito administrativo - Brasil 5. Mediação I. Título.

20-50225   CDD-35

Índices para catálogo sistemático:
1. Administração pública : Direito administrativo 35

(Maria Alice Ferreira - Bibliotecária - CRB-8/7964)

Grafia atualizada segundo o Acordo Ortográfico da Língua Portuguesa de 1990, que entrou em vigor no Brasil em 1º de janeiro de 2009.

Editora CL-A Cultural Ltda.
Tel.: (11) 3766-9015 | Whatsapp: (11) 96922-1083
editoracla@editoracla.com.br | www.editoracla.com.br
linkedin.com/company/editora-cl-a/

Livro disponível também no formato *e-book*.

A Francisca Maria Mäder Braga
e Fernando Luiz Silveira Braga,
meus queridos pais,
in memoriam

SUMÁRIO

APRESENTAÇÃO – Francisco José Cahali 11

PREFÁCIO – Selma Ferreira Lemes 14

INTRODUÇÃO 18

**PARTE I – ACESSO À JUSTIÇA
OU À ORDEM JURÍDICA JUSTA
E OS MÉTODOS DE RESOLUÇÃO DE CONFLITOS** 23

1. ACESSO À JUSTIÇA E/OU À ORDEM JURÍDICA JUSTA 26
   1.1 Pensadores da Antiguidade 27
   1.2 Pensadores da Idade Média 31
   1.3 Pensadores da Idade Moderna 33
   1.4 Pensadores da Contemporaneidade 35

2. MÉTODOS DE RESOLUÇÃO DE CONFLITOS 47
   2.1 Autotutela, Autocomposição e Heterocomposição 48
   2.2 Métodos de Solução de Conflitos mais conhecidos
       no Brasil, além da Mediação 54
       2.2.1 Negociação 54
       2.2.2 Processo Judicial 58
       2.2.3 Arbitragem 61
       2.2.4 Conciliação 66
       2.2.5 Justiça Restaurativa 70
       2.2.6 Comitê de Resolução de Disputas
             (*Dispute Board*) 71

PARTE II – MEDIAÇÃO 74

3. MEDIAÇÃO EM BREVES PALAVRAS, A PARTIR DE SEUS TRÊS EIXOS – PROCESSO – PARTICIPANTES – MEDIADOR 75

3.1 Processo 75
3.2 Participantes 85
3.3 Mediador 91

4. A MEDIAÇÃO E SUA EVOLUÇÃO NO ORDENAMENTO JURÍDICO BRASILEIRO 98

4.1 Considerações Gerais sobre a Lei nº 13.140/15 – Marco Legal da Mediação 109
    4.1.1 A definição de Mediação e disposições gerais 110
    4.1.2 O Mediador 115
    4.1.3 O processo de Mediação 120
    4.1.4 A confidencialidade 125
    4.1.5 A autocomposição de conflitos com entes públicos 127
    4.1.6 As disposições finais 131

4.2 Breves reflexões sobre os principais dispositivos relativos à Mediação contidos na Lei nº 13.105/15 – Código de Processo Civil 132

4.3 Algumas ponderações sobre conflitos entre os dois diplomas legais 141

4.4 Observações pontuais sobre o impacto linguístico no ordenamento jurídico brasileiro do Marco Legal da Mediação e dos dispositivos sobre Mediação no Código de Processo Civil 143

5. MEDIAÇÃO E SUA PERSPECTIVA CONTRATUAL 154

5.1 Princípios 172
   5.1.1 Princípios gerais do contrato e suas conexões com a Mediação 175
   5.1.2 Princípio da Autonomia da Vontade 175
   5.1.3 Princípio da Obrigatoriedade 177
   5.1.4 Princípio da Supremacia da Ordem Pública 179
   5.1.5 Princípio da Boa-Fé 180
   5.1.6 Princípio da Relatividade Contratual 184
   5.1.7 Princípio da Conservação 186
   5.1.8 Princípio do Consensualismo 187
   5.1.9 Princípio do Fim Social do Contrato 188
5.2 Instrumentos contratuais da Mediação 189
   5.2.1 Cláusula de Mediação 190
   5.2.2 Termo de Mediação Judicial 192
   5.2.3 Termo de Mediação Extrajudicial 195

PARTE III – ADMINISTRAÇÃO PÚBLICA – ALGUNS ASPECTOS 199

6. MOMENTO ATUAL DA ADMINISTRAÇÃO PÚBLICA E DO DIREITO ADMINISTRATIVO 200

7. ALGUNS ELEMENTOS DA ADMINISTRAÇÃO PÚBLICA 211

7.1 Conceito, atividades e poderes da Administração Pública 212
7.2 Ato administrativo 218
7.3 Contrato administrativo 220
7.4 Processo administrativo 223

8. ALGUNS PRINCÍPIOS DA ADMINISTRAÇÃO PÚBLICA 226

8.1 Breves observações sobre alguns princípios da Administração Pública 227
8.2 Princípio da Supremacia do Interesse Público sobre o Interesse Privado 229
8.3 Princípio da Legalidade 233
8.4 Princípio da Impessoalidade 237
8.5 Princípios da Moralidade 239
8.6 Princípio da Publicidade 241
8.7 Princípio da Eficiência 243
8.8 Princípio da Indisponibilidade do Interesse Público 247
8.9 Outros princípios 249

9. A ADMINISTRAÇÃO PÚBLICA E A CONSENSUALIDADE 254

PARTE IV – A MEDIAÇÃO E A ADMINISTRAÇÃO PÚBLICA 272

10. A MEDIAÇÃO NA ADMINISTRAÇÃO PÚBLICA 275

11. A MEDIAÇÃO COM A ADMINISTRAÇÃO PÚBLICA 289

12. A MEDIAÇÃO DA ADMINISTRAÇÃO PÚBLICA 305

CONSIDERAÇÕES CONCLUSIVAS 317

REFERÊNCIAS BIBLIOGRÁFICAS 324

POSFÁCIO – Carlos Alberto de Salles 344

APRESENTAÇÃO

O talento do autor, Adolfo Braga Neto, mediador renomado, já é por todos conhecido. Daí porque a nossa alegria e enorme honra ao receber o convite para apresentar este seu mais recente trabalho a ser publicado: *A Mediação e a Administração Pública*.

A tarefa, se fosse exigida a extrema objetividade, seria fácil: bastaria falar que o livro é a mais recente produção do autor em Mediação, agora com o olhar no envolvimento da Administração Pública neste fascinante instituto, o que por si só já traz, a seus admiradores e seguidores, a certeza de qualidade em seu conteúdo.

Mas o saboroso passeio conduzido pelo autor nos caminhos onde ele tem livre trânsito, pela inegável vivência, atiça a vontade de minudenciar o robusto conteúdo de seu estudo.

Escrever sobre Mediação e a Administração Pública já representa uma feliz escolha, em tempo de envolvimento crescente do Poder Público com as formas amistosas de solução de conflito. É um tema do momento, bem valorizado na legislação, na academia e no cotidiano dos últimos anos.

Agora prontamente chama a atenção a perspicácia de Adolfo Braga Neto em muito bem abordar o tema com inovadora proposta de sistematização, desenvolvendo três espaços distintos: a Mediação **na**, **com a** e **da** Administração Pública, imprimindo surpreendente singularidade na sua criação.

Em um primeiro momento, o autor aproveita a sua vasta experiência para oferecer a sua percepção sobre o Acesso à Justiça e Ordem Jurídica Justa, e sobre os Métodos de Resolução de Conflitos.

Na sequência, embora contido como devia ser, especialmente diante do seu sólido conhecimento, traz o melhor a respeito do Instituto da Mediação, inclusive em seu movimento histórico e *status* atual.

Passa então, naturalmente, por alguns aspectos relevantes sobre a Administração Pública, sublinhados os seus princípios norteadores, com destaque na contemporânea Consensualidade.

No auge de sua frisante investigação, encerra exatamente com o diferencial de seu estudo: o enfrentamento dos três eixos em que a Mediação pode se encontrar com a Administração Pública: uma, **na**, **com a** ou **da** outra.

E assim no imenso universo da Administração Pública, encerra-se o proveitoso texto com a astuta individualização das situações em que nela se faz a Mediação, com ela se faz ou por ela se prestigia e se promove, como Política Pública, a solução amistosa de conflitos.

Confesso ter sido um privilégio acompanhar a trajetória acadêmica de Adolfo Braga Neto como seu orientador, com a oportunidade de, por primeiro, conhecer esta sua mais recente produção, submetida à criteriosa Banca de Mestrado em Direito Civil na Pontifícia Universidade Católica de São Paulo – PUC-SP, formada por autoridades da Mediação no Brasil: professora doutora Fernanda Rocha Lourenço Levy e professor doutor Oswaldo Peregrina Rodrigues.

Apreciada a sua consistente bagagem intelectual, profundidade da pesquisa e qualidade do trabalho, a exigente avaliação dos professores, por unanimidade, em 1º de setembro de 2020, conferiu à dissertação a nota máxima (10,0 – dez).

Agora seu proveitoso estudo vem a público, em livro de inegável interesse à comunidade jurídica brasileira e estrangeira, em especial àqueles dedicados à Mediação e aos temas envolvendo a Administração Pública.

Mais do que recomendar sua leitura, para que as ideias e reflexões expostas possam enriquecer o debate a todos que venham se debruçar sobre a matéria, sem dúvida, o livro deve ser colocado em local de destaque, como fonte obrigatória de estudo por quem pretende conhecer e se aprofundar no tema.

Ficam por fim, os efusivos cumprimentos ao autor – Mestre Adolfo Braga Neto e sua primorosa criação – *A Mediação e a Administração Pública*.

Francisco José Cahali

Professor de Graduação e Pós-graduação em Direito na Pontifícia Universidade Católica de São Paulo (PUC-SP), advogado e consultor

PREFÁCIO

Notamos que uma das características mais marcantes da Mediação é o diálogo. É por meio dele que se caminha para construção de soluções consensuais e adequadas para as partes, com o auxílio de um terceiro independente e imparcial, o mediador.

Ao traçar esse diferencial da Mediação como técnica especializada, jurídica e adequada de solução de conflitos, em que o diálogo sobreleva de importância, a imagem que se projeta em minha mente é de Aristóteles reproduzido no afresco pintado por Rafael no século XVI, denominado *A Escola de Atenas*, que se encontra no Salão das Assinaturas no Vaticano, em Roma. Nessa magnífica pintura perfilam filósofos gregos e personalidades ilustres da história antiga. Eles representavam fonte do saber na busca do conhecimento das causas. No meio do afresco estão Platão e Aristóteles. No Liceu, Aristóteles caminhava por alamedas acompanhado de seus alunos, lendo textos e com eles dialogando. Desenvolveu princípios e conceitos que representam regras de convivência humana, como a virtude, a ética e a moral, em que repousam as diretrizes e os princípios do Direito.

Este foi o meu sentir ao ler este excelente estudo de Adolfo Braga Neto, que representou sua dissertação de mestrado na Pontifícia Universidade Católica de São Paulo – PUC/SP, tendo como orientador o professor doutor Francisco José Cahali. Adolfo parte de um novo paradigma para o estudo da Mediação, que é o acesso à ordem jurídica justa. A sociedade não está na busca do acesso à Justiça, mas da ordem jurídica justa, acentua o professor Kazuo Watanabe.

O saudoso professor Luiz Olavo Baptista mencionava que "o Direito não é uma fotografia que fica pendurada numa parede e não muda nunca; ele é um filme que se desenrola progressivamente." É nesta linha que se introduz o componente pragmático deste novo paradigma estudado por Adolfo.

Já não basta facilitar o acesso à Justiça, tal como preconizado por Mauro Cappelletti a partir dos anos 80 do século passado. O que sobreleva de importância com este novo paradigma é que os cidadãos têm o direito de serem ouvidos, não somente em situações de controvérsias com outros, como também em situações de problemas jurídicos que impeçam o pleno exercício da cidadania, na linha do aduzido por Watanabe.

Acentua Adolfo que esta busca de uma ordem jurídica justa representa também o caminho a ser trilhado quanto à opção de escolha de método em que o diálogo pode promover a Justiça, tal como a Mediação, pois o Estado não detém o monopólio jurisdicional.

Prova desse novo olhar na forma de solucionar conflitos são os dispositivos legais editados a partir da década de 1990 e outros mais recentes. Citem-se a lei que regula a arbitragem, inclusive com a previsão expressa da possibilidade de a Administração Pública Direta e Indireta firmar convenção de arbitragem (Lei n° 9.307/96 com a redação da Lei n° 13.129/2015); a Lei de Mediação, inclusive com a previsão do Capítulo II, que regula a autocomposição de conflitos em que for parte Pessoa Jurídica de Direito Público (Lei n° 13.140/2015); as disposições a respeito da Mediação e conciliação no Código de Processo Civil de 2015; a Lei n° 13.655/2018, que introduziu na Lei de Interpretação das Normas do Direito Brasileiro – LINDB a possibilidade de a Administração Pública firmar compromisso para sanar irregularidades e incertezas jurídicas (art. 26); a Lei n° 13.988/2020, que regula a transação tributária; e outras manifestações de *lege ferenda*, tal como o Projeto de Lei nº 4.468, de 2020, de autoria da senadora Daniella Ribeiro, que regula a arbitragem especial tributária.

Digno de nota neste estudo é que o autor analisa a problemática da Mediação em 360 graus, pois examina todos os pontos relevantes do instituto. Primeiro no seu contexto geral e, em seguida, na especificidade da Mediação com a Administração Pública. Destaca a matriz contratual da Mediação, demonstrando que esta é mais do que um método amigável de solucionar conflitos. É, indubitavelmente, um instituto jurídico.

Na parte referente à Mediação com a Administração Pública, não se exime de estudar temas importantes, tais como a confidencialidade e o sigilo na Mediação com a Administração Pública. Tudo à luz do Direito Administrativo Consensual. Ao esquadrinhar a prática da Mediação com a Administração Pública, estabelece as diferenciações entre a Mediação com, na e da Administração Pública.

O estudo empreendido por Adolfo se mostra de extrema utilidade, pois são ainda escassos os trabalhos científicos sobre o tema. A doutrina deve assumir seu mister de estudar e analisar adequadamente os institutos jurídicos novos, seus princípios, seus conceitos e a abrangência da norma legal.

Adolfo exerce esse papel com profundidade e leveza, fazendo com que a leitura de seu trabalho seja equilibrada quanto ao conteúdo e prazerosa quanto ao estilo.

Antes de finalizar, gostaria de fazer menção às características pessoais do autor. Tive a satisfação de conhecer Adolfo na década de 1990, quando trabalhava no Departamento Jurídico da Federação e Centro das Indústrias do Estado de São Paulo (CIESP/FIESP) e ele no Sindicato da Indústria de Artefatos de Borracha – SINDIBOR. À época, dedicava-me ao trabalho na comissão de redação do anteprojeto da Lei de Arbitragem (1991) e na elaboração do projeto de criação da Câmara de Mediação e Arbitragem de São Paulo do CIESP (atual Câmara de Conciliação, Mediação e Arbitragem CIESP/FIESP). Em nossas conversas, disse-lhe que a Mediação era um tema ainda pioneiro no Brasil e demandava estudiosos e propagadores do instituto. Adolfo tomou a sério o comentário e iniciou sua caminhada na área. Desde então, passou a estudar, praticar e divulgar a Mediação. Contam-se às centenas os alunos que passaram por seu curso de Mediação e Arbitragem no Instituto de Mediação e Arbitragem do Brasil – IMAB, que fundou em 1994. Adolfo é um missionário e propagador do instituto da Mediação, sendo um dos seus maiores expoentes brasileiros. Seus artigos e livros são de leitura obrigatória para os que atuam na área.

Em 2019, na festa de comemoração dos 25 anos do IMAB em São Paulo, fiquei absolutamente fascinada em verificar o seu papel de aglutinador e difusor do instituto da Mediação. Como era querido por seus alunos e amigos, que vieram desde o Amazonas até o Rio Grande do Sul. Ele soube como ninguém fazer com que a Mediação passasse a fazer parte da agenda jurídica brasileira.

Este livro representa o coroamento acadêmico de todo um trabalho em prol da Mediação no Brasil. Reproduz estudo de excelência, que externa conhecimentos jurídicos profundos, aliados à madura prática da Mediação.

Afianço e sou testemunha disso. É com enorme satisfação que recebi o convite para prefaciar esta obra. Parabéns, Adolfo!

Selma Ferreira Lemes
Advogada e professora de Arbitragem, mestre e doutora pela Universidade de São Paulo, integrou a Comissão Relatora da Lei Brasileira de Arbitragem

INTRODUÇÃO

O advento da Lei nº 13.140/2015, considerada o Marco Legal da Mediação, e a entrada em vigor do CPC – Lei nº 13.105/15, normas que promoveram mudanças em direção à estruturação de novos paradigmas na cultura jurídica brasileira, para além de inaugurarem no ordenamento jurídico novos institutos, consagraram também uma prática já existente no País há mais de 20 anos, institucionalizando-a na forma de diplomas legais. Ambas trouxeram também diversas inovações, que estão sendo incorporadas aos poucos na realidade jurídica, ao criarem um verdadeiro microssistema de incentivo ao uso da Mediação e os demais métodos autocompositivos de solução de conflitos em diversos contextos, inclusive no da Administração Pública.

Dentre as inovações oferecidas pelo legislador, destaca-se o Capítulo II da primeira lei acima citada e alguns dispositivos da segunda, que tratam da autocomposição de conflitos, em que um dos participantes, ou todos, constitui pessoa jurídica de direito público ou um agente público. Nesse sentido, ambos os diplomas legais parecem transcender à Mediação, sobretudo quando se trata de pensar a atividade como um dos métodos, e não o único, de resolução de conflitos. Além disso, ambos oferecem também um momento marcante em prol de um movimento que hoje a doutrina identifica como tendência na Administração Pública e, por conseguinte, no Direito Administrativo, em direção ao consensualismo.

A propósito do Código de Processo Civil em vigor, vem à mente o Direito Processual, que em sua doutrina identifica ser a autocomposição o ajuste de vontades; ao seu lado, aponta a autotutela como método de resolução de conflitos, muito embora o considere a mais primitiva das formas, correspondendo à imposição de vontade de um sobre o outro. Indica, ainda, a heterocomposição, em que a solução é decorrente da decisão de um terceiro, imposta aos envolvidos, estando a ela vinculados. Nota-se que nas duas primeiras, autocomposição e autotutela, não há necessariamente a existência da intervenção de um terceiro imparcial e independente como na última, motivo pelo qual poderá dar margem a eventuais dúvidas sobre o método utilizado, sobretudo tendo como perspectiva atual a escolha do método adequado para o conflito.

Nesse sentido, apesar da eventual confusão que possa gerar a redação de ambas as leis, que optaram por assim definir sem ter claros outros aspectos, como os elementos intrínsecos ao processo de Mediação, o presente texto pretende alcançar sua amplitude, bem como demonstrar o quanto a classificação acima não traduz sua plenitude, sobretudo no contexto da Administração Pública, seja como promotora da atividade ou como parte na Mediação. Com o objetivo de tornar mais clara esta perspectiva, outros métodos de resolução de conflitos serão apenas mencionados e diferenciados, por apontarem em direção ao consensualismo no contexto público.

Para que se possa alcançar o diferencial acima proposto, necessário se faz pensar no grande impulsionador da atividade que é a busca da Justiça, hoje compreendida como acesso à ordem jurídica justa. E, também, em como esse acesso é feito pela Mediação, tendo como premissa o seu diferencial, sobretudo com os outros métodos, a partir da perspectiva do significado do que seja justo para os participantes. Por isso, ao se tratar da Mediação e do ordenamento jurídico, iniciam-se observações sobre o acesso à ordem jurídica justa. Na sequência, serão pontuados aspectos relevantes sobre a Mediação, especialmente na perspectiva de diversos autores e a partir de seus três eixos estruturantes, isto é, o processo dialógico, os participantes e o mediador (terceiro imparcial e independente). Digna de nota é a não inclusão do componente disparador da Mediação, o conflito. Será mencionado, evidentemente, com tal *status*, pois o lume do estudo é sua gestão.

Nesse sentido, importante serem desenvolvidas análises relativas aos textos legais, mesmo de maneira genérica – o Marco Legal da Mediação e o Código de Processo Civil atual –, a fim de que se possa mensurar o impacto linguístico que ambas as normas têm promovido e continuarão a promover, ao mesmo tempo que têm apontado para eventuais dificuldades de sua implementação dentro do alcance efetivo do texto das normas em referência, já que ambas propõem novos paradigmas na transformação dos conflitos. Mesmo porque as normas constituem verdadeiras disparadoras dessa nova perspectiva num país onde o positivismo é a palavra mais adequada para expressar a visão da sociedade.

Por isso, a análise mais atenta de seus textos se faz necessária, tendo como pano de fundo o refletir sobre a essência do instituto da Mediação, a partir de seus três eixos estruturantes, processo, mediador e participantes, como mencionado anteriormente.

Inclui também comentários pontuais sobre os dispositivos confrontantes entre os dois diplomas legais, a fim de mostrar que a pós-modernidade propõe sua harmonização em função do instituto do diálogo das fontes.

Os eixos acima apontados levam a refletir sobre a perspectiva contratual a que a Mediação se propõe, já que ela se identifica com componentes contratuais entre os participantes e o mediador, que os auxiliarão na construção de soluções para o conflito, mesmo não sendo escritas, como é o caso de sua utilização no contexto judicial. E, tendo como referência essa premissa, há que se lembrar dos elementos de sua estrutura e seus aspectos contratuais para que assim seja reconhecido o instituto da Mediação. Tais elementos não parecem claros para muitos autores, em especial os que tratam da Mediação judicial. Essa situação é agravada por inexistir debate sobre seu regime jurídico, mesmo entre aqueles que propõem seu uso no contexto da iniciativa privada, dos sistemas de Justiça ou da própria Administração Pública. E se considera fundamental abordar este aspecto relativo à Mediação, pois seus elementos contratuais se fazem presentes em todos os contextos em que é empregada, seja no ambiente judicial, pré-processual, processual ou extrajudicial, seja dentro de uma instituição ou fora dela, antes, durante e depois de um processo judicial ou arbitral, ou mesmo no ambiente da Administração Pública. Além disso, esse elemento configura-se como um dos diferenciadores da própria atividade em relação à autocomposição.

Ao final, como dito anteriormente, pretende-se abordar aspectos relevantes sobre a Mediação e a Administração Pública, observando todo o potencial de seu uso sob a perspectiva contratual em diversos contextos do Poder Público, tendo como premissa estar inserida no Poder Executivo e levar a cabo todos os seus elementos contratuais. Portanto, ao se tratar de Administração Pública, fundamental se faz diferenciar o significado das palavras, quando se afirma que a Mediação é realizada **na**, **com a** e **da** Administração Pública. Para cada uma das preposições destacadas acima, um universo específico de conflitos, participantes e, por que não dizer, mediadores farão parte do processo de Mediação. Em outras palavras, tais preposições, ao serem empregadas, apresentam cenários múltiplos e muito diferentes entre si, podendo ser identificados como eixos em que elementos distintos ocorrerão e que refletirão sobremaneira na Mediação a ser desenvolvida, quando se trata do contexto público. Por isso, há que se ter muita cautela quando os três eixos da Mediação estiverem sendo objeto de sua aplicação, pois dependerá deles mesmos para que se possa utilizá-la de maneira mais adequada e evitar eventuais equívocos em sua prática.

Em outras palavras, trata-se de abordar como a Mediação pode ser utilizada, respeitando seus princípios e norteadores, sobretudo contratuais, tendo como referência seus três eixos estruturais, já mencionados: o processo dialógico, o mediador e os participantes, e a perspectiva de seus integrantes e seu objeto, que é o conflito.

Por isso, é necessário visualizar seu emprego naquele ambiente, marcado pela amplitude, já que a legislação mencionada constitui um verdadeiro incentivo a todo órgão público e seus gestores. Pelas próprias características da Mediação, seu emprego é possível em imenso universo da Administração Pública, direta ou indireta, como será demonstrado. Ao mesmo tempo, pretendemos reforçar a distinção existente no emprego das preposições mencionadas, pois as características serão distintas conforme cada uma delas, a partir dos eixos mencionados e do conflito a ser objeto da Mediação, inclusive na perspectiva de ser adotada como política pública de algum órgão da Administração Pública, quer sobre o ângulo funcional, quer sobre o ângulo organizacional.

PARTE I

ACESSO À JUSTIÇA OU À ORDEM JURÍDICA JUSTA E OS MÉTODOS DE RESOLUÇÃO DE CONFLITOS

Como mencionado na Introdução, por quase três décadas a Mediação foi praticada no País sem qualquer definição ou enquadramento no ordenamento jurídico brasileiro. Fernanda Levy (2013, p. 84) enfatiza que o instituto

> no Brasil, chega por volta dos anos 80, pelas mãos dos psicólogos e logo a seguir dos advogados. Com toda a riqueza que essa interdisciplinaridade oferece, a mediação se instala no Brasil a partir de projetos comunitários, no âmbito judicial e mais recentemente no educacional e empresarial.

Corroborando com essa perspectiva histórica, Lia Justiniano dos Santos e Luiz Gonzaga D´Avila Filho (2009, p. 584) consideram que, já em 2009, ocorria o uso efetivo da Mediação "como meio extrajudicial de solução de conflitos", o que tornava sem razão de ser o debate em torno de sua introdução ou não no sistema jurídico brasileiro. Tal fato a levou a ser empregada sem qualquer tipo de identificação jurídica.

Nesse sentido, como salientado por este autor (2009, p. 584) em outra oportunidade, "muito embora no Brasil já existisse ampla experiência do emprego da Mediação em vários contextos, no âmbito judicial foi institucionalizada pela Resolução nº 125 em

2010". Camila Nicácio, por seu turno, em concordância, ressalta que

> se é certo que o movimento de institucionalização da mediação (via poderes Judiciário, Executivo e Legislativo) vêm de longa data no país, não se deixou de observar, por essa razão, o desenvolvimento de experiências cidadãs desvinculadas de qualquer referência ou quadro institucional mais amplo, mormente no setor privado na esteira das organizações e associações. Por um lado, o Judiciário brasileiro, premido pelo acúmulo de processos e por uma lentidão crônica, tal como demonstrado em alguns estudos (cf. Diagnóstico do Poder Judiciário, Ministério da Justiça, 2004 e, desde então, Justiça em números, CNJ), assume papel central na promoção da mediação como meio não somente de contribuir para o desafogamento do sistema, mas igualmente, de apostar em uma política de pacificação social. (2018. p. 23-24)

A Resolução nº 125 do CNJ, em 2010, elegeu a Mediação e a Conciliação como métodos adequados de tratamento dos conflitos, com o objetivo de incorporá-las no panorama jurídico-judiciário brasileiro, em um esforço de resposta àquela crise, bem como de tentar fomentar a cultura da autocomposição no lugar da cultura da sentença. Inaugura-se, assim, uma Política Pública de Tratamento Adequado aos conflitos, identificada por Francisco José Cahali (2018, p. 13) como uma iniciativa de reconhecido sucesso por ter sido incluída no Código de Processo Civil de 2015, definitivamente incorporando o chamado Tribunal Multiportas no sistema processual estatal e, com isso, introduzindo "como etapa procedimental a autocomposição, integrando facilitadores (mediadores e conciliadores) como auxiliares da Justiça, conferindo ainda maior relevância aos institutos, inclusive com maiores detalhes de seu regramento".

Ao mesmo tempo, aqueles que já a utilizavam a percebiam como uma forma diferenciada de Justiça, que passa pela autonomia da vontade efetiva de seus integrantes. Justiça esta considerada como um dos métodos integrantes da "Justiça Conciliativa", nas palavras de Ada Pelegrini Grinover (2016, p. 65). Daí a importância de tratar do tema acesso à Justiça ou acesso à ordem jurídica justa, bem como do termo Justiça.

1. ACESSO À JUSTIÇA E/OU ACESSO À ORDEM JURÍDICA JUSTA

O conceito de Justiça, e de como alcançá-la, tem se revelado através dos tempos como um dos mais, senão o mais, complexos a ser concebido, mensurado ou mesmo construído, em razão dos infinitos componentes semânticos que a própria palavra comporta. Torna-se difícil também elencar o número de pensadores que ofereceram, em diferentes épocas, e continuam a oferecer a sua própria perspectiva, numa tentativa de responder à angústia do ser humano diante de sua busca incessante pela Justiça, sobretudo quando está diante de um conflito.

Para muitos, a Justiça é um componente que se faz imprescindível para o viver, ou do melhor viver do próprio ser humano. Outros a concebem como elemento a ser buscado nas relações entre os seres humanos, necessitando estar definida para que possa ser identificada. E outros, ainda, consideram ser um componente do próprio ser humano, pressuposto de sua natureza. Há, ainda, aqueles que a vêm como elemento meramente político, propondo a possibilidade de ser o modo de governar e ser governado.

A palavra Justiça tem origem no latim *Justitia*, que possui entre outros significados: justo, direito, correto, lei, injusto, moral, ética, equidade, princípio de Justiça, valor. São inúmeros conceitos, que, pela sua amplitude, merecem toda a atenção em função do momento em que são empregados. A palavra é formada a partir do substantivo neutro *ius*, que primitivamente significava fórmula religiosa com força de lei. Seu significado, na verdade, para o ser humano, ao invocá-la, denota elementos que transcendem a vida cotidiana, pois reflete o campo social, político, econômico, cultural e todos os demais em que o conhecimento humano está.

Nesse sentido, relevante lembrar alguns pensadores de inúmeras e diferenciadas épocas, a fim de apontar o que hoje se considera a perspectiva de Justiça oferecida pela Mediação. A seguir apresentaremos alguns deles e suas pontuais observações sobre Justiça, que fazem de alguma maneira conexão com elementos da Mediação, a partir do momento histórico que viveram. Outros poderiam ser mencionados, mas não foram incluídos pelo fato de seus pensamentos não possuírem a conexão acima mencionada.

1.1 Pensadores da Antiguidade

Na Antiguidade, evidentemente o primeiro nome que vem à mente é Sócrates e seu pensamento concretizado nos diálogos de Platão.

Ambos os filósofos (PLATÃO, 1980, p. 85) consideravam Justiça como uma das virtudes e sabedorias humanas, que incluía dar a cada um o que lhe é devido, e consideravam não ser justo causar dano a qualquer pessoa. Defendiam também conservar a cada um o que é seu e fazer o que lhe compete, cuidando a cada um do que lhe diz respeito (Idem, p. 288). Platão, além disso, preocupava-se com eventuais desvios que o ser humano pudesse trilhar, enfatizava que o homem justo perdia do injusto, pois este sabia obter para si as maiores vantagens (Idem, p. 310). Pregava que Injustiça é mais forte, mais livre, mais atrativa e dominadora do que a Justiça. A perfeita Injustiça é mais vantajosa que a perfeita Justiça. Homem injusto visa levar vantagem sobre o outro, sendo que o justo não visava obter vantagem sobre seu semelhante. Para ele, o homem justo é bom e sábio e o injusto é ignorante e mau.

Percebem-se em seu pensamento elementos maniqueístas, que

marcaram não somente sua obra, mas também o pensamento clássico, tendo como grande influência o componente religioso na crença do temor aos deuses. Salientava que a Injustiça faz nascer o ódio entre os homens, consequentemente lutas e dissensões entre eles, enquanto a Justiça gera amizade e concórdia. Por isso, dava muita importância para a temperança, a tal ponto que propunha o dever de dar precedência à virtude da Justiça. Entendia que era uma espécie de domínio sobre o prazer e a forma de o homem ser senhor de si mesmo e evitar se deixar levar pelo desejo. Já anunciava, de certa forma, a existência da Justiça voluntária, à qual o homem poderia se submeter por vontade própria, e a involuntária, à qual não teria como controlar. Muito embora não tenha oferecido em seus diálogos mais detalhes sobre tais componentes, é importante marcar o elemento de voluntariedade do próprio homem em busca do justo e também a perspectiva da temperança. Ambos constituem componentes importantes no que será exposto sobre a Mediação.

A propósito da Justiça voluntária e involuntária, convém lembrar o discípulo de Platão, Aristóteles, que em *Ética a Nicômacos* (2007, p. 121), referendava esses conceitos e os ampliava com o objetivo de esclarecer que a Justiça, muito embora se constitua na mais elevada forma de excelência moral, não deixando de ser uma virtude, é baseada na disposição da alma das pessoas ao agirem na conformidade do que é justo. Não menosprezava o papel relevante exercido pela moral, pois o sentido que dá a ela permanece nele, entretanto buscava apontar que a Justiça inclui componentes que lhe dão mais amplidão com base numa conduta ética do homem. Chega a essa conclusão ao questionar as ações justas e injustas adotadas pelos homens, pois, além de se relacionarem entre si, envolvem a ética, sobretudo na busca do bem para o próximo.

Nesse sentido, apontava as vertentes possíveis para a Justiça. Identificou especificamente quatro, que denominou de Justiça em sentido estrito; política; doméstica; e social. A primeira se divide em Justiça distributiva ou condecorativa, que envolve o seguinte conceito: dar a cada um o que lhe é devido, tendo como pressuposto seu respectivo papel na sociedade. Ainda em sentido estrito, denominou de Justiça corretiva ou comutativa aquela em que, através de regras de conduta, determina-se um agir para correção de alguma conduta. Utilizou critérios do justo para repartir entre os indivíduos os méritos de cada um, visando ao restabelecimento do equilíbrio eventualmente rompido entre eles. Nesta última, identificou a voluntária ou privada, a partir da vontade das pessoas, e a involuntária, com componentes públicos, em que é permitido o uso da força.

Já a Justiça política está mais centrada nas relações entre os indivíduos e seus iguais, portanto é aquela que organiza o modo de vida dos homens que compartilham espaços comuns e usufruem do mesmo *status*. Divide-se em legal e natural. A primeira é fundamentada na lei, sendo definida pela vontade do legislador. A natural, por seu turno, rompe as barreiras políticas, transcende a vontade humana, é imutável e possui a mesma força em todo lugar em que ocorre.

Por sua vez, a Justiça doméstica é atribuída por Aristóteles no contexto de onde reside o indivíduo, regendo as relações entre pais, filhos e escravos. É a Justiça do senhor com o escravo e do pai com o filho, por não possuírem o mesmo *status*.

E, por último, está a que chamou de Justiça social ou equidade. Ao comparar equidade e Justiça, conclui que a primeira é melhor por ser justa e não necessariamente segundo a lei, mas, sim, o que chamou de corretivo de Justiça legal. Para ele, a equidade promove a correção da própria lei quando existe omissão em função de eventual generalidade ou indefinição da lei. Sustentava que a equidade promove adequações na lei a partir da situação fática, atendendo a suas peculiaridades. É importante marcar este último componente, pois integra também a Mediação, como será exposto mais adiante.

Na Roma antiga, a concepção de Justiça adquire valor e sentido mais amplo com o pensamento de Cícero (1965, p. 123), apresentado em suas obras, sobretudo a denominada *Dos Deveres*. Seu conceito de Justiça passa por uma evolução e expansão, muito embora também a conceba como virtude, porém com uma conotação moral e filosófica mais ampla, que espelha o bem comum e reforça a capacidade de dar a cada um aquilo que lhe é próprio. A Justiça se adequa aos altos cargos do Estado, qualifica o governante e, ao mesmo tempo, é a faculdade de julgar, segundo a melhor consciência, já que poderá promover equilíbrio na comunidade e criar ambiente propício para o nascimento de outros valores morais.

Para Cícero, o conceito de Justiça inclui também a noção de liberdade, uma vez que eram consideradas partes de uma virtude explicada como o sentimento da comunidade e as obrigações que dela nascem. Ao homem inserido na sociedade, cabia a obrigação pessoal de ser justo.

Ele entendia que a liberdade subtraía a aridez e a aspereza jurídica do conceito de Justiça, atribuindo-lhe afeições humanas pertinentes ao senso de comunidade, de viver junto com outras pessoas. Para ele, a liberdade era compreendida como intrínseca à Justiça, pois considerava que o homem se constrói com sua existência no desenvolvimento de sua própria natureza, baseada na razão.

Impende observar que liberdade e o elemento de inclusão do convívio entre os indivíduos constituem elementos importantes também para a Mediação nos tempos atuais, como será mencionado mais adiante.

1.2 Pensadores da Idade Média

Na Idade Média, a Igreja exerceu forte influência no pensamento filosófico e, da mesma maneira, no conceito de Justiça, ainda que os dois pilares mencionados anteriormente continuem a sustentar a concepção do justo.

Assim, emerge o pensamento de Santo Agostinho (2001, p. 231) no período em que a atenção do homem é mais voltada para a vida contemplativa, numa crença predominante de que o mais importante era preservar e salvar a alma. Por isso, a ideia de Justiça para ele está associada à divindade, com aspiração à perfeição. Ele tenta demonstrar a perfeição das leis divinas, considerando-as infinitamente boas e justas, e faz uma distinção com as leis humanas, que, por serem humanas, correm o risco de erros, injustiças derivadas da imperfeição humana. Ao mesmo tempo, são menores por regrarem o comportamento da sociedade. Ele defendia que todo governo, para ser justo, deve seguir a lei divina. Identificava que o homem é a união entre corpo e alma, sendo dotado do livre arbítrio, reconhecendo ser possuidor de liberdade para agir segundo sua vontade e, por isso, poderia ser julgado por suas escolhas. Defendia que aquele que pratica o bem o merece. E aquele que pratica o mal o merece também. Percebe-se nele a dicotomia entre homem e divindade, sendo a Justiça baseada nos parâmetros divinos e no bem e no mal dessa dicotomia. Fundamental apontar em seu pensamento o livre arbítrio, outro elemento estruturante da Mediação, como será exposto.

Por outro lado, São Tomás de Aquino (2002, p. 276), ao se posicionar sobre os conceitos éticos, concordava também que Justiça é uma virtude, porém considerava estar relacionada à constante e perpétua vontade de dar a cada um o seu direito.

Chamava a atenção para o elemento vontade, levantando algumas objeções que a limitam. Acrescentava que a Justiça estará correta se incluir o bem. Para que toda virtude seja hábito, que é o princípio do ato bom, é necessário que a virtude seja definida mediante ato bom, sobre a mesma matéria da virtude. Assim, o ato da Justiça se expressa quando se diz que dá o direito a cada um. Portanto, para que qualquer ato sobre alguma coisa seja virtuoso, requer-se que seja voluntário, estável e firme.

Estabeleceu diferenças entre as virtudes morais e as virtudes da Justiça. Enquanto as virtudes morais têm como objetivo estabelecer a justa medida, atendendo às disposições do sujeito, as virtudes da Justiça se estabelecem igualando com a coisa anteriormente dada ou recebida. É a virtude da Justiça, entre as demais virtudes, que cuida da conduta exterior do homem: a virtude como prudência, temperança e bondade. Estão todas intimamente ligadas à conduta interior, uma vez que convêm a si próprio, no entanto, a Justiça como fator exterior está diretamente relacionada ao Direito, ou seja, é uma virtude que estabelece relação com o próximo, isto é, o bem ao próximo.

Importante enfatizar que em ambos os pensadores se nota o elemento comum de respeito à individualidade, mesmo com forte influência religiosa. Este componente de respeito à individualidade é outro tema relevante para os tempos atuais e também para a Mediação.

1.3 Pensadores da Idade Moderna

A liberdade em Thomas Hobbes (2000, p. 89) sempre deve ser considerada segundo os ordenamentos da lei, as quais estabelecem os critérios do justo e do injusto. Assim, o conceito de liberdade, para ele, poderia ser descrito no sentido de que o homem possui o direito de agir da maneira como sua razão ordenar, dentro dos limites da lei, assim como de pactuar a partir dessa liberdade. Consequentemente, é medida de Justiça o devido cumprimento dos pactos firmados, porém, dada a natureza má do homem, este poderá não cumprir os pactos acordados e agir de modo injusto por estar de acordo com sua consciência, se perceber que a quebra do pacto não lhe acarretará nenhum prejuízo, e ainda gozará dos benefícios, não hesitando em agir desta maneira. Percebe-se nestes aspectos pontuais o posicionamento de Hobbes no tocante ao que ele chamava de Justiça Geral, em que há a necessidade de algo a ser imposto no cumprimento do pacto acordado ou para agir com Justiça. Para ele, a lei e o Estado consistiriam em mecanismos para assegurar a Justiça, que estaria no cumprimento do pacto, uma vez que, cumprindo a lei ou o pacto, o homem estaria cumprindo com sua palavra, agindo de acordo com o esperado pelo seu próximo, de maneira que este próximo agiria da mesma forma. Todos cumprindo mutuamente com suas obrigações, derivadas de sua livre vontade na hora da contratação. Neste sentido, a Justiça não é algo inerente à condição humana do indivíduo, pois, não havendo pacto, é justo cada um fazer o que bem entender, uma vez que se está em um estado de natureza. No entanto, na medida em que, por sua livre manifestação de vontade, o sujeito contrata, dando a sua palavra para o outro indivíduo, este pacto deve ser cumprido. Trair o pacto firmado é ser injusto.

Por outro lado, a base do pensamento jurídico, razão de ser do

Direito, para Kant (2007, p. 256), a Justiça impõe-se a todos como uma reflexão permanente. A identificação da liberdade, como primeiro bem a ser reconhecido a cada ser humano, termina por relacioná-la indissoluvelmente à ideia de Justiça. Pertencendo a liberdade à natureza humana, remete à igualdade, que deve existir para todos igualmente e deve compatibilizar-se com o exercício da liberdade de todos os iguais. Chega-se, assim, à concepção de Justiça, sendo justa somente a ação que privilegia a liberdade de arbítrio de cada um, podendo coexistir com a liberdade de todos. Kant defendia que todo ser dotado de razão tem capacidade moral e não necessita de nenhum sistema de regras para conhecê-la e decidir-se pelo bem ou pelo mal. Para ele, a diferença entre Justiça e moral estaria no momento de aplicação – mas ambas teriam em sua base princípios existentes e seriam dedutíveis pela razão. Em ambas, ainda, o princípio supremo seria a liberdade. Nesse sentido, a vontade aparece como elemento central da visão kantiana, a grande constituidora da ética, a própria razão pura prática. Mas não a vontade, que não atende ao princípio da universalidade: a ação moral resume-se a elevar o individual e subjetivo ao plano do universal e objetivo.

Kelsen (2001, p. 79), de sua parte, defendia que o conceito de Justiça deve ser distinto do Direito. Concebia a Justiça ligada à felicidade. Demonstrava que não é algo simples de se compreender, pois o sentido de felicidade é algo muito complexo, tanto quanto o de Justiça. Por isso, indagava como considerar que a Justiça é felicidade se cada indivíduo da sociedade possui visão diferente. Assim, para ele a Justiça só será possível a partir do momento em que for feita uma análise da felicidade de acordo com um sentido objetivo-coletivo, aquela que é indicada pelo legislador e aplicada por um governante. Ressaltava que as necessidades individuais estão ligadas a juízos de valor e quando há conflitos desses valores a solução é de caráter subjetivo, sendo avaliada por meio de uma hierarquia de valores. A vida para alguns é tida como bem supremo; para outros, é a liberdade o maior bem. Kelsen oferece o exemplo de um prisioneiro ou um escravo que têm de decidir qual desses valores é maior. No caso, a liberdade para ele seria o suicídio; essa resposta só pode ser subjetiva e válida para quem julga, e não uma constatação válida para todos, pois esse é um juízo de valor e não de realidade, o que é verificado por meio de experimentação. Assim, a Justiça é o que é justo ao emocional de quem julga. Em um breve resumo muito pontual, Kelsen afirmava que Justiça seria a felicidade social, seria o que é aceito pela sociedade, não visualizando o sentimento individual de Justiça, mas o sentimento coletivo, consubstanciado no direito positivo, podendo ir em desencontro com o que seja realmente a Justiça, mas nem por esse motivo deixará de ser eficaz. A Justiça é a que vem das normas positivadas objetivas, que são um padrão para todos, um significado que surge a partir do dever ser, através de um ato de valoração. É, além disso, a retribuição a partir de uma norma jurídica violada, que deve ser punida não através de uma vingança, mas de uma lei que pune o descumprimento de outra. Seria a separação da ciência e da política, o que lhe parece ideal, pois, assim, evitam-se os interesses particulares e arbitrários daqueles que julgam.

Nota-se nos três pensadores acima a importância que davam para a liberdade, a igualdade e a felicidade, todos componentes integrantes da Justiça, que também fazem parte da Mediação, como será destacado oportunamente mais adiante.

1.4 Pensadores da Contemporaneidade

Evgeni Bronislávovich Pachukanis (1988, p. 78) afirma que o conceito de Justiça nos tempos contemporâneos é proveniente única e exclusivamente da relação de troca e não contém, essencialmente, nada de novo com relação ao conceito de igualdade entre todos os homens. Ele não via sentido em estar contido neste conceito qualquer tipo de critério autônomo e absoluto. Entretanto, tendo como habitual esta perspectiva, leva-se à interpretação da desigualdade como igualdade, sendo conivente com a camuflagem da ambiguidade de forma ética. Cabe lembrar que considerava Justiça ser a via de conduta entre ética e o direito. A conduta moral deve ser livre, enquanto a Justiça pode ser obtida pela força. A coação que impede a conduta moral tende a negar sua própria realidade. Para ele, esses elementos devem estar adequados da melhor forma pelo poder do Estado, podendo a relação jurídica se realizar igualmente sem a sua intervenção graças ao direito consuetudinário, à arbitragem voluntária, à Justiça pessoal.

Leo Strauss (2014, p. 89), por seu turno, ressalta que o direito natural pressupõe que a Justiça é de importância vital para o homem, que não pode viver sem ela e, sobretudo, viver bem sem ela. Por isso, para ele a vida exige o conhecimento sobre os princípios de Justiça. Cada homem possui sua perspectiva de Justiça e seus princípios de Justiça, o que leva ao debate sobre justo e injusto. O justo pode perfeitamente variar de cidade para cidade e de época para época: a variedade das coisas justas não é apenas compatível com o princípio de Justiça, com a identidade entre o que é justo e o bem comum, mas é, mais ainda, a sua consequência necessária. Ao mesmo tempo, Justiça é compreendida como o hábito de abster-se de prejudicar os outros ou como o hábito de ajudá-los ou de subordinar o interesse de um indivíduo ou segmento ao interesse do outro. Assim entendida, ela é necessária para a preservação da cidade.

Por outro lado, Niklas Luhmann (1983, p. 79-134) destoa por completo da alusão ao direito natural, por não acreditar que a própria natureza seja justa, por isso afirmava não existir obrigatoriamente uma relação entre o justo e o natural. Considerava que a Justiça, a partir de sua teoria dos sistemas no contexto da sociedade complexa, funcionalmente diferenciada, realiza-se por meio da fórmula de contingência do sistema jurídico, cuja finalidade seria justamente fornecer controles de consistência e de adequação às decisões jurídicas, baseados na razoabilidade sistêmica. Nesse sentido, a Justiça ultrapassa explicitamente a consistência interna; ela não é concebida como imanente ao direito, mas como transcendente a ele. Assim, para que haja Justiça é necessário que a consistência interna se articule para ter capacidade de dar resposta adequada às demandas plurais advindas do ambiente. Trata-se de uma forma de autocontrole do subsistema jurídico que, por um lado, não é identificável com a natureza, pois isso seria inaceitável em função da fundamentação metafísica que implica. Para ele, essa forma de autocontrole, proporcionada justamente pelo conceito de Justiça, implica que, no cumprimento dessa função, seja reelaborada. Note-se, além disso, que a descrição da Justiça como fórmula de contingência consiste na perspectiva de uma observação externa, ou seja, sociológica. No interior do sistema jurídico, porém, a Justiça remanesce, como ideia, valor ou princípio. E, enquanto fórmula de contingência, não visa medir o grau de perfectibilidade do subsistema jurídico, mas permitir a generalização congruente das expectativas normativas. Decorre daí a sua ligação indissociável com a consecução da função desse subsistema (LUHMANN, 1983, p. 79-134), que se realiza sob a forma de símbolo, não absoluto, mas intrassistêmico, de determinação da congruência generalizada das expectativas normativas. É nesse sentido que ele define a Justiça mediante distinções, afirmando que ela é autorreferencial não como operação, mas como observação que se remete não para o nível do código do subsistema jurídico, mas para a posição dos programas condicionais. Quando a Justiça se materializa não como teoria, mas como norma, passível de frustração enquanto tal, tem-se como consequência a possibilidade de existirem ordenamentos jurídicos injustos (ou dotados de maior ou menor grau de Justiça), sem que, com isso, seja possível afirmar que a autopoiese operativa desse subsistema, ou do seu código, possa ser justa. Luhmann, ao oferecer a perspectiva da Justiça dentro do paradigma da teoria dos sistemas, muda o foco de observação individual ou individualista metodológico para a observação das comunicações que operam internamente e entre si nos diversos subsistemas sociais. O conceito de comunicação ocupa, portanto, um lugar central, pois a considerava o limite da sociedade e onde se inicia o estudo da sociologia, além de possuir a função de reprodução do sistema social. E, numa sociedade altamente complexa, para se proporcionar Justiça é preciso adaptar a complexidade social à comunicação sistêmica. Em outras palavras, é preciso moldar a complexidade externa ao sistema jurídico para, consequentemente, produzir comunicação adequada. Para tanto, deve ser identificada com a igualdade, expressando um elemento formal, o qual consigna todos os conceitos de Justiça, sendo vista como princípio que se autolegitima e com ela se confunde, passando a ser um princípio de racionalidade. Isso significa que a igualdade passa a funcionar, no âmbito do subsistema do direito, como postulado regulador da congruência jurídica.

A Justiça em Norberto Bobbio (2004. p. 98) não deixa de ser um fim social, assim como igualdade, liberdade, democracia e bem-estar. Para ele, a diferença é que os últimos são termos descritivos e a Justiça não, pois consiste em uma noção ética fundamental e não determinada. Ao fazer referência a um conceito normativo, equipara-a a legalidade, imparcialidade, igualitarismo e acabam se confundindo o ser e o dever ser, o que leva mais uma vez à dicotomia ética e moral. Nesse sentido, convém lembrar as possíveis classificações por ele identificadas como distributiva e reparadora, já identificadas por Aristóteles: a primeira se materializa com a distribuição de honras, bens materiais ou qualquer outra coisa divisível; e a segunda oferece a possível reparação a alguém que tenha perdido algo, podendo ser compensativa ou corretiva.

John Rawls (2000, p. 345), por seu turno, dizia: "Justiça é a primeira virtude das instituições sociais, assim como a verdade é a primeira virtude dos sistemas de pensamento". Ronald Myles Dworkin (2002, p. 175), por outro lado, ao fazer referência a Rawls, identificava que os indivíduos possuem diferentes concepções de Justiça, entendimento considerado por ele como frágil ou quase vazio de conteúdo real. Por isso, recomendava que os pensadores da Justiça se engajassem no projeto interpretativo que chamou de busca do equilíbrio reflexivo, adequando os princípios de alcance geral com os julgamentos concretos sobre o que é justo e injusto. Desta forma, seria possível inscrever uma teoria sobre as condições de veracidade das proposições de direito em uma concepção mais ampla do valor considerado conveniente. A filosofia jurídica assim concebida é descritiva porque começa com algum tipo de entendimento sobre o que é tido como certo pela comunidade à qual se destina, mas em outros sentidos é substantiva e normativa, pois procura alcançar um equilíbrio com princípios julgados por recursos independentes. A igualdade de recursos defendida por Dworkin se configura, sobretudo, a partir de dois princípios básicos que permeiam toda a sua teoria da Justiça: escolha e responsabilidade. A escolha como um princípio norteador fundamental tem o papel de esclarecer o que, de fato, deve ser distribuído na sociedade com a finalidade de refletir as escolhas das partes envolvidas. Este princípio permite uma avaliação sobre a relação entre a igualdade e a liberdade na distribuição das riquezas. Enquanto isso, o princípio da responsabilidade implica a responsabilidade individual que cada qual tem sobre o sucesso de sua própria vida. Trata-se de um princípio relacional, no qual cada indivíduo deve ser responsável pelas escolhas que fez e faz no decorrer de sua vida. Resta ao governo a criação de mecanismos para que os cidadãos alcancem os objetivos refletidos nos planejamentos e opções disponíveis.

Para Miguel Reale (2012, p. 39), autor da teoria tridimensional do Direito, justo é indicativo de algo que tende a Justiça, que é correto, que é o mais adequado ao caso concreto analisado. É, portanto, a solução que seria mais razoável, mais ajustada ao caso em tela. Ele lembra o termo moral, que remete a um procedimento com Justiça. Agir com moral seria agir de modo correto, decente, honesto, íntegro, probo. Para ele, se o direito nem sempre logra êxito na consecução do valor proposto, é necessário, ao menos, que haja sempre uma tentativa de realizar o justo. Pouco importa que não se alcance êxito, o que importa é que se incline à realização do justo. Concorda com Kelsen ao afirmar que o Direito não se perfaz sem a noção de Justiça, estando estes intimamente correlacionados, sendo que um não existe sem o outro, porém, sendo distintos e diferentes entre si. Acrescenta que Justiça é, sempre, um laço entre um homem, como bem do indivíduo, enquanto membro da sociedade, e, concomitantemente, como bem do todo coletivo. Nesse sentido, o bem social situa-se em outro campo da ação humana, que é o direito, cuja experiência histórica demonstra que a Justiça é o valor mais alto que se pode encontrar dentro da sociedade. E mesmo que não seja o mais alto, nem seja o mais urgente, terá a função de preservar a ordem e a paz, assim como deverá preservar as condições para que se tenha a conquista do justo.

Por isso, pondera que Justiça é a constante coordenação racional das relações intersubjetivas, para que cada homem possa realizar, livremente seus valores potenciais, visando atingir a plenitude de seu ser pessoal, em sintonia com o da coletividade. E aduz dessa antiga afirmação que cada tempo histórico tem o seu conceito de Justiça.

Para Michael Sandel (2012, p. 145), não obstante, existem hoje três abordagens de Justiça, a saber: 1) aquela que se refere ao significado da maximização da utilidade ou do bem-estar, isto é a busca de maximizar a felicidade para o maior número de pessoas; 2) a que respeita a liberdade de escolha, tanto no sentido da escolha real que o cidadão faz em um livre mercado (perspectiva libertária), quanto a escolha hipotética que o cidadão deveria fazer na posição original de equanimidade (perspectiva igualitária liberal); e 3) é "a que cultiva a virtude, tem como referência a preocupação com o bem comum".

Jürgen Habermas (1997, p. 65), por seu turno, com base na teoria do agir comunicativo, contida na obra *Direito e Democracia: entre facticidade e validade*, oferece seu conceito de Justiça, baseado em processos ético-morais e retirado de contextos concretos, em que "os valores são da igualdade, equidade, reciprocidade e da troca de papéis, entendidos como acordos morais socialmente celebrados, sem os quais não é possível considerar a moralidade de uma ação". Para ele, o objetivo é chegar a juízos que possam levar em conta, de forma imparcial, os interesses e os pontos de vista de todos os envolvidos. Ao partir da moral kantiana do imperativo categórico, propõe, entretanto, que sua legitimação seja feita pelo diálogo entre os envolvidos em um possível discurso sobre os princípios acima mencionados, que devem orientar as sanções. De acordo com ele, a resolução dos conflitos será mais facilmente alcançada quanto maior for a capacidade dos membros da comunidade em restringir os esforços comunicativos e pretensões de validade discursivas, deixando como pano de fundo o conjunto de verdades compartilhadas e estabilizadoras do conjunto da sociedade. Isso possibilita que grandes áreas da interação social desfrutem de consensos não problemáticos. Evidentemente, aponta para o reconhecimento que os seres humanos são capazes de dialogar, sendo o diálogo o principal meio para definir princípios justos e decidir ações justas.

Segundo Tercio Sampaio Ferraz Júnior (2019, p. 2), o conceito de Justiça é, talvez, o mais disputado na literatura jusfilosófica de todos os tempos. Concentra, desde os primórdios do pensamento, as mais emocionais controvérsias jurídicas: "Definir Justiça constitui-se uma iniciativa inesgotável, mas sempre renovada e, ao mesmo tempo, relativa, pois dependerá muito da perspectiva do indivíduo e de grupos de indivíduos". Em diferentes planos, pode ser lançada tanto em dimensões ideais como um alvo ético a perseguir, quanto imiscuída na própria existência como uma tarefa constantemente realizada. Pode ser, também, apontada como um dado lógico da axiomática jurídica. Nesse sentido, a noção de Justiça é um tema do qual, dogmática, crítica ou ceticamente, não se pode fugir. Afirma claramente que o homem se deixa persuadir com frequência pelo discurso e que é sempre possível opor-se persuasivamente a um argumento contrário ou tornar mais forte a razão mais fraca. Assim, se o discurso, de um lado, deixa de ser um instrumento de informação, não tendo qualquer sentido epistemológico, ele facilita, por outro, a coexistência humana, pois passa a ter sentido ético. Conclui que, se o direito tem, no seu momento normativo, uma estrutura monológica, enquanto direito justo, ele é um misto de monólogo e diálogo. Um sistema jurídico qualquer pode, nestes termos, aproximar-se mais ou menos da estrutura estritamente monológica, embora nunca chegue a instaurá-la totalmente. Assim, por exemplo, quando o Estado tenta substituir a jurisprudência pela atividade legislativa, na qual as dúvidas surgidas na aplicação da lei são subtraídas à apreciação judiciária e resolvidas por uma nova lei, está se aproximando de um modelo monológico, em que a Justiça é, consequentemente, minimizada. A monologização total, entretanto, nunca se realiza. Daí a dupla impossibilidade de reduzir-se o mundo jurídico ao mundo da ciência, do discurso monológico, ou de reduzi-lo, ao contrário, ao mundo do discurso puramente dialógico. Por outro lado, o mesmo autor (2006, p. 223) ressalta que a presença da Justiça como um código de ordem superior, cujo desrespeito produz resistência e cuja ausência resulta em desorientação, leva a pensar no papel racional de regras de convivência dando sentido à vida. Daí a necessária distinção entre justiça formal e justiça material.

Todos os autores acima mencionados apontam componentes importantes que integram a Mediação, a saber: a liberdade de escolha da forma a ser utilizada para a resolução do conflito; a capacidade do ser humano em dialogar para exercer suas escolhas e o primado de ser a Justiça um discurso dialógico que na atualidade não se coaduna com o monológico. Por isso, é importante lembrar Kazuo Watanabe (2019, p. 03-10), que entende "estar a sociedade não mais na busca do acesso à Justiça, mas sim da ordem jurídica justa", em que a Justiça é o componente diferenciador e disparador dos elementos apontados pelos autores elencados, que contribuíram para o pensamento da chamada pós-modernidade. Entendida, não como oposição à modernidade, ou qualquer outro período histórico, mas como aquela que aproveita a todas elas para construir elementos mais adequados para a sociedade, que assume uma complexidade cada vez maior, baseada não somente em suas estruturas ou atividades socioeconômicas, mas, sobretudo, pela multiplicidade de campos de atuação e conhecimentos especializados. Acoplado a tudo isso, vivencia-se um dinamismo ímpar que atinge velocidades impensáveis até então, promovendo a existência de realidades muitos distintas em que pode ser percebida de maneira presencial ou virtual. Para ele, este cenário propicia: a) o incremento assustador de conflitos de interesses, inclusive coletivos; 2) a impossibilidade de conhecimento da existência de um direito; e 3) a impossibilidade de avaliação crítica do sistema jurídico existente. Por isso, a multiplicidade de conflitos, de configurações variadas, reclama a estruturação da Justiça de forma a corresponder adequadamente, em quantidade e qualidade, às exigências que os conflitos aportam e as pessoas nele envolvidas desejam. Nesse sentido, ressalta a importância da comunidade na administração da Justiça, que deve ser adequadamente organizada para atender aos cidadãos como um todo. Com base nessas premissas o referido autor destaca (2017, p. 20):

> desde o início da década de 1980, quando o sistema processual brasileiro passou por grandes e revolucionárias transformações, com a criação dos Juizados Especiais de Pequenas Causas (1984) e a aprovação da Lei da Ação Civil Pública (1985) — com posterior aprovação do Código de Defesa do Consumidor (1990), que trouxe no campo processual grandes inovações, em especial a disciplina mais completa e o aperfeiçoamento das ações coletivas —, o conceito de acesso à Justiça passou por uma importante atualização: deixou de significar mero acesso aos órgãos judiciários para a proteção contenciosa dos direitos para constituir acesso à ordem jurídica justa, no sentido de que os cidadãos têm o direito de ser ouvidos e atendidos não somente em situação de controvérsias com outrem, como também em situação de problemas jurídicos que impeçam o pleno exercício da cidadania, como nas dificuldades para a obtenção de documentos seus

> ou de seus familiares ou os relativos a seus bens. Portanto, o acesso à justiça, nessa dimensão atualizada, é mais amplo e abrange não apenas a esfera judicial, como também a extrajudicial. Instituições como Poupa Tempo e Câmaras de Mediação, desde que bem organizadas e com funcionamento correto, asseguram o acesso à justiça aos cidadãos nessa concepção mais ampla.

Importante lembrar que não se esgota nos filósofos e juristas acima citados o rol daqueles que se preocupam com o conceito de Justiça e seu acesso. No entanto, com eles se nota a evolução do pensamento humano acerca do tema, que avançou mais no sentido de se constituir a busca de uma ordem jurídica justa em que o caminho a ser trilhado pode ser a opção da escolha de um método a partir de seus integrantes, no qual o diálogo pode promover a Justiça. Nesta linha de pensamento, Lilia Maia de Morais Sales (2019, p. 113) sublinha que a

> Mediação de Conflitos representa um tema instigante em função de seu caráter interdisciplinar, de sua constante evolução e de aplicabilidade em várias searas do conhecimento e da sociedade. Os temas relacionados a acesso à Justiça, democratização do Judiciário, instrumentos de pacificação social. Inovações no ensino jurídico, empoderamento humano, habilidade para o profissional do século XXI são algumas das vertentes que encontram na Mediação de Conflitos campo para a inovação.

Ao mesmo tempo se percebe que elementos estruturantes da Mediação são identificados em todos eles, o que leva à constatação de que a possibilidade da utilização de um método que privilegie a vontade é uma forma de acesso à ordem jurídica justa, além de corresponder à virtude com a conotação de preocupação com o bem comum e o que é justo. Reforçam com isso o que Ada Pellegrini Grinover (2016, p. 75) leciona:

> o efetivo acesso à Justiça é aquele gera acesso à ordem jurídica justa, por intermédio de uma tutela adequada que solucione os conflitos e leve à pacificação social. Isso vai além do acesso ao Judiciário, não podendo o tema ser estudado nos acanhados limites de acesso aos órgãos judiciários existentes no país.

Erica Barbosa e Silva (2013, p. 25), neste aspecto, agrega que

> a complexidade dos conflitos reclama a estruturação da Justiça de forma a corresponder em quantidade e qualidade às suas estreitas exigências, com a máxima aderência possível. Isso significa que o direito de acesso deve ser pautado por uma adequada organização estrutural, embasada em instrumentos aptos à efetiva realização da Justiça, com uma composição eficiente do Judiciário, bem como institutos e categoriais processuais que denotem técnicas apropriadas à resolução de conflitos.

Nesse sentido, cabe oferecer breves reflexões sobre os métodos de resolução de conflitos, o que será feito a seguir.

2. MÉTODOS DE RESOLUÇÃO DE CONFLITOS

Como consequência das observações anteriores a respeito de Justiça e/ou a ordem jurídica justa e seus acessos, a sociedade contemporânea já convive com a perspectiva de que o Estado não mais possui o monopólio de Justiça. É cada vez mais perceptível, não somente para os operadores do direito, mas também para aqueles que lidam com outras áreas do conhecimento humano, claro, talvez com menor intensidade. Assim, nos tempos atuais, o Estado não é o único a fazer Justiça. Cândido Rangel Dinamarco e Bruno Vasconcelos Carrilho (2016, p. 79), na mesma linha, afirmam: "é do passado a crença em um monopólio estatal da jurisdição, responsável pela concentração dos estudos sobre Justiça com o foco lançado exclusivamente sobre a jurisdição estatal". Ada Pellegrini Grinover (2016, p. 62), por seu turno, bem reforça esta afirmação, ao enfatizar que

> a percepção de uma tutela adequada a cada tipo de conflito modificou maneira de ver a arbitragem, a mediação e conciliação que, de meios sucedâneos equivalentes ou meramente alternativos à jurisdição estatal, ascenderam à estatura de instrumentos mais adequados de solução de conflitos. E tanto assim é que a leitura atual do princípio constitucional de acesso à Justiça (a lei não excluirá da apreciação do Poder Judiciário lesão ou ameaça a direito – Const., artigo 5º inciso XXXV) é hoje compreensiva da Justiça Arbitral e da Conciliativa, incluídas no amplo quadro da política judiciária e consideradas como espécies de exercício jurisdicional. Entendemos, portanto, que tanto a arbitragem como a justiça consensual integram o conceito de jurisdição

(que hoje caracterizamos como atividade função e garantia ao acesso à justiça).

Dentro desta perspectiva, cabe lembrar as ponderações de Carlos Alberto de Salles (2011, p. 172):

> no Brasil, quando se trata de distinguir as chamadas formas alternativas de solução de controvérsias, costuma-se indicar classificação em autocompositivas e heterocompositivas. Pretende-se distinguir, com isso, as hipóteses de soluções pautadas no âmbito da vontade das partes, daquelas nas quais um terceiro apresenta uma decisão, impondo, de maneira vinculante, a solução para disputa.

2.1 Autotutela, Autocomposição e Heterocomposição

Valéria Ferioli Lagrasta (2012, p. 10), lembrando os ensinamentos de Niceto Alcalá-Zamora y Castillo, destaca que os mecanismos de solução de conflitos se classificam em autotutela, autocomposição e heterocomposição:

> A autotutela, considerada a mais primitiva das formas de solução de conflitos, corresponde à imposição, pela violência moral (vis relativa) ou física (vis absoluta) de uma vontade sobre a outra, vencendo a resistência do adversário", isto é, "corresponde à imposição de vontade do mais forte (força física, política ou econômica), na medida em que o próprio indivíduo envolvido no conflito garante a satisfação de seus interesses de acordo com seus próprios recursos.

Ela pontua ainda que na autotutela não existe o terceiro. E acrescenta que a autocomposição consiste na

> ação legítima das próprias partes envolvidas, que buscam obter uma solução razoável para a disputa existente por meios persuasivos e consensuais, sem intervenção vinculativa de terceiro. A solução autocompositiva pode ser obtida de forma unila-

> teral (a critério de uma só das partes, que sacrifica sua pretensão em nome do fim do conflito) ou bi/multilateral (as duas ou mais partes envolvidas na disputa buscam uma solução conjunta para a situação apresentada). A última é a solução negociada do conflito, que envolve mútuas concessões das partes interessadas, que podem chegar a um acordo por si próprias, por meio da negociação direta, ou receber o auxílio de um terceiro (facilitador), capacitado em técnicas de solução de conflitos (conciliador, mediador ou avaliador neutro). O que é importante ter em mente é que na autocomposição as partes mantêm o poder de decisão sobre a composição obtida (...)

podendo ser judicial ou extrajudicial. Neste aspecto, convém enfatizar que, para Antônio Carlos de Araújo Cintra, Ada Pellegrini Grinover e Cândido Rangel Dinamarco (1991, p. 32), a autocomposição "é considerada legítimo meio alternativo de solução dos conflitos" entre pessoas físicas ou jurídicas, consistindo em um ajuste de vontades entre elas sobre seus respectivos pedidos. Para Petrônio Calmon (2007, p. 54),

> a autocomposição unilateral se manifesta pela renúncia, quando aquele que deduz a pretensão (atacante) dela abre mão, ou pela submissão, quando o atacado abre mão de sua resistência. A autocomposição bilateral se manifesta pela transação, acordo caracterizado por concessões recíprocas, ou seja, quando todos os envolvidos em um conflito abrem mão parcialmente do que entendem ser de seu direito.

Valéria Ferioli Lagrasta (2012, p. 11) esclarece, também, que a heterocomposição

> decorre da imposição de uma decisão de um terceiro, a qual as partes se vinculam. Ou seja, o poder de decisão é transferido das partes para este terceiro, de forma mais ou menos institucionalizada. Os principais exemplos de meios heterocompositivos de solução de conflitos são o processo judicial (he-

terocomposição pública ou estatal) e a arbitragem (heterocomposição privada), esta surgida bem antes que aquele, quando a sociedade ainda não era organizada em termos institucionais.

A mesma autora (2019, p. 154) apresenta um resumo na perspectiva dos dias atuais, explanando que, uma vez afastada a autotutela como meio egoísta e pouco civilizado de solução de conflitos, verificam-se duas formas de solução pacífica: a autocomposição e a heterocomposição. Esta, também definida como método adversarial de solução de conflitos, se levada em conta a postura das partes frente ao conflito, caracteriza-se pelo enfrentamento das partes e pela imposição de uma decisão por um terceiro (árbitro escolhido pelas próprias partes, ou juiz), na qual um ganha e outro perde. Aquela, como método não adversarial de solução de conflitos, caracteriza-se por uma busca conjunta das partes por um resultado que atenda aos interesses de ambas, através do diálogo, prevalecendo a cooperação sobre a competição, ou seja, é a obtenção da solução por obra dos próprios litigantes, podendo ser obtida espontaneamente ou após o incentivo praticado por meio de mecanismos apropriados.

Antonio Carlos Ozório Nunes (2016, p. 34) destaca também que a

> autocomposição possibilita que o conflito seja analisado numa perspectiva complexa, como um todo juntado às partes e estas ao todo, com o aprofundamento das posições e a ampla identificação dos interesses (emoções, valores, sentimentos, e necessidades não atendidas, etc...)

Carlos Alberto de Salles (2011, p. 173-174), a respeito da classificação acima, chama a atenção no sentido de que possui o

> inconveniente de ser focada na atividade das partes em relação à solução da controvérsia, sem destacar o papel de terceiros nessa tarefa. Não se trata aqui, por óbvio, de negar a centralidade da posição em uma si-

> tuação de conflito, mas de destacar a pouca serventia desse critério. Afinal, para pensar mecanismos institucionalizados, públicos ou privados, de resolução de disputas, o foco não deve estar nas partes, mas nos vários agentes – terceiros – encarregados de propiciar o resultado, levando-se em conta as várias maneiras pelas quais é possível alcançá-lo. O diferencial, portanto, deve estar na maneira como esses terceiros atuam em relação às partes e a seus direitos, com a finalidade de eliminação da controvérsia pendente.

Na mesma linha, Bruno Takahashi (2016, p. 37) destaca:

> de fato, é a presença ou não do terceiro que vai diferenciar a forma de solução do conflito e alterar a própria relação existente entre as partes. Em casos mais simples, as partes conseguem resolver seus conflitos por si mesmas, como ocorre na negociação. A partir do momento em que tal solução não é possível, procura-se o auxílio de um terceiro facilitador. Esse terceiro não irá retirar o poder de decisão das partes, mas irá auxiliá-las na busca de uma solução consensual.

Interessante notar que, conforme avançam os debates sobre os métodos de solução de conflitos, mais se apresentam outras classificações. Carlos Alberto de Salles propõe outra classificação mais alinhada com a função do terceiro, enfatizando que, sob essa perspectiva, é possível classificar os processos de solução de controvérsias – mesmo os não alternativos, como o judicial – em três espécies: (a) adjudicatórios; (b) consensuais, e (c) mistos. E Maria Cecília de Araújo Asperti (2018, p. 49-51) os explica com outros nomes, ao enfatizar que o

> espectro inclui processos primários, considerados como adjudicatórios e consensuais, e processos mistos, delineados pela combinação de características dos processos primários. No feixe de processos tido como primários, os mecanismos adjudicatórios

são aqueles em que um terceiro neutro colocado em posição equidistante às partes em confronto é capaz de decidir ou de adjudicar uma solução entre elas, escolhendo uma entre outras soluções possíveis para colocar fim ao conflito existente. Segundo essa classificação, o processo judicial e o processo administrativo são as principais formas adjudicatórias estatais de resolução de disputas, enquanto a arbitragem, por exemplo, é considerada um mecanismo adjudicatório não estatal de base contratual. Já os mecanismos consensuais são calcados no uso de técnicas ou na ordenação de meios que visam criar condições para uma solução do conflito que não seja imposta por um terceiro, mas sim transacionada pelos envolvidos. Assim como nos meios adjudicatórios há uma vasta gama de possibilidade, sendo os meios primários consensuais mais utilizados no Brasil a conciliação e a mediação.

É digno de nota que a autora enfatize, ainda, que os processos mistos possuem poucas experiências no território brasileiro.

Outras classificações são apresentadas, diferenciando os métodos consensuais e não consensuais, ou mesmo mais pacíficos e amistosos. Por isso, fundamental notar que a grande maioria acaba por não contemplar todos os parâmetros do processo de resolução de conflitos, esquecendo-se, na grande maioria das vezes, da própria metodologia, como apontado acima. Esse elemento não pode ser esquecido, pois cada método empregado possui estrutura própria e um desencadeamento de atos formais ou informais, orais ou expressos, bem como requisitos específicos e peculiares a cada um deles. Tais observações fazem sentido quando se propõe a busca pela Justiça, tomando como referência os três eixos a eles inerentes, a saber: a) o processo (o método ou metodologia) por ele oferecido; b) os participantes (pessoas físicas ou jurídicas, privadas ou públicas) envolvidas em um conflito); e c) o terceiro, que deve ser imparcial e independente. Assim, independentemente das classificações acima, o mais importante é que, ao se considerar todos os eixos inerentes aos métodos, pode-se delineá-los melhor e, ao mesmo tempo, proporcionar a melhor escolha, sempre tendo como referência seus significados, seus objetivos, o papel dos participantes e do terceiro imparcial e independente, se existir ou não. Nesse sentido, a melhor identificação é aquela em que pelo nome do método já se supõem seus elementos. Portanto, será realizada uma breve exposição de cada um dos métodos a partir de suas peculiaridades, mesmo que de maneira muito pontual, antes de se debater a Mediação com base nos eixos acima.

Convém esclarecer que a inclusão da análise das classificações mencionadas foi oferecida porque o Marco Legal da Mediação aporta um capítulo inteiro dedicado à autocomposição de conflitos no âmbito da Administração Pública. E, como tal, o legislador deixou muito claro o incentivo para que a Administração Pública passe a usar não somente a Mediação, mas também a negociação, assistida ou não por um terceiro, e a conciliação. E talvez outros métodos em que o diálogo se constitui como base. Por isso, Francisco José Cahali[1] afirma ser a autocomposição o ajuste de vontades, no qual, suas "principais formas são: a negociação, a conciliação e a mediação".

---

1. CAHALI, Francisco José. *Curso de Arbitragem – Mediação – Conciliação – Tribunal Multiportas.* São Paulo: Revista dos Tribunais, 2018. p. 45-46. Reforçando os ensinamentos dos autores citados, Cahali esclarece que "primitivamente, os conflitos de interesse eram solucionados por autotutela ou autodefesa, que representava a definição da questão litigiosa pela imposição da vontade do mais forte. Esse método de solução foi superado há anos quando o Estado idealizou o monopólio da jurisdição, impedindo, assim, que as próprias partes fizessem uso de suas razões, o que no atual ordenamento brasileiro, é até mesmo capitulado como crime." E acrescenta: "além da autotutela, existem meios heterocompositivos e autocompositivos de resolução de litígios. As principais formas heterocompositivas de solução de conflito são promovidas através do processo judicial, desenvolvido perante o Poder Judiciário, e pelos procedimentos realizados na arbitragem. As principais formas autocompositivas de solução de conflitos são a negociação, a conciliação e a mediação. Esse tema dos métodos alternativos integra aquilo que se designou de terceira onda renovatória do direito processual civil, da qual a obra de Mauro Cappelletti e Bryan Garth é fonte de consulta obrigatória." Este último tema será objeto de reflexões mais adiante.

2.2 Métodos de Solução de Conflitos mais conhecidos no Brasil, além da Mediação

Importante reforçar que, independentemente das classificações e eventuais críticas, como mencionado acima, faz-se necessário oferecer breves comentários sobre os métodos de solução de conflitos que têm sido mais praticados no País.

2.2.1 Negociação

Este autor, em conjunto com Lia Sampaio (2007, p. 11), assim a definiu como

> o instrumento primeiro e natural de resolução de conflitos que é buscado às vezes inconscientemente por seus agentes quando algo se faz incômodo na inter-relação existente, quer seja ela de ordem afetiva, profissional ou mesmo comercial. Ao fazê-lo por intermédio de um diálogo, se busca atender ao reclamo de uma parte para com a outra ou vice-versa.

Constitui-se, portanto, como a primeira instância de tentativa de resolução de conflito entre as pessoas, pois, uma vez alcançada uma decisão, que atenda as possibilidades de ambas, pode ser solucionado por um acordo entre elas.

Em outras palavras, como Petrônio Calmon (2007, p. 113) ressalta, a

> negociação é o mecanismo de solução de conflitos com vistas à obtenção da autocomposição caracterizado pela conversa direta entre os envolvidos sem qualquer intervenção de terceiro como auxiliar ou facilitador. É uma atividade inerente à condição humana, pois o homem tem por hábito apresentar-se diante de outra pessoa envolvida sempre que possui interesse a ela ligado. Ao apresentar-se para demonstrar seu interesse (pretensão), é sempre

possível que seja atendido, não se caracterizando a resistência, não havendo o que falar em conflito. Em decorrência da aproximação para demonstrar a pretensão, é natural que havendo resistência (constituindo-se o conflito) se inicie imediatamente o diálogo (o que caracteriza a negociação) com vistas a solução. Trata-se, então, de prática que pode ser pessoal e informal, fazendo parte da natural convivência em sociedade.

Francisco José Cahali (2018, p. 47-48) recorda que

a negociação é rotineiramente utilizada para contratação (formação da relação jurídica) e praticamente integra a natureza humana. Mas também pode ser aproveitada para a solução de divergências, ou seja, como processo de autocomposição. Pela negociação, as partes tentam resolver suas divergências diretamente. Negociam com trocas de vantagens, diminuição de perdas, aproveitam oportunidades e situações de conforto, exercitam a dialética, mas, em última análise, querem uma composição, e para tanto, o resultado deve propiciar ganhos recíprocos, em condições mutuamente aceitáveis e, em certa medida, equitativas, caso contrário, será rejeitado por uma das partes. Embora comumente se refira à negociação como método exercido pelos próprios interessados, nada impede que seja promovida por terceiros – os negociadores. Porém, neste caso, o terceiro não será um facilitador em benefício das partes, mas um representante de uma delas, e em nome desta defenderá os seus interesses. Ou seja, o terceiro comparece para negociar a melhor solução em favor daquele por quem atua. Aliás, no mundo dos negócios, principalmente em grandes corporações, a figura do negociador profissional cada vez mais ganha destaque.

Por isso, Valéria Lagrasta (2012, p. 12) afirma que "todas as pessoas, desde o nascimento, negociam em maior ou menor grau com mais ou menos habilidade". E esclarece que foi a partir da Segunda

Guerra Mundial que a negociação passou a ser estudada como técnica de solução de conflitos e a ser utilizada nas decisões dos governos e em inúmeros outros contextos. Com isso, passou a despertar interesse de profissionais, estudiosos e professores de diversas universidades no mundo. E foi a Universidade de Harvard nos Estados Unidos, com o Programa de Negociação da Harvard Law School, a grande mentora da estruturação de uma teoria para a negociação. Daniela Monteiro Gabbay (2011, p. 212-213) sublinha que

> foi criado em 1983 para promover, de forma interdisciplinar e em parceria com outras Faculdades (Massachusetts Institute of Technology e Tufts University) um projeto de pesquisa voltado à teoria e à prática da negociação e outras formas de solução de conflitos. Este programa desenvolve cursos, seminários, conferências, além da publicação de livros e artigos sobre o tema, sob diferentes perspectivas (comercial, governamental, psicológica, econômica, antropológica, educacional, jurídica). Ao se voltar aos desafios teóricos e práticos, promove uma troca de diferentes visões sobre a negociação, considerada tanto como arte quanto como ciência.

Fundamental lembrar que três professores daquela Universidade e participantes do referido Programa, Roger Fisher, Bruce Paton e Willian Ury, foram os autores da denominada negociação por princípios, estruturada no livro chamado *Como Chegar ao Sim*, considerado um verdadeiro *best-seller*, por possuir inúmeras edições e ter sido traduzido para mais de 20 idiomas[2].

---

2. Fundamental oferecer estes apontamentos de Fernanda Tartuce, que ressalta ser de 1981 a primeira publicação do referido *best-seller*, originalmente escrito por Roger Fisher e Willian Ury com o título *Getting to Yes: Negotiating Agreements Without Giving In*, atualizado "em 1991 com a colaboração de Bruce Paton, relevante publicação em que foram esclarecidos princípios importantes para a teoria da negociação e da mediação, de que são exemplos mudar o foco de posição para interesses, separar pessoas do problema, inventar opções para ganho mútuo e utilizar critérios objetivos". (TARTUCE, Fernanda. *Mediação nos Conflitos Civis*. 3ª Ed. São Paulo: Forense, 2016. p. 152.).

Erica Barbosa e Silva (2013, p. 130-131) bem esclarece o sentido proposto pelos ensinamentos dos referidos professores, ao ressaltar que

> a negociação é meio idôneo de tratamento de conflitos, baseado na alteração de paradigmas. Há criação de propostas colaborativas entre as partes, com substituição da premissa ganha-perde para o desenvolvimento do ganha-ganha. Isso porque os envolvidos tentarão influenciar a parte adversa, mas parece que as maiores possibilidades de as partes entrarem em entendimento estão nas propostas que redundam em vantagens para ambos os lados, com o atendimento de interesses recíprocos.

Cerca de 10 anos antes do advento do projeto acima mencionado, outro professor da mesma universidade, preocupado com a crise que se avizinhava no Poder Judiciário naquele país e, com base na credibilidade que o Judiciário possuía (ainda a possui), bem como com a possibilidade de escolha de métodos adequados ao conflito existente, cunhou a expressão meios alternativos de solução de conflitos, que, segundo Paulo Eduardo Alves da Silva (2019. p. 17),

> corresponde à homônima em língua inglesa *alternative dispute resolution* (ADR)", representando "uma variedade de métodos de resolução de disputas distintos do julgamento que se obtém ao final de um processo judicial conduzido pelo estado. A expressão em língua portuguesa é atribuída a Frank Sander, professor de clínicas jurídicas da escola de direito de Harvard, em uma apresentação feita na década de 1970, em congresso organizado para se discutir as causas da insatisfação popular com a justiça americana. Ao defender a diversificação de meios de solução de disputas, ele incidentalmente menciona o termo ADR, enfatizando o caráter de contraposição à justiça estatal.

Erica Barbosa e Silva[3] explica que

> em 1976, Frank E. A Sander fixou num discurso a base do Sistema de Múltiplas Portas. A publicação posterior dessas ideias se deu no artigo *Varieties of Dispute Processing*, segundo o qual mais portas deveriam ser oferecidas para resolver conflitos, sendo vantajoso para todos haver uma gama de possibilidades, o que se realizaria mediante um sistema de Justiça que pudesse fazer uma triagem e indicasse os mecanismos corretos, partindo das especificidades de cada conflito e considerando os interesses envolvidos. Para tanto, o autor idealizou centros que concentrariam diversas resoluções atuantes dentro do Poder Judiciário, e que um funcionário público se vinculasse dessa triagem, direcionando o conflito para uma resolução. Com isso, seria possível abranger maior número de conflitos. Sobretudo ao canalizar os que estavam relegados à margem de uma resolução institucional.

Importante notar que tais ideias, inclusive estimuladoras das soluções alcançadas pela negociação com o sem o terceiro, serviram de inspiração para adoção de uma política pública de tratamento adequado de conflitos no Poder Judiciário brasileiro, que será comentada no tópico seguinte, que trata do Processo Judicial.

2.2.2 Processo Judicial

Nas palavras de Antônio Carlos de Araújo Cintra, Ada Pelegrini Grinover e Cândido Dinamarco (1991, p. 24)

> se entre duas pessoas há um conflito, caracterizado pela insatisfação, em princípio o direito impõe que, se quiser pôr fim a essa situação, seja chamado o

---

3. SILVA, Érica Barbosa e. *Conciliação Judicial*. Brasília: Gazeta Jurídica, 2013. p. 40-41. Cabe esclarecer que a autora, em nota de rodapé, faz referência à edição do livro de Frank Sander: SANDER, Frank E. A. *Varieties of dispute Processing, in The Pound Conference: perspectives on justice in the future*. St. Paul, West Publishing Co., 1979. p. 65-87.

Estado-juiz, o qual virá dizer qual a vontade do ordenamento jurídico para o caso concreto e, se for o caso fazer com que as coisas se disponham na realidade prática, conforme essa vontade.

Para os referidos autores (1991. p. 39), essa função é incluída na extensa lista de atividades do Estado Social, que possui como atribuição fundamental a promoção da plena realização dos valores humanos, devendo servir à função jurisdicional pacificadora como fator de eliminação de conflitos, bem como fazer do processo um meio efetivo para a realização da Justiça.

Dá-se o nome de processo judicial ao que Cândido Dinamarco e Bruno Vasconcelos Carrilho Lopes (2016, p. 15) conceituam como

> uma técnica para a solução imperativa de conflitos a partir da experiência dos que operam nos juízos e tribunais. Seus institutos são modelados segundo conveniências do exercício de funções e atividades muito específicas e reservadas a profissionais especializados – e que são a jurisdição exercida por juízes, a ação e a defesa, praticadas pelas pessoas em conflito através de seus advogados, bem como pelo Ministério Público nos casos em que a lei lhe dá legitimidade para atuar.

Em outras palavras, como Luiz Fernando Almeida Guilherme (2016, p. 14) pondera,

> o processo judicial é o meio pelo qual o Estado recebe a função de intervir e de decidir em uma situação em que seja vislumbrada uma lesão ou uma ameaça de lesão. Sendo assim, o Estado confere ao Judiciário a atribuição de poderes para que este promova a distribuição de Justiça. Uma vez instaurado o processo judicial, são formalizados os polos – ativo (autor) e passivo (réu) –, além da presença do órgão indicante, o Judiciário, que incumbe ao magistrado a função de julgar a lide e de estabelecer uma sentença que a finalize.

Ao se tratar deste método hoje no País, relevante lembrar o que Humberto Dalla Bernardina de Pinho e Michele Paumgartten (2016, p. 2) destacam:

> uma gama de políticas e regras é lançada e projetada no intuito de aprimorar a resolução de conflitos e, principalmente, acelerar o fluxo dos processos judiciais. Destaca-se a implementação de uma Política Judiciária Nacional de tratamento adequado dos conflitos de interesse por meio da Resolução 125/2010 do CNJ, o reconhecimento da jurisdição arbitral e a promoção da utilização de métodos de solução consensual de conflitos por juízes, advogados, defensores públicos, e membros do Ministério Público, inclusive no curso do processo judicial pelo Código de Processo Civil em vigor.

Como resultado do terceiro período do movimento mundial, André Gomma de Azevedo (2011, p. 12-13) enfatiza:

> historicamente pode-se dividir o movimento de acesso à Justiça em três períodos: i) mero acesso ao Poder Judiciário; ii) acesso ao Poder Judiciário com resposta tempestiva, e iii) acesso a uma solução efetiva para o conflito por meio da participação adequada do Estado. O primeiro período pode ser constatado pela apresentação de Roscoe Pound sobre as causas de insatisfação da população com administração da Justiça perante a ordem dos advogados norte-americanos (American Bar Association) em 1906; pela Conferência Pound em homenagem ao referido professor em 1976; e pela obra intitulada Acesso à Justiça, dos autores Bryant Garth e Mauro Cappelletti, publicada em 1978. Nesse primeiro modelo preconizavam-se três ondas renovatórias que envolviam a assistência judiciária aos pobres, a representação dos interesses difusos e os então chamados métodos alternativos de resolução de conflitos. Esses movimentos provocaram reformas estruturais no Judiciário, bem como no sistema processual dos países ocidentais, inclusive no Brasil,

visando a tornar o Poder Judiciário mais acessível e a participação em processos heterocompositivos estatais mais simplificados.

Por isso, Francisco José Cahali (2018, p. 67) ressalta:

> consolidou-se no Brasil, com a Resolução 125/2010 a implantação do Tribunal Multiportas, sistema pelo qual o Estado coloca à disposição da sociedade alternativas variadas para se buscar a solução mais adequada de controvérsias, especialmente valorizados os mecanismos de pacificação (meios consensuais), e não mais restrita à oferta ao processo clássico de decisão imposta pela sentença judicial. Cada uma das opções (mediação, conciliação, orientação, a própria ação judicial contenciosa etc.), representa uma porta, a ser utilizada de acordo com a conveniência do interessado, na perspectiva de se ter a maneira mais apropriada de administração e resolução do conflito.

E acrescenta o referido autor (2018, p. 69) que

> neste novo ambiente, bem germinada, crescida e com os melhores frutos, a semente do Tribunal Multiportas plantada pela Res. CNJ 125, em campo fértil pois bem cuidado por todos os envolvidos (CNJ, tribunais, mediadores, conciliadores judiciais, e de um modo geral os gestores do sistema e pessoas que o integram) veio o passo seguinte em homenagem aos meios consensuais de solução de conflitos: o Código de Processo Civil de 2015.

2.2.3 Arbitragem

Segundo Bruno Lopes Megna (2019, p. 177-178), antes mesmo da instauração do processo arbitral, já existe uma relação jurídica entre as partes compromissadas.

> A fase pré-arbitral se inicia com assinatura da convenção de arbitragem, mas se mantêm dormente

até o surgimento do conflito. Ela se prolonga até a aceitação da nomeação dos árbitros. É um campo em que, por excelência, misturam-se direito material e direito processual, delimitando o objeto e o modo de ser da arbitragem. A convenção arbitral é o pacto (negócio) pelo qual as partes se obrigam a submeter a um árbitro (e não a um juiz estatal) a controvérsia sobre a relação jurídica de direito material (relação material subjacente) que será decidida definitivamente por meio de um procedimento dotado de normatividade (processo arbitral). Assim, a arbitragem tem conteúdo jurisdicional, mas origem negocial. A doutrina majoritária associa a convenção arbitral à noção de negócio jurídico, fala-se em convenção processual, contrato processual ou negócio jurídico processual, nomenclatura esta aqui usada para destacar a utilidade metodológica da teoria dos negócios jurídicos na análise de seus elementos de existência, requisitos de validade e fatores de eficácia.

Nesse sentido, convenção arbitral pode ser uma cláusula chamada de compromissória ou arbitral expressa em um contrato, no qual as partes se comprometem a levar conflitos dele decorrentes à arbitragem. Tal cláusula afasta a competência primária da jurisdição estatal. E pode ser também outro instrumento chamado compromisso arbitral, no qual as partes submetem um conflito à arbitragem. A diferenciação entre ambas reside no fato de que a primeira existe por força de um contrato e é preventiva, enquanto a segunda pressupõe a existência do conflito e deve seguir regras, bem como conter requisitos determinados pela lei, cabendo a solução a um árbitro – qualquer pessoa física capaz que tenha confiança das partes.

Em função dos efeitos que a convenção de arbitragem pressupõe, correntes de pensamento sobre a natureza jurídica da arbitragem divergem. Por isso, Francisco José Cahali (2018, p. 133-135) assinala que são basicamente quatro as teorias a respeito: privatista (contratual), jurisdicionalista (publicista), intermediária ou mista (contratual-publicista) e a autônoma. A teoria privatista, também chamada por alguns como contratualista, vê na arbitragem apenas um negócio jurídico; entende que a arbitragem representa, na essência tão somente a extensão do acordo firmado entre as partes. A atribuição ao árbitro para decidir nada mais seria do que o cumprimento do contratado. O vínculo criado entre o árbitro e a parte é meramente contratual. A teoria publicista ou jurisdicionalista confere à arbitragem a natureza jurisdicional. E assim se entende por considerar que o Estado, por meio de disposições legais outorga ao juiz e ao árbitro para resolver conflitos de interesse. A teoria intermediária ou mista agrega os fundamentos de uma e outra das teorias anteriores, para concluir que, mesmo pautada no negócio jurídico realizado entre as partes, e sendo dele decorrente, não se pode desenvolver a arbitragem fora de um sistema jurídico, pois este método de solução de conflitos submete-se à ordem legal existente, embora não controlada inteiramente por esse sistema. Por fim a teoria autônoma identifica-se na arbitragem um sistema de solução de conflitos totalmente desvinculado de qualquer sistema jurídico existente. Verifica-se aqui o extremo do princípio da autonomia privada, na medida em que, diante da liberdade de contratar, as partes subtraem a arbitragem de outros ordenamentos, tratando-a como soberana. Cria-se, por esta teoria, uma jurisdição própria independente e diversa da jurisdição que integra um sistema jurídico.

Há que se destacar, segundo Carlos Alberto Carmona (2007, p. 239), que "uma arbitragem é instituída quando aceita a nomeação pelo árbitro, se for único, ou por todos, se forem vários", sempre em número ímpar. Segundo Francisco José Cahali (2018, p. 141), a arbitragem pode ser "institucional ou avulsa, mais conhecida como *ad hoc*". E, quando for instituída, há que resultar em uma sentença arbitral, que deve ser prolatada, salvo convenção das partes, no máximo em 180 dias a contar de sua instituição. Possui, talvez, um valor jurídico maior que uma sentença judicial, pois é título executivo judicial, porém não cabe recurso a instância superior como nesta última. Arnoldo Wald (2002, p. 155) pondera que

> a sentença arbitral proferida em território nacional tem autoridade de coisa julgada material, produzindo os mesmos efeitos de um título executivo judicial. Por isso pode ser executada imediatamente. A Lei 9.307/96 não admite a interposição de recursos contra a sentença arbitral. O único modo de impugná-la é através da ação de nulidade nos casos previstos no artigo 33.

Nas palavras de Selma Lemes (2001, p. 48),

> árbitro é um terceiro, eleito pelas partes, para decidir determinada controvérsia. A palavra árbitro é herança do Direito Romano, que já regulava o instituto, denominando aquele terceiro que tinha poderes de julgar, de *arbiter*. Para ser nomeado árbitro há necessidade de este terceiro possua determinadas características intrínsecas. Por exemplo, na Lei Brasileira de Arbitragem, está definido no artigo 13 que pode ser árbitro qualquer pessoa capaz e que tenha a confiança das partes. Estas duas características dizem respeito à: (i) capacidade segundo a lei civil, e (ii) à confiança, que se refere à retidão moral e capacidade profissional denominada pelos romanos de *bonus vir*, afeta a sua quase totalidade, aos aspectos éticos.

Lembra ainda a referida autora existir também a capacidade negativa, que se refere às causas de impedimento e suspeições mencionadas no artigo 14 do mesmo diploma legal. Nesse sentido, o árbitro está sujeito a um regime de incompatibilidades, em que concorrem os princípios da imparcialidade e da independência.

Por derradeiro, em apertada síntese, convém lembrar que um

dos objetivos, com o advento da Lei n° 13.129/15, foi o de ampliar o âmbito de aplicação da arbitragem, estendendo-o para a Administração Pública Direta e Indireta, tornando superados os debates em torno da impossibilidade de a Administração Pública dela fazer parte. Além disso, a referida norma legal lançou luzes sobre a interrupção da prescrição, quando da instituição da arbitragem, não deixando margem a diferentes interpretações quanto a retroagir à data do requerimento de sua instauração. A sentença parcial encontrou sua regulamentação nas alterações realizadas na Lei de Arbitragem, já que o parágrafo 1º do artigo 23 da mencionada lei expressa a possibilidade de ser proferida sentença parcial pelos árbitros. Trouxe também a inovação com a Carta Arbitral, que consiste em uma carta expedida pelo árbitro ou pelo tribunal arbitral para que o órgão jurisdicional nacional pratique ou determine o cumprimento, na área de sua competência territorial, de ato solicitado pelo árbitro. Além disso, é sabido que a carta arbitral é uma importante forma de interlocução entre o Judiciário e o Juízo Arbitral. Assim, será expedido um instrumento que facilitará a realização de medidas coercitivas requeridas pelos árbitros ao Judiciário. É de conhecimento também que o Código de Processo Civil trouxe ampla regulamentação sobre o tema, ao dispor sobre a carta arbitral nos artigos 237, inciso IV e 260 § 3º. Outrossim, dispôs que a carta arbitral seria categoria de cooperação jurisdicional entre os órgãos (artigo. 69, § 1º).

Cabe esclarecer que aspectos mencionados acima, em especial relativos à arbitragem na Administração Pública, serão oferecidos em outros tópicos, em função do objeto da presente obra. No entanto, convém trazer neste aspecto as palavras de Bruno Megna (2019, p 93-94) ao contextualizar a arbitragem no movimento pela consensualidade na Administração Pública:

trata-se de assunto importante. A arbitragem se insere, assim, a um só tempo, no movimento dos métodos consensuais de solução de conflitos *lato sensu* (consensuais na fonte, embora não no conteúdo) e do consensualismo na Administração. Realmente, a chamada Reforma do Estado e a nova arena pública tratam não só de conceber uma Administração contratual, pensando em relações comutativas, mas em um contexto mais amplo de conceber uma Administração consensual, aberta ao diálogo com os administrados e que prestigie soluções concertadas de boa-fé a litígios judiciais – cujas externalidades negativas por vezes superam os benefícios do próprio provimento judicial favorável.

2.2.4 Conciliação

Segundo Erica Barbosa e Silva (2013, p. 154),

> a conciliação sempre esteve presente no ordenamento brasileiro muito embora tenha experimentado desenvolvimento mais acentuado nas últimas décadas. Desde o período imperial, com a emancipação política brasileira consumada em 1822, a Constituição do Império, de 25 de março de 1824, incentivava expressamente a solução de litígios por outros meios que não a decisão judicial, dispondo sobre o Poder Judicial em capítulo único, conforme artigos 151 e 164. A tentativa de conciliação à época, era considerada condição prévia indispensável ao processamento de qualquer causa e, para a sua realização deveriam ser eleitos juízes de paz, cujos distritos e atribuições seriam regulados por lei.

A autora supracitada explica a existência de vários dispositivos legais no ordenamento, oferecendo a perspectiva de que a conciliação está intrinsecamente ligada ao contexto judicial, podendo ser desenvolvida pelo próprio juiz, como será mencionado no presente texto, quando das reflexões sobre o CPC em vigor. Petrônio

Calmon (2007, p. 105) ressalta que "a conciliação é o mecanismo para a obtenção da autocomposição tradicionalmente utilizado no processo judicial, bem como em iniciativas paraprocessuais do Poder Judiciário, atividade exercida pelo juiz ou por auxiliar, funcionário da Justiça ou nomeado *ad hoc*".

Corroborando com este histórico em concordância com a permanente existência da conciliação nas leis brasileiras, Valeria Ferioli Lagrasta (2012, p. 15) traça a evolução legislativa que a conciliação percorreu no Brasil desde o período acima apontado, passando pelos Códigos de Processo e leis extravagantes, marcando a importância dos Juizados de Pequenas Causas, regulamentados pela Lei n° 7.244/84, a Lei n° 9.099/95 dos Juizados Especiais Cíveis e Criminais e a Lei n° 9.307/96. Para ela, na conciliação existe um

> terceiro imparcial, que domina a escuta, sem forçar as vontades dos participantes, investiga apenas os aspectos objetivos do conflito e sugere opções para sua solução, estimulando-os à celebração de um acordo". Considera útil para a solução rápida e objetiva de problemas superficiais (verdade formal ou posição), que não envolvem relacionamento entre as partes, não tendo, portanto, a solução encontrada, repercussão no futuro das vidas dos envolvidos.

Segundo Lia Sampaio e Adolfo Braga (2007, p. 21),

> a conciliação é muito rápida, pois ela não requer o conhecimento da inter-relação das partes em conflito, já que inexiste. Como é o caso de um abalroamento de veículos, uma relação de consumo, onde as partes não convivem, mas somente necessitam de um terceiro que as ajude a refletir qual seria a melhor solução para a controvérsia e se valeria a pena enfrentar a outra parte de forma litigiosa.

Por isso, o conciliador pode apresentar sugestões, pois o objetivo é evitar desgastes de uma batalha judicial, e um terceiro sem vínculo com as partes de maneira mais livre poderá fazê-las refletir sobre tais sugestões, que nunca são impositivas ou vinculativas. Nesse sentido, o objetivo maior da conciliação é o acordo para pôr fim à demanda judicial ou extrajudicial. Petrônio Calmon (2007, p. 105), concordando, leciona que "a conciliação consiste no desenvolver de um diálogo entre partes e o conciliador, com vistas a encontrar uma posição final para o conflito, que seja aceitável e factível para ambos os envolvidos".

Na mesma linha e concordando com os autores acima, Carlos Eduardo de Vasconcelos (2016, p. 65) ressalta que a conciliação

> tem por objetivo central a obtenção de um acordo" e lembra que "consoante o inciso 2º do artigo 165 do CPC, o conciliador atuará preferencialmente nos casos em que não houver vínculo anterior entre as partes, poderá sugerir soluções para o litígio, sendo vedada a utilização de qualquer tipo de constrangimento ou intimidação para que as partes conciliem.

Nesse sentido, o dispositivo legal mencionado na citação logo acima, acrescido de seu inciso 3º, é acometido de um equívoco ao usar o termo "preferencialmente", pois acaba por não expressar com precisão a distinção entre ambos, dando a entender ser opcional sem especificar para quem, muito embora a redação ofereça esclarecimento a partir de seus objetivos, os quais são diferentes. Esta confusão é decorrente do desconhecimento da metodologia empregada em cada um dos métodos. A conciliação é mais célere. Na maioria dos casos, restringe-se a apenas uma reunião entre as partes e o conciliador. A conciliação se destina aos casos em que o objeto da disputa é exclusivamente material. Inexiste, portanto, um relacionamento contínuo entre as partes. Erica Barbosa e Silva (2013, p. 133-134), na mesma linha, enfatiza que

> a conciliação difere da mediação por ter objetivo

específico. Nesse sentido, a diferença fundamental entre mediação e conciliação reside no conteúdo de cada instituto. Na conciliação, o objetivo é o acordo, ou seja, as partes, mesmo adversariais, devem chegar a um acordo para evitar o processo judicial.

Ao tentar esclarecer, Juliana Demarchi (2007, p. 55) ressalta que:

> quando a negociação direta não surte o efeito almejado, as pessoas podem se valer da ajuda de um terceiro imparcial para a solução do conflito, que pode ser um conciliador ou um mediador. A conciliação é mais adequada à resolução de conflitos objetivos, como os que surgem em decorrência de acidentes de trânsito, por exemplo. As partes não se conhecem anteriormente e o único vínculo existente entre eles é a necessidade de reparação dos danos causados. Trata-se de relacionamento meramente circunstancial. Os esclarecimentos sobre o conflito não necessitam ser muito aprofundados, pois inexiste uma relação contínua que envolva as partes. As tratativas voltam-se diretamente ao problema – e não primeiramente ao relacionamento interpessoal existente como na mediação – o que permite ao conciliador sugerir diversas propostas de acordo.

Francisco José Cahali (2018, p. 49) reforça o entendimento dos autores acima citados, concluindo que

> indicação da mediação, por sua vez, pressupõe terem as partes em conflito uma relação mais intensa e prolongada, verificando o relacionamento tanto por vínculos pessoais como jurídicos. Ainda tem pertinência em situações em que será gerada para as partes, a solução do conflito, uma nova relação com direitos e obrigações recíprocas, e, pois, com uma perspectiva de futura convivência que se espera que seja harmônica.

Muito embora ocorra certa convergência na doutrina quanto à diferenciação, na prática persiste a confusão entre ambos os institutos, inclusive no contexto da Administração Pública, motivo pelo qual este tema será objeto de análise mais adiante.

2.2.5 Justiça Restaurativa

Segundo Raffaella Pallamolla (2009, p. 4), Justiça Restaurativa "é uma técnica de solução de conflito e violência que se orienta pela criatividade e sensibilidade a partir da escuta dos ofensores e das vítimas e pessoas indiretamente envolvidas interessadas em refletir sobre o dano ocorrido". Esse é o conceito institucional, adotado pelo CNJ, e a sua prática apresenta iniciativas cada vez mais diversificadas no País. Promove um novo direcionamento à maneira de compreender, viver e aplicar o direito penal.

Renato De Vito (2005. p. 48), por seu turno, considera que "a Justiça Restaurativa representa um novo paradigma aplicado ao processo penal, que busca intervir de forma efetiva no conflito que é exteriorizado pelo crime, e restaurar as relações que foram abaladas a partir do evento".

A denominação "restaurativa" confere ao tema da aplicação de Justiça a ideia de restaurar, sendo possível por meio de um processo colaborativo entre os protagonistas da relação processual, vale dizer, a condução por um facilitador ou um juiz e o diálogo entre o transgressor da lei e a vítima que foi atingida pelo fato ilícito e mais os indiretamente envolvidos interessados em debater como reparar o dano ocorrido. Por isso, Cecília Assumpção e Vania Yasbek (2014, p. 49) enfatizam que Justiça Restaurativa consiste em um "termo genérico para todas as abordagens do delito que buscam ir além da condenação e da punição e abordar as causas e as consequências das transgressões por meio de formas que promovam a responsabilidade, a cura e Justiça".

Segundo Daniel Issler e Egberto Penido (2012, p. 232), a Justiça Restaurativa consiste em um

> processo de resolução de conflito participativo, por meio do qual pessoas afetadas direta e indiretamente pelo conflito (intersubjetivo, disciplinar, correspondente ao ato infracional ou a um crime) se reúnem voluntariamente e de modo previamente ordenado, para juntas, com a ajuda de um facilitador, estabelecerem pelo diálogo, um plano de ação que atenda as necessidades e garanta os direitos de todos os afetados, com esclarecimento e atribuição de responsabilidades.

Os mesmos autores explicam que com a Justiça Restaurativa se busca a compreensão dos envolvidos no conflito quanto às razões que os levaram a praticar o ato, evitando futuras infrações e passando a ter maior consciência do dano causado. Além disso, poderá promover maior aproximação entre vítima e ofensor e evitar a judicialização de casos eminentemente da esfera privada. Nesse sentido, constitui um instrumento de implementação de ações voltadas à responsabilização, reparação e prevenção, que, antes de tudo, expressa-se por meio de atitudes garantidoras de direito pela participação de adolescentes, seus familiares e comunidades onde residem.

2.2.6 Comitê de Resolução de Disputas (*Dispute Board*)

Este método, mais conhecido no País pela denominação na língua inglesa, segundo Francisco Maia (2017, p. 85), constitui-se em um "painel de especialistas, podendo ser mesclado entre diferentes profissionais", como engenheiros, advogados e outros profissionais, que acompanham o desenvolvimento do contrato desde o início, sendo acionado em casos de conflito para dirimi-los. Segundo Fernando Marcondes (2017, p. 235-244), a primeira vez em que foi utilizado remonta à década de 1960, na obra da barragem denominada Boundary Dam, no Estado de Washington no Estados Unidos, sendo formado um painel de especialistas chamado para resolver uma determinada questão, cuja decisão foi acatada prontamente pelas partes, sendo chamados para outras questões até o final do contrato. Desde então passou a ser incluído em importantes obras em diversos países, sobretudo em contratos de obras de infraestrutura. Para o autor acima, é muito útil, pois em uma obra "os impasses, dúvidas e divergências só se tornam efetivos problemas com o passar do tempo, se não forem tratados em seu início.

O *Dispute Board* é formado para resolvê-los em seu nascedouro, justamente para evitar que se tornem futuras demandas. Nesse sentido, André Carvalho e Marcos Lino (2014, p. 182) salientam que é "destinado a atuar durante a execução de alguma atividade ou obra, que se procrastinasse no tempo, mediante a contenção de desentendimentos, com o escopo de evitar disputas e decidir de forma neutra, técnica e célere os conflitos que venham a se formar". É composto por um órgão colegiado, geralmente três especialistas, que acompanham de perto e periodicamente as atividades, com o objetivo, segundo Fernanda Levy (2013, p. 123), "de manter as obras em andamento, preservar o relacionamento entre os envolvidos e ainda obter decisões tecnicamente qualificadas para questões altamente técnicas e complexas".

Maurício Tonin explica que existem três modelos distintos, a saber: o primeiro, chamado de *dispute review board*, emite apenas recomendações aos envolvidos, que decidem livremente se as acatam ou não; o segundo, denominado de *dispute adjudication board*, decide a controvérsia, sendo uma determinação vinculante para as partes; e o terceiro, conhecido como *combined dispute board*, emite recomendações, bem como decisões, dependendo das disposições contidas no contrato. O mesmo autor (2019, p. 88) lembra que

> o Município de São Paulo promulgou a Lei 16.187, de 22 de fevereiro de 2018, prevendo a possibilidade de utilização do Dispute Board com o nome de Comitês de Prevenção e Solução de Disputas para dirimir conflitos relativos a direitos patrimoniais disponíveis em contratos administrativos continuados.

Outros métodos poderiam ser mencionados, mas faço referência a apenas mais um deles pelo seu atual estágio de promissor desenvolvimento no Brasil: Práticas Colaborativas. Segundo o *site* do Instituto Brasileiro de Práticas Colaborativas[4], consiste em uma metodologia criada nos Estados Unidos, no início dos anos 1990, quando um advogado de direito de família, preocupado com os efeitos negativos dos litígios judiciais, decidiu desenvolver esforços antes de um processo judicial, dedicando-se à construção de acordos. Posteriormente, com as contribuições de uma advogada e uma psicóloga, percebeu necessário agregar o trabalho de uma equipe multidisciplinar. O método é considerado não adversarial, com os profissionais colaborativos e seus clientes assinando um termo de participação em que os advogados assumem o compromisso de não litigar e os demais profissionais possuem o dever de retirada do processo caso não cheguem a um acordo. A base é a negociação, sendo a transparência pressuposto para todos os participantes. Para Stuart Webb e Ronald Ousky (2017. p. 11), difere da Mediação, pois "em vez de utilizar uma parte neutra (mediador), que não pode oferecer conselhos ou dar opiniões", o processo colaborativo permite que os usuários contratem representantes legais atuantes e profissionais da área financeira e/ou da área de saúde mental que os aconselhem. Todos estimulam a colaboração.

---

4. Disponível em: www.praticascolaborativas.com.br. Acesso em: 11 mar. 2020.

PARTE II

MEDIAÇÃO

Segundo Christopher Moore (1998, p. 31), a palavra Mediação tem sua origem do latim *medius, medium*, que significa no meio. Muito embora o instituto pareça recente, na verdade, possui longo legado em culturas diferentes: "Na antiga China, Confúcio a incentivava, chamando a atenção das pessoas para o ambiente de antagonismo do litígio que as deixava irritadas". O referido autor sublinha que, em quase todas as culturas, reconhece-se a existência da Mediação, daí ser identificada como instituto milenar.

Ao mesmo tempo, é possível constatar diversos de seus elementos nos pensadores incluídos no presente texto, os quais, com breves referências escritas, destacam a importância do diálogo na superação de disputas. Convém recordar que, a partir dos anos sessenta do século XX, segundo Valéria Lagrasta (2012, p. 21), "a mediação passou a ter contornos formais, sendo institucionalizada e considerada como método alternativo de resolução de conflito". E começou a ser realizada de maneira mais profissional na grande maioria dos países. Tal evolução foi possível graças ao fato de ter demonstrado ser muito efetiva na solução de conflitos, motivo pelo qual no Brasil teve início a sua prática na década de 90 no mesmo século.

3. MEDIAÇÃO EM BREVES PALAVRAS, A PARTIR DE SEUS TRÊS EIXOS – PROCESSO – PARTICIPANTES – MEDIADOR

A Mediação como processo de solução de conflitos se desenvolve em três eixos: o processo, quem dele participa e alguém que os ajuda a construir algo. Nesse sentido, nos subitens que seguirão serão comentados pontualmente cada um deles.

3.1 Processo

A Mediação pode ser compreendida, segundo Petrônio Calmon (2007, p. 120), como "um mecanismo não adversarial em que um terceiro imparcial, que não tem poder sobre as partes, as ajuda para que, em forma cooperativa, encontrem o ponto de harmonia do conflito". Na mesma linha, Fernanda Tartuce (2017, p. 150) enfatiza que consiste em uma "técnica vantajosa por possibilitar o tratamento dos aspectos objetivos do negócio e permitir a consideração de fatores subjetivos da relação para superar dificuldades".

Trata-se de um processo em que um terceiro imparcial e independente ajuda em reuniões separadas ou conjuntas com as pessoas envolvidas em conflitos, sejam elas físicas ou jurídicas, a promover um diálogo diferente daquele decorrente da interação existente por força do conflito. E, na hipótese de construírem alguma solução ou soluções, quase sempre cumprem espontaneamente os compromissos assumidos. Esta simplicidade conceitual encobre o caráter complexo do método, operado por meio da intervenção de um terceiro imparcial e independente com funções diferentes das de outros profissionais, entre as quais proporcionar momentos de interação inéditas, até então não vivenciadas pelos participantes. Em outras palavras, essa aparente simplicidade promove a identificação de toda a complexidade de que se revestem a conexão entre aquelas pessoas e o conflito instaurado. A Mediação se propõe a refletir sobre essa complexidade para, com ela, promover o repensar sobre a perspectiva de futuro dos participantes, seja com a continuidade ou não do convívio, ou a ruptura sem traumas ou sequelas entre eles.

Nas palavras de Mirian Blanco Muniz (2013, p. 43), a Mediação como um processo de solução de conflitos constitui-se num "sistema formado por seres humanos que têm a possibilidade de se comunicar" em um espaço onde a vontade de todos é o elemento basilar. Por isso, dentre os elementos essenciais da Mediação de conflitos, a autonomia da vontade possui grande protagonismo, talvez o mais relevante, pois o caráter voluntário da Mediação constitui-se na grande mola propulsora da atividade. Só existirá a Mediação se as pessoas efetivamente quiserem dela fazer parte e, para tanto, é fundamental que conheçam seus objetivos, seu dinamismo, bem como seu alcance e limitações. Da mesma maneira, esse elemento permite às pessoas, ao longo do processo, administrar o conflito conforme suas vontades com base em aspectos por elas mesmas definidos, buscando resgatar o respeito às individualidades e à liberdade de todos, sempre a partir de seus limites e perspectivas pessoais, com base em suas visões individuais únicas. A partir disto, promove-se o respeito mútuo às diferenças e o reconhecimento das limitações próprias e das perspectivas pessoais diferentes ou mesmo opostas, o que pode proporcionar a integração das visões individuais, abrindo um terreno fértil para a responsabilidade, que pavimentará de maneira robusta a possibilidade da construção de soluções.

Ainda sobre o princípio da autonomia da vontade, oportuno seria lembrar as palavras de Immanuel Kant (2007, p. 85) ao considerá-lo como princípio supremo da moralidade, definindo-o como uma propriedade que passa a ser lei para ela mesma. Para ele, este princípio significa "não escolher senão de modo a que as máximas da escolha estejam incluídas simultaneamente, no querer mesmo como lei universal", e como tal passa a ser o único princípio da moral. Nesse sentido, a Mediação assim a referenda, pois só existirá se os participantes efetivamente quiserem dela fazer parte e, para tanto, é fundamental, como já dito, que conheçam seus objetivos, seu dinamismo, bem como seu alcance e limitações, a fim de que possam deliberar se desejam efetivamente dela fazer uso. Da mesma maneira, esse princípio permite a elas, ao longo do processo, administrar o conflito conforme suas vontades.

Em outras palavras, seguindo o que preleciona Antônio Carlos Ozório Nunes (2016. p. 57),

> a mediação é um meio de autocomposição horizontal e democrático para solução de conflitos no qual as partes, de olhos abertos e de modo conscientemente buscam construir as melhores soluções para os seus interesses, num caminho de coordenação, de diálogo, de conhecimento dos interesses dos outros envolvidos para se chegar às negociações necessárias à composição do conflito.

Por conseguinte, pode-se afirmar que, pelas observações acima, a Mediação não possui qualquer caráter impositivo. Ela existirá caso as pessoas efetivamente se interessem em dela fazer uso, tomará o rumo que elas determinarem e, ao mesmo tempo, incluirá temas por elas identificados e sobre os quais desejem discorrer. Por isso, não há como impor a Mediação, mesmo com a previsão legal que hoje existe no Brasil. A Lei nº 13.140/15, considerada o Marco Legal da Mediação, determina a obrigatoriedade da presença em uma primeira reunião, quando existir um contrato com cláusula de Mediação, não obrigando os contratantes a nela permanecer. A intenção do legislador, ao tornar obrigatória a primeira reunião, foi promover conhecimento sobre o método e o ambiente de cooperação, seu pressuposto. Assim, pode-se afirmar que só é possível o uso da Mediação quando há predisposição dos futuros participantes em dialogar sobre questões relativas às suas respectivas visões, interações e conexões. E, a partir do momento em que sentirem que faz sentido participar, permanecerão e, mesmo assim, enquanto considerarem oportuno e adequado para eles.

A Mediação se baseia na premissa de que o conflito ocorrido faz parte do passado. Não há como modificá-lo, mas ele pode ser enfrentado e transformado. E, como comentam Dorothy Della Noce, Joseph Folger e Robert Bush (2010, p. 132), esse é o momento em que as pessoas percebem que estão vivenciando "uma oportunidade única de falar e escutar sobre a inter-relação entre elas existente". Por isso, Guilherme Assis de Almeida (2019, p. 85) ressalta que

> o olhar para o conflito como oportunidade da emergência de subjetividade é permitir o surgimento de novas possibilidades de resolução de conflitos, não por uma decisão imposta por um terceiro neutro, mas pela descoberta de uma decisão comum que satisfaz a todas as pessoas envolvidas no conflito, lhes oferecendo um sentido compartilhado de existência.

A Mediação, desde o primeiro momento da preparação, a pré-Mediação, assim como ao longo de todo o processo, busca resgatar o respeito às individualidades de todos, sempre a partir de seus limites e perspectivas pessoais, com base em suas visões individuais únicas. Por isso, Adriana Machado, Gilberto Freitas e Simone Cardoso (2018, p. 62) ponderam que

> a mediação é uma forma de tomar decisões de

modo cooperativo, permitindo o desenvolvimento dos processos de comunicação abertos para além das estruturas hierárquicas. A maneira pela qual as pessoas resolvem disputas tem um impacto sobre o modelo como a sociedade e suas instituições são governadas. Não é uma atividade reservada para os Estados e diplomatas, mas uma arte, um artesanato, que pode ser aprendida e praticada por indivíduos com uma aptidão em inteligência emocional. Diante disso, a mediação exige, cada vez mais, uma integração e envolvimento de pesquisadores puramente acadêmicos, políticos e mediadores práticos.

Os mesmos autores lembram que, em muitos casos, as pessoas que dela fazem uso acabam aprendendo a administrar seus próprios conflitos de maneira diferente e às vezes de maneira inusitada para elas mesmas e, com isso, se capacitam para lidar com futuras diferenças. Nesse sentido, apontam o caráter didático da Mediação. Esse desdobramento pode ser explicado pelo fato de os mediandos se colocarem, ao longo da Mediação, em um lugar de maior sensibilidade com relação ao outro e, com isso, iniciarem um processo de solidariedade recíproca a partir do respeito às visões limitadas e muitas vezes ilusórias de cada um. E, como salienta Luis Alberto Warat (2004, p. 65), "a Mediação é um processo que recupera a sensibilidade, ainda que leve ao crescimento interior na transformação dos conflitos". A partir disto, seguindo as palavras do referido autor, promove-se o respeito mútuo às diferenças e o reconhecimento das limitações próprias e das perspectivas pessoais diferentes ou mesmo opostas, o que pode proporcionar a integração das visões individuais e a responsabilidade que pavimentará de maneira robusta a possibilidade da construção de soluções.

Segundo Petrônio Calmon (2007, p. 121), "a Mediação não possui formas rígidas, mas sua realização profissional é caracterizada por métodos elaborados e comprovados com rigor científico". Nesse sentido, pode ser realizada em uma única reunião ou em quantas os participantes desejarem. Como mencionado anteriormente, o mediador estimula o diálogo entre os participantes a fim de mudar a qualidade da interação decorrente do conflito. O processo de Mediação, aqui entendido como a intervenção do mediador a partir de sua escolha e da aceitação do encargo, consiste em momentos em que o diálogo se desenvolve de maneira única na interação entre os mediandos.

Convém ressaltar que a Mediação de conflitos não visa pura e simplesmente ao acordo. Visa, antes, como já dito, construir soluções a partir de mudanças ou movimentos pessoais dos participantes em direção ao seu fortalecimento e ao reconhecimento mútuo. Inicialmente, a preparação envolve o esclarecimento sobre o processo e sua aplicabilidade ao caso, assim como a adesão dos envolvidos. Nesse primeiro momento, já se prioriza a autodeterminação dos participantes, pois serão eles que avaliarão a oportunidade ou não de entrar em um processo no qual serão os protagonistas do início ao fim. Em seguida, procede-se a uma análise das questões pertinentes ao conflito, a partir de forte interação entre mediador e mediandos, por intermédio de técnicas. Caberá sempre ao mediador checar os temas que desejam tratar e a forma como serão abordados (ou não), inclusive com a verificação permanente da eficácia de sua interação e intervenção para com os mediandos. Por isso, o mediador promoverá a possibilidade de convidá-los a debater outros temas tão importantes quanto aqueles que o trouxeram para a Mediação, para que se alcance toda a complexidade da controvérsia ou controvérsias.

A Mediação, nas palavras de Amedeo Papa (2019, p. 122), "difere do processo judicial e da arbitragem por ser um procedimento informal, célere e predominantemente oral, projetado para mudar o paradigma da busca de culpados e terceirização do problema para o reconhecimento de responsabilidades e da autonomia de decisão".

Na mesma linha apontam Luciano Timm e Danilo Magalhães Junior (2017, p. 221), no sentido de que os participantes do processo, caracterizado pela "ausência de adversariedade, voluntariedade, imparcialidade e sigilo, possuem total controle sobre a situação", diferentemente dos métodos acima citados. E, como qualquer Justiça, possui limitações quanto ao seu emprego, muito embora legalmente falando esteja limitada a direitos disponíveis. Com base em aspectos materiais, a Mediação efetivamente não encontra limitação, pois se pode fazer uso dela em todos os tipos de controvérsias. Há limitações, contudo, no que diz respeito às pessoas que dela fazem uso. Uma delas é a própria disposição em cooperar durante o processo. Outras limitações, como já apontado por este autor (2017, p. 97) em outra obra,

> seriam aquelas ligadas às condições físicas pessoais de cada um dos participantes no processo, que deverão estar aptos a refletir sobre temas de interesse e livres de fatores emocionais que os impeçam de fazê-lo. Limitações decorrentes de fatores psicológicos impedem as pessoas de refletir adequadamente e, com isso, torna-se difícil para elas colaborar e se responsabilizar por tudo que for tratado na mediação.

Além disso, como método de transformação de conflitos, pode ser usada, por exemplo, em questões que envolvam:

- Laços afetivos ou familiares entre as pessoas, divórcio, revisão de pensão, guarda de filhos, adoção, conflitos entre pais e filhos ou entre amigos etc.

- Relações dentro de empresas ou entre empresas, bem como entre empresas e organizações, instituições ou mesmo corporações.

- Conflitos na área civil, como locação, relações condominiais, dissolução de sociedades empresariais ou não, inventários e partilhas, perdas e danos.

- Divergências no âmbito comercial, como contratos em geral, títulos de crédito, fretes, seguros etc.

- Relações trabalhistas, no que se refere aos aspectos legais, como nos casos de dissídios coletivos e dissídios individuais.

- Meio ambiente, incluindo conflitos com órgãos de fiscalização, pessoas jurídicas e físicas e órgãos públicos.

- Relações na comunidade, desde problemas de vizinhança, passando por familiares e entre vizinhos, até conflitos coletivos.

- Conflitos na escola, que poderá fazer uso do instrumento a partir de um plano em que se implementa a cultura da paz.

- Conflitos na área penal: brigas em família, de vizinhos etc.

Inúmeros outros conflitos também poderiam fazer parte dessa lista. Dentre eles os conflitos no contexto da engenharia, conforme mencionam Beatriz Rosa e Ricardo Issa (2019, p. 74), ao explicar que "a mediação nos assuntos de engenharia é uma ferramenta que permite a compreensão de cada ocorrência de forma ampla e equânime, adicionando mais e mais informações aos atores envolvidos, para que possam formar suas conclusões". Essas referências são apresentadas apenas para proporcionar uma visão mais ilustrativa sobre o alcance da Mediação. E pretendem demonstrar, como assinala Leandro Rigueira Rennó Lima (2019,

p. 219), que "a mediação não é um método a ser utilizado apenas em relações familiares ou de vizinhança, aquelas em que há um traço emocional forte e que precisam de um acolhimento específico. Mediação não é terapia. A mediação é uma forma eficaz de resolução de conflitos", para todos os conflitos. Ou, como sublinha Cláudia Elisabete Schwerz Cahali (2013, p. 91), "na verdade, todas as demandas admitem a mediação, seja qual for o objeto ou o contexto".

Importante enfatizar que não foram incluídos os conflitos em que órgãos públicos de diversos níveis estejam envolvidos. Tal fato se explica pela amplitude e complexidade que poderão alcançar, motivo pelo qual este trabalho pretende apontar em capítulos próprios, como a Mediação pode contribuir na resolução de inúmeros conflitos públicos, ou mesmo, eventualmente, eminentemente privados, em que as instituições públicas estejam envolvidas e que esse instituto possa contribuir na sua resolução. Daí a importância de separá-los a partir das preposições **na, com a e da**.

Ademais, pela pouca experiência existente na área, observam-se muitas resistências advindas de preocupações com os princípios inerentes à Administração Pública, dentre eles o da legalidade, o da supremacia do interesse público, o da indisponibilidade dos interesses públicos e muitos outros, que também serão objeto de análise. No entanto é cediço que a Mediação nesta área evoca, dentre outros, o princípio da consensualidade, tema cada vez mais debatido na área acadêmica por doutrinadores entusiastas e/ou opositores e que têm reverberado na prática, além de trazer à tona o da eficiência, pela agilidade na resolução dos conflitos, inclusive no contexto da Administração Pública.

Por outro lado, cabe lembrar ainda, nas palavras de Barbara Musumeci Mourão e Pedro Strozemberg (2016, p. 13), que uma das principais características da mediação de conflitos é a flexibilidade, traduzida na possibilidade de moldar-se ao ambiente em que é praticada. Seus limites e formatos são definidos a partir da combinação de sua capacidade de institucionalização, alianças, territórios e atores envolvidos. Nesse sentido é conveniente também antecipar que não será difícil encontrar compreensões distintas para a mediação e que esse é um terreno em que os preceitos de certo ou errado terão pouca serventia ao debate. Trata-se de uma matéria em contínuo processo de adaptação.

Tal caráter flexível da Mediação é tão promotor de novos paradigmas que é possível o uso de seus princípios, norteadores, características e técnicas sem necessariamente utilizar o método propriamente dito. Fazendo uso de seus recursos, certamente o resultado será um ambiente mais acolhedor às pessoas, promovendo, com isso, a transformação de seus conflitos. Não há nada que impeça que agentes públicos ou mesmo de segurança pública, educadores, profissionais de distintas áreas em uma instituição ou organização, pública ou privada, apropriem-se das técnicas de Mediação, mesmo se tratando de conflitos públicos. Este último aspecto será objeto de comentários quando se abordar a Administração Pública em função de experiências já consolidadas na Advocacia Geral da União.

Antes de adentrar no outro eixo, convém enfatizar algumas diferenças entre a Mediação e os outros Métodos de Solução de Conflitos, pois, à exceção da negociação, todos pressupõem um terceiro imparcial e independente, porém com funções diferentes. Na Mediação, o terceiro estimula o diálogo, como será exposto no item subsequente, para que, se desejarem, construam uma solução, diferente da Conciliação, cujo objetivo é um acordo. A Justiça Restaurativa, por outro lado, também possui esta mesma finalidade, reunindo, no entanto, participantes direta ou indiretamente envolvidos no conflito. Na Justiça togada, entretanto, o juiz decide, assim como o árbitro, porém em conflitos restritos a direitos patrimoniais disponíveis. Tais observações são relevantes, pois, hoje, todos eles podem ser empregados em conflitos **da**, **com a** e **na** Administração Pública e, em especial, a Mediação, objeto do presente estudo.

3.2 Participantes

De acordo com Diogo A. Rezende de Almeida e Fernanda Paiva (2019, p. 103), na Mediação, "os participantes devem ser agentes ativos e porta-vozes de suas próprias questões e sentimentos, responsáveis naturais pelos resultados do processo". São autores, gerindo seu próprio conflito e tomando suas próprias decisões ao longo do processo. São eles os responsáveis pela decisão final dos termos de qualquer acordo que seja celebrado. Em outras palavras, como aponta Alexandre Palermo Simões (2019, p. 36), eles "devem agir e usar ao máximo o mediador e os seus respectivos advogados para junto deles obterem seus objetivos, transitando de um ponto de partida em que cada qual expõe suas posições e motivos, para um ponto em que possam tratar mais abertamente de seus verdadeiros interesses e necessidades". Tudo isso a partir de um ambiente que proporciona aos participantes "um espaço de investigação, esclarecimentos e adequada tratativa de conceitos vagos, abertos e subjetivos", como afirmam Nathalia Mazzonetto e Marcelo Perlman (2019, p. 268).

A Mediação se propõe a refletir sobre a complexidade da controvérsia entre os que dela participam. Não busca resgatar os laços eventualmente perdidos, mas, sim, o vivenciar de novos elementos de mudanças em torno da fragilidade e do autocentramento de seus participantes, em direção ao fortalecimento e reconhecimento mútuos, a partir do respeito recíproco. Como ponderam Célia Zapparolli e Monica Krähenbuhl (2012, p. 38), "o objetivo da mediação não é necessariamente a obtenção do acordo, mas gerar a transformação no padrão de comunicação entre os mediandos, para a construção da funcionalidade relacional", pois se propõe o trabalho dos conflitos em sua integralidade, tanto no âmbito intersubjetivo como em suas interfaces comunitárias e sociais.

Caio Eduardo Aguirre[5], por seu turno, exalta que a

> ideia chave da Mediação é fazer com que as partes, e não o Estado, sejam protagonistas da solução dos próprios problemas. E isso não só porque haverá um maior comprometimento com o que restar decidido, mas também porque a mediação tem incutida em si a ideia de emancipação do cidadão. Através da mediação os cidadãos deixam de terceirizar seus problemas e assumem as rédeas do caminho que eles próprios optaram por seguir. Escolhendo pela mediação, saem da menoridade para uma maioridade, agindo por um lado com mais liberdade e, por outro, assumindo as consequências de suas próprias escolhas.

Na mesma perspectiva, destaca Fernanda Tartuce (2016, p. 176) que a "Mediação permite que os envolvidos na controvérsia atuem cooperativamente em prol de interesses comuns ligados à superação de dilemas e impasses, afinal, quem poderia divisar melhor a existência de saídas produtivas do que os protagonistas da história?".

---

5. AGUIRRE, Caio Eduardo. *Mediação em empresas familiares.* Dissertação de Mestrado PUCSP, disponível em www.tede2pucsp.br/handle/handle/6866. Acesso em: 27 dez. de 2019. p. 44. Impende observar que o autor esclarece em nota de rodapé em seu texto que o termo menoridade foi mencionado por Kant, em 1784, no texto "O que é esclarecimento". Significa a incapacidade de um indivíduo se servir de seu próprio entendimento sem a tutela de outro, por não possuir coragem de seguir seu próprio rumo e por necessitar de outro para que diga o que deva fazer.

O conflito traz sempre o desrespeitar mútuo, que pode ser identificado tanto com relação à falta de reconhecimento sobre aspectos pessoais quanto com relação à imposição de vontade de um sobre o outro. A Mediação se propõe a ajudar os participantes a se reconhecerem mutuamente, oferecendo instrumentos que espelhem claramente o momento que estão vivenciando e a forma como gostariam que o outro mudasse ou não. Nas palavras de Luis Alberto Warat (1998, p. 31), consiste em

> um processo de reconstrução simbólica do conflito, no qual as partes têm a oportunidade de resolver suas diferenças reinterpretando, no simbólico, o conflito com o auxílio de um mediador, que as ajuda, com sua escuta, interpretação e mecanismos de transferência, para que elas encontrem os caminhos de resolução sem que o mediador participe da resolução ou influa em decisões ou mudanças de atitude.

A Mediação, nesse sentido, busca ajudar também os participantes a administrar os conflitos a partir de seus próprios saberes e recursos. Para tanto, já que no Brasil o método ainda é muito desconhecido, deverão ter a informação antecipada sobre o processo para tomadas de decisões. O seu empoderamento a partir da escolha do método, como defendem Joseph Folger e Robert Bush (2005, p. 57), "é outro elemento imprescindível para a Mediação, que poderá se dar pelo acesso às informações privilegiadas antes do processo e sobre todas as questões a serem discutidas durante o seu andamento, além de, obviamente, com a conexão com o outro". Durante o processo, como ressalta Alessandra Fachada Bonilha (2019, p. 228),

> a tomada de qualquer decisão permite que as pessoas envolvidas pelo conflito se tornem protagonistas e tenham a total responsabilidade pelo futuro. Muito diferente de uma sentença proferida por um juiz, ou mesmo por um árbitro em uma arbitragem.

A Mediação de conflitos significa acolher pessoas, sejam elas físicas ou jurídicas, e não casos. Em outras palavras, seu foco de ação privilegia as pessoas com base em suas próprias perspectivas. Parte-se do pressuposto da existência de dificuldades e limitações momentâneas dos participantes em transformar seus conflitos e, em razão disso, da possibilidade de um terceiro lhes auxiliar na sua gestão. Na mesma linha, sustenta Veronica Beer (2019, p. 21) que o acolhimento das emoções dos participantes é outro elemento fundamental da Mediação, "pois as emoções motivam as ações, interferem na razão, transformam sensações e provocam impactos no pensamento, na linguagem e na conduta, influenciando as percepções". Dessa forma, por mais que as partes procurem a objetividade e não demonstrem interesse em aprofundar questões subjetivas relacionadas ao conflito, o mediador deverá estar atento a esses aspectos, acolhendo as emoções que possam surgir, ainda que pareçam desconectadas do foco principal do conflito.

Com isso, a referência desse método de resolução de conflitos é muito diferente da de outros instrumentos confundidos com ele, como o assessoramento, que nada mais é do que disponibilizar informações para que as pessoas saibam como optar pelo melhor caminho a ser percorrido. Também difere da conciliação, que se constitui em uma tentativa de acordo com o auxílio de um terceiro imparcial e independente, o conciliador, como explicado anteriormente.

A Mediação tampouco se confunde com o aconselhamento, pois o conselheiro oferece sugestões para a superação do conflito. Ao conselheiro é possível propor a reconciliação ou outra opção para os participantes, que no âmbito da Mediação poderá ser uma das hipóteses a ser pensada pelas pessoas envolvidas no conflito. Além disso, a relação entre cliente e conselheiro pode envolver alguma dependência durante certo tempo, ao passo que o mediador procura estimular a capacidade dos participantes de decidir o que é melhor para todos, por acreditar no potencial que possuem em mudar a qualidade da interação entre eles.

E como revela Teresa Grossi (2019, p. 213), a Mediação é

> uma ferramenta eficaz, de metodologia participativa, inclusiva, democrática, viabilizando um melhor entendimento entre as partes, que desenvolvem competências para serem protagonistas de suas histórias. Por meio de um processo justo e satisfatório e que tem como benefícios: redução de tempo, dos custos financeiros e emocionais, prevenção de futuros conflitos, alinhamento de visão prospectiva.

Nesse sentido nas palavras de Ana Luiza Isoldi (2019, p. 20), a Mediação possui como referência

> cada pessoa é única, conforme seu contexto, histórica, experiências, características, fase da vida, que influencia sua reação quando algo sai diferente do que esperava. A vida é feita de escolhas, e as escolhas geram mudanças. As mudanças fazem parte da vida. É da natureza humana resistir às mudanças e, como as mudanças são inevitáveis, surgem os conflitos. Os conflitos refletem as mudanças, e as soluções reorganizam os conflitos. Assim, imprescindível compreender a dinâmica dos conflitos para otimizar sua gestão.

E a Mediação busca atender esta complexidade.

Juan Carlos Vezzulla (2003, p. 79) sublinha que "a mediação oferece um ambiente propício para que duas ou mais pessoas envolvidas num conflito possam dialogar sobre ele, assumindo uma conduta cooperativa e pacífica". O mediador é o profissional que as auxilia para que possam perceber o conflito com clareza e distingam os benefícios que poderão obter com o processo, bem como as possíveis soluções. Ao mesmo tempo, esse autor destaca que a Mediação é a busca do reconhecimento mútuo entre os participantes, já que

> o reconhecimento envolve a capacidade de refletir não somente sobre a própria situação, mas também sobre a do outro, a realidade e o sentir do outro. Esse reconhecimento não simplesmente formal ou racional, mas fundamentalmente sensível. É expressado tanto verbalmente como através de ações e reações relativas à questão trabalhada.

Como leciona Maria Candida do Amaral Kroetz (2019, p. 120),

> sendo um mecanismo informal e flexível, a mediação possibilita que o mediador e os participantes abordem a problemática por diversos ângulos e tragam soluções criativas e inovadoras para a difícil tarefa que é a harmonização dos interesses das partes numa nova conjuntura. É uma chance para que arrefeçam as tensões emergentes no novo contexto e reavaliem a dinâmica da contratação com um olhar prospectivo, sem preocupar-se com fortalecer posições antagônicas, abertos a buscar espaços propícios a frutíferos rearranjos.

Todas essas características denotam que o ambiente promovido pela Mediação a seus participantes permite a exposição e o acolhimento de elementos emocionais, que naturalmente poderão por eles serem expressos. Tal fato acarreta a sensibilização recíproca e, com isso, melhor compreensão das percepções pessoais sobre o momento vivenciado. Nesse sentido, Silvia Johonsom di Salvo (2018, p. 46) ressalta que a Mediação "procura valorizar laços fundamentais de relacionamento, incentivar o respeito à vontade dos interessados, ressaltando os pontos positivos de cada um dos envolvidos na solução do conflito", resgatando vínculos rompidos e prevenindo eventuais tensões.

Ao se pensar no contexto da Administração Pública, todos os seus integrantes, sejam pessoas físicas na qualidade de agentes e representantes de órgãos da Administração direta ou indireta, ou mesmo pessoas jurídicas públicas, poderão dela participar por inúmeras razões. Entre elas, pode-se destacar a liberdade de deixar o processo a qualquer tempo, bem como a não obrigatoriedade de alcançar um resultado ao final do processo, além de não exigir pré-disposição para participar. Todos esses elementos serão analisados na parte IV deste livro.

3.3 Mediador

Como afirma Fernanda Tartuce (2013, p. 46), "mediar é facilitar a comunicação entre as pessoas para propiciar que elas próprias possam, a partir de uma compreensão ampliada dos meandros da situação controvertida, engendrar respostas conjuntas sobre as questões relevantes do conflito".

Por isso, o mediador deve pautar sua conduta pela imparcialidade, independência, discrição, diligência e dever de revelação. Exige-se dele domínio do conhecimento e experiência do processo de Mediação, assim como uma forma de intervenção de maneira a propiciar um ambiente de diálogo entre os mediandos, o que se obtém a partir de um treinamento específico, acompanhado de um aperfeiçoamento permanente, para que possa aprender com sua prática e evoluir continuamente em termos de auto-observação, questionamentos, atitudes, dificuldades e habilidades. Ao mesmo tempo, ele deve estar aberto a vivenciar a educação continuada em Mediação de conflitos, além de manter postura ética inatacável.

Nesse sentido, este autor (2019, p. 175), em outra oportunidade, enfatizou que ao mediador cabem deveres que se constituem em:

> valores irrenunciáveis e não negociáveis:

Imparcialidade: compreendida no sentido de manter a devida equidistância dos participantes, com o objetivo de evitar que qualquer paradigma, ilusório, preconceito, mito, expectativa etc. interfira em sua intervenção ao longo do processo. Ele não poderá tomar atitudes que possam sugerir parcialidade ou favorecimento para qualquer mediando. Para isso, jamais deverá receber presentes, favores ou outros itens de valor, a não ser os honorários de sua prestação de serviço.

Independência: entendida como a inexistência de qualquer conflito de interesse ou relacionamento anterior capaz de afetar a credibilidade do mediador e a condução do processo de mediação.

Confidencialidade: significa que todos os fatos, situações, documentos, informações e propostas apresentados ou produzidos durante o processo devem ser mantidos sob sigilo, como já foi dito.

Competência: o mediador deverá comprovar capacidade para efetivamente mediar o conflito de maneira eficaz e eficiente, reunindo os requisitos mínimos e as qualificações necessárias para coordenar o processo. Caso o mediador não se sinta capaz de coordenar o processo com essa premissa, deverá se retirar do processo.

Diligência: consiste no cuidado para observar a regularidade do processo, assegurando sua qualidade e procedendo da melhor maneira possível quanto à investigação dos fatos relacionados ao conflito e à sua administração.

Dever de Revelação: o mediador deverá informar qualquer fato ou circunstância que leve a eventual dúvida justificada sobre sua independência e imparcialidade de sua conduta ao longo do processo em que esteja colaborando.

Com relação à postura exigida do mediador ao longo de sua intervenção, cabe ressaltar também que muitos autores defendem que esse terceiro deve ser neutro. Aliás, em alguns países esse profissional é mais conhecido como neutro. Sobre esse aspecto, é importante lembrar que a natureza humana sempre prima pela associação ao já vivenciado e conhecido, decorrente de ideologias, mitos, paradigmas, imaginários, ilusórios e mesmo necessidades, valores pessoais ou o próprio senso de Justiça, o que promove o pensar julgador sempre. No entanto, é dever do mediador se isentar de seus elementos internos pessoais, pois na Mediação valem os elementos pessoais dos mediandos. Em outras palavras, a isenção é o valor soberano do mediador, que deve ser preservado em prol da imparcialidade, sem a qual o processo fica comprometido.

No momento em que são identificados os temas, as mudanças ou não de cada mediando, deverão valer as referências pessoais de cada um dos participantes, e não as do mediador. O mediador, portanto, deve deixar de lado quesitos pessoais que possam direcionar os mediandos para determinadas soluções, mantendo atenção permanente à sua isenção. O mediador deverá cuidar da equidade de participação dos mediandos. Para isso, a capacitação em Mediação de conflitos é fundamental, como dito anteriormente, devendo privilegiar cuidados com relação a esses elementos, tanto no âmbito teórico quanto no prático supervisionado.

Além disso, a isenção mencionada inclui também o não oferecimento de informações técnicas especializadas pelo mediador. Por isso, caberá a ele chamar o profissional adequado para o fornecimento da informação e orientação necessárias. Por outro lado, não poderá oferecer os conhecimentos de sua profissão de origem para assessorar os participantes em suas decisões, nem poderá sugerir ou aconselhar quanto a decisões a serem tomadas. Ao mesmo tempo, uma vez finda a função de mediar o conflito para o qual foi nomeado, deverá evitar exercer outra atividade ligada ao caso – por exemplo, juiz, árbitro ou consultor. Tal fato explica a necessidade de uma capacitação mínima. Francisco José Cahali (2018, p. 100) pontua claramente que

> exclusivamente aos mediadores extrajudiciais, temos a seguinte regra: qualquer pessoa, independentemente de sua formação de origem, e de participação em algum entidade de classe, conselho ou associação, pode ser mediador, desde que tenha confiança das partes, determinando a Lei, ainda, a sua capacitação (artigo 9º, Lei 13.140/15), mas sem que se imponha padrão para tanto (horas mínimas etc., como se faz na mediação judicial para a qual, inclusive, se exige graduação há mais de dois anos em ensino superior).

Por isso, Fernanda Tartuce (2016, p. 276) bem ressalta que "é pacífica a visão sobre a necessidade da capacitação em si, sendo corrente afirmar que ela deve incluir estágio supervisionado, educação continuada e práticas de mediação com supervisão de casos".

Com conhecimento aprofundado sobre o conflito e seus reflexos, a comunicação humana, técnicas que estimulam o diálogo, visão holística e perspectiva ampla da controvérsia, o mediador deve promover a facilitação de diálogos. Sua competência resulta do seu domínio sobre os temas citados acima, permitindo seu papel de ajuda no processo de Mediação. Ele deverá estar permanentemente atento à interação que se estabelece entre os mediandos. Deverá também estar atento ao grau de fortalecimento pessoal e reconhecimento mútuo dos participantes, os quais ocorrerão aos poucos. Além disso, como realça Cláudia Elisabete Schwerz Cahali (2013, p. 86), o mediador deve se empenhar "para restabelecer a comunicação, proporcionando ambiente favorável para que as próprias partes construam a solução". Por isso, Cassio Filgueiras (2014, p. 73) enfatiza que "o mediador investe no trabalho de facilitação da comunicação e do diálogo entre as pessoas envolvidas no conflito, ajudando-as a ultrapassar posturas competitivas, gerando um ambiente de colaboração e de entendimento".

A respeito do aspecto transdisciplinar inerente à Mediação, Antônio Carlos Ozório Nunes (2016, p. 130) leciona que cabe ao mediador

> ligar e religar as perspectivas e os conhecimentos, o que deverá fazer através de uma mente sempre aberta, uma aptidão constante para o diálogo e aquisição de conhecimentos diversos. Em suma, com a complexidade das relações humanas, o mediador deverá entender o que ocorre ao seu redor, com um olhar mais ampliado, e que lhe permita a visão das partes e a percepção do todo, que mostra as relações e as interconexões, e evidencie a interdependência dos fatores.

Em outras palavras, a função do mediador é auxiliar os mediandos a conduzir o processo de Mediação a um resultado que atenda de maneira igualitária e equilibrada a todos. A ele cabe acolher os participantes, acompanhados ou não dos seus advogados; prestar os esclarecimentos relativos ao processo; estimular a participação de todos os envolvidos; assegurar suas livres expressões; buscar a clareza; estar conectado permanentemente à interação entre eles, assim como às mudanças que ocorrerem ao longo do processo; evitar direcionamentos para o que considerar necessário e adequado aos participantes; e, enfim, de maneira muito simplista e resumida, facilitar o diálogo. Por isso, Guilherme Assis de Almeida (2019, p. 84) conclui que "fica claro que o papel do mediador, mais do que a decisão de um conflito, é possibilitar aos participantes fazerem uso da palavra, de modo a permitir (por meio do seu trabalho de atenta escuta e suave intervenção) diminuir a distância entre as partes".

Para Joseph Folger e Robert Bush (2005, p. 5), "o papel do mediador é o de acompanhar e apoiar mudanças da interação existente entre os participantes, as quais naturalmente ocorrerão caso o diálogo diferente efetivamente ocorra, podendo ou não levar à criação de soluções que atendam a todos os envolvidos". Nesse sentido, a Mediação de conflitos consiste em um processo em que um terceiro imparcial e independente ajuda, em reuniões separadas ou conjuntas, com as pessoas envolvidas em conflitos, sejam elas físicas ou jurídicas, a promover um diálogo diferente daquele decorrente da interação existente por força do conflito e, na hipótese de construírem soluções, quase sempre as cumprem espontaneamente. Por isso Lourdes Alves, Joyce Markovits, Marta Marioni, Rita Aires, Silvia Rawet, Valeria Perez e Violeta Daou (2019, p. 227) afirmam que "o mediador tem a tarefa de auxiliar as pessoas envolvidas a recuperarem pelo diálogo a capacidade de encontrar soluções para satisfação mútua e de assumir a responsabilidade pelas decisões e acordos construídos em parceria". Este mediador é aquele que não julga, não orienta, não assessora, não faz sugestões ou avaliações sobre o conflito e muito menos os direciona para algo que considera necessário ou adequado. Segundo Joseph Folger e Robert Bush (2005, p. 1),

> esse mediador considera que os participantes possuem recursos próprios para mudar a interação entre eles e, com isso, eles próprios refletirem e promoverem mudanças em suas percepções a respeito do conflito e da relação entre eles (de fragilidade e autocentramento, em direção ao empoderamento e reconhecimento mútuos).

Além disso, Marilene Marodin (2017, p. 333) ressalta que "para cumprir com sua função, o mediador necessita não só de uma formação profissional específica, que lhe dará instrumentos, como também possuir algumas características pessoais próprias. A junção destes dois fatores será responsável" pelas suas intervenções ao longo do processo. Em outras palavras, a aparente simplicidade mencionada anteriormente promove a identificação de toda a complexidade de que se reveste a conexão entre o mediador, os participantes e o conflito instaurado, que se constitui como fruto das relações interpessoais, que, "com sua pluralidade e liberdade de expressão de percepções, sentimentos, crenças e interesses, ampliam as vivências de conflito", conforme ressalta Carlos Eduardo de Vasconcelos (2016, p. 22).

Diante dos elementos acima mencionados, não seria repetitivo depreender que o mediador possui o dever da imparcialidade e independência, dentre outros. Quando se trata de conflitos no contexto da Administração Pública, a possibilidade de violação destes deveres estará presente caso o mediador pertença a seu quadro. Com isso, haverá a quebra do conforto dos participantes e, consequentemente, da confiança inerente ao processo. Este aspecto será tratado também quando se tratar da Administração Pública neste livro.

Todos os eixos, bem como suas características anteriormente mencionadas, foram incluídos nos dispositivos contidos na Lei nº 13.140/15 (Marco Legal da Mediação) e na Lei nº 13.105/15 (CPC em vigor), oferecendo de maneira geral a estruturação da Mediação, a partir de seus três eixos – processo, participantes e mediador –, assim como de seus princípios e norteadores. Ambos os diplomas legais devem ser interpretados e aplicados conjuntamente, não importa o contexto, inclusive no contexto da Administração Pública, que é mencionada expressamente neles, sendo objeto deste trabalho ao final. Por isso, após a contextualização histórica de sua evolução legislativa, as referidas leis serão objeto de observações para, na sequência, análise no contexto da Administração Pública.

4. A MEDIAÇÃO E SUA EVOLUÇÃO NO ORDENAMENTO JURÍDICO BRASILEIRO

Hoje o ordenamento jurídico brasileiro conta com leis ordinárias, complementares, decretos e normas administrativas, que têm propiciado ao cidadão a possibilidade de escolher o método de resolução mais adequado para os conflitos em que esteja envolvido, muito embora ainda não faça parte de seu cotidiano por puro desconhecimento.

Todo este cabedal legislativo está no bojo de uma evolução iniciada em 1988, com o advento da Constituição Federal, mais conhecida como Constituição Cidadã, que já em seu Preâmbulo anunciava de forma antecipatória o dever de instituir o Estado Democrático Brasileiro com a missão de promover soluções pacíficas para os conflitos, estabelecendo que o País está:

> destinado a assegurar o exercício dos direitos sociais e individuais, a liberdade, a segurança, o bem-estar, o desenvolvimento, a igualdade e a Justiça como valores supremos de uma sociedade fraterna, pluralista e sem preconceitos, fundada na harmonia social e comprometida, na ordem interna e internacional, com a solução pacífica das controvérsias.

Simultaneamente, lançou também as bases estruturais para criação de instrumentos jurídicos adaptados à realidade pós-moderna e devidamente enquadrados no sistema legislativo nacional, numa tentativa de acompanhar a complexidade dos conflitos decorrentes da evolução da sociedade brasileira. Para se ter uma ideia da evolução da legislação pós-constituinte, segue abaixo uma breve lista, que aponta em diversos temas e direções, nos quais as normas jurídicas nacionais têm promovido mudanças cada vez mais paradigmáticas:

- Código de Defesa do Consumidor – Lei n° 8.078/90;
- Estatuto da Criança e do Adolescente – Lei n° 8.069/90;
- Legislação de Defesa Comercial (anti-dumping – subsídios – salvaguardas – medidas compensatórias), a partir da Lei n° 9.019/95;
- Lei de Propriedade Intelectual – Lei n° 9.279/96;
- Lei de Arbitragem – Lei n° 9.307/96;
- Lei que amplia os TACs para órgãos públicos – Lei n° 9.469/97;
- Legislação Regulatória da ANATEL – Lei n° 9.472/97, ANP – Lei n° 9.478/97, ANEEL – Lei n° 10.848/04 etc.;
- Lei de Crimes Ambientais – Lei n° 9.605/ 98;
- Lei dos Planos de Saúde – Lei n° 9.656/ 98;
- Código Civil – Lei n° 10.406/02;
- Estatuto do Idoso – Lei n° 10.741/03:
- Lei Parceria Público Privada – Lei n° 11.079/05;
- Lei de Recuperação Judicial de Empresas – Lei n° 11.101/05;
- Lei das Concessões Comuns – Lei n° 11.196/05;
- Lei dos Juizados Especiais Federais – Lei n° 12.153/09;
- Lei de Regime Diferenciado de Contratação – Lei n° 12.462/11;
- Lei de Defesa da Concorrência – Lei n° 12.529/12;
- Lei de Exploração de Portos e Instalações Portuárias – Lei n° 12.815/13;
- Lei de Arbitragem – Lei n° 13.129/15;

- Código de Processo Civil – Lei n° 13.105/15;
- Marco Legal da Mediação – Lei n° 13.140/15;
- Lei de Regime Diferenciado de Contratação – Lei n° 13.190/15;
- Lei de Modificações dos contratos de PPP – Lei n° 13.448/17;
- Lei de Participação, Proteção e Defesa dos Direito dos usuários dos serviços da Administração Pública – Lei n° 13.460/17;
- Reforma Trabalhista – Lei n° 13.467/17;
- Lei do Dispute Board do município de São Paulo – Lei n° 16.187/18[6];
- Lei da Segurança para Inovação Pública – Lei n° 13.655/18;
- Lei de Execução de Títulos Extrajudiciais – Lei n° 13.850/19;
- Lei de Desapropriação – Lei n° 13.867/19;
- Lei de Liberdade Econômica – Lei n° 13.874/19;
- Lei Anticrime – Lei n° 13.964/19;
- Lei de Franquia – Lei n° 13.966/19;
- Lei de Desjudicialização no âmbito da Administração Pública do município de São Paulo – Lei n° 17.324[7].

Paralelo a este esforço, constata-se na lista meramente exemplificativa acima, muito embora não possua a intenção de exaurir todas as leis que tratam do tema, a evolução legislativa em prol da utilização de métodos de resolução de conflitos, para além do Judiciário, bem como o empenho da sociedade em geral em

---

6. Cabe esclarecer que esta lei, muito embora seja de âmbito municipal, destoando de certa maneira do elenco de leis federais, foi incluída pelo seu ineditismo, bem como por se constituir na primeira lei sobre *Dispute Board*.

7. Cabe esclarecer que esta lei, de âmbito municipal, também foi incluída pelo seu ineditismo, bem como por se constituir na primeira lei do Poder Executivo que estabelece uma política pública de desjudicialização, em que a mediação se constitui em um dos instrumentos.

direção ao consensualismo. Por isso, Francisco José Cahali[8] comenta que

> na esfera privada, acompanhando a onda de valorização da autocomposição, além da intensificação dos debates a respeito em Congressos e Universidades, nota-se a concentração de esforços no desenvolvimento da mediação por instituições particulares, ou profissionais independentes. E dentre as diversas iniciativas anote-se o movimento para fortalecimento da cultura da pacificação intitulado Pacto de Mediação, lançado em 11 de novembro de 2014 pelo Centro e Federação das Indústrias de São Paulo (CIESP/FIESP) para consolidação das soluções consensuais de conflitos especialmente no mundo empresarial. Este Pacto de Mediação firmado entre algumas Instituições de Ensino, e diversas Entidades representativas de categorias econômicas da indústria, comércio, prestação de serviços, etc., cria o compromisso dos signatários em prestigiar e incentivar a prática destes mecanismos amistosos de gestão de disputas, de maneira colaborativa e integrativa.

Convém lembrar que dentre as instituições de ensino signatárias do referido Pacto destaca-se a Faculdade de Direito da PUC/SP. Na solenidade de assinatura, esteve presente o referido professor, representando o Diretor à época, Dr. Paulo Manus.

Todo este cenário consagrou 2015 como ano pródigo em termos de instrumentos legais incentivadores de instrumentos em prol da autocomposição.

---

8. CAHALI, Francisco José. *Curso de Arbitragem – Mediação – Conciliação – Tribunal Multiportas*. São Paulo: Revista dos Tribunais, 2018. p. 13 e 14. Importante destacar que a iniciativa partiu da entidade mencionada acima, com o objetivo de atingir o maior número de instituições, escritórios, empresas e organismos empresariais compromissadas com a adoção interna e externa da Mediação e outros métodos consensuais no setor empresarial. Foi inspirado em um outro Pacto elaborado com os mesmos objetivos em 1984 nos Estados Unidos pelo International Institute for Conflict Prevention & Resolution – CPR, renomado instituto sem fins econômicos cuja missão é o desenvolvimento e fomento de mecanismos menos custosos e mais eficazes de solução de disputas comerciais em negócios globais.

Nesta linha, assinalam Carlos Alberto de Salles, Marco Antônio Garcia Lorencini e Paulo Eduardo Alves da Silva (2019, p. 1):

> o Brasil dispõe, com as reformas legislativas recentes, de um conjunto de normas relativas aos métodos de resolução de disputas cíveis. Já se conta mais de 10 anos desde que iniciativas de promoção da conciliação, mediação, negociação, arbitragem junto ao Poder Judiciário e outros desenhos variados de resolução de disputas foram reunidas em torno de uma pauta comum de políticas públicas judiciarias. Esta pauta ganhou impulso especial com a confirmação do volume de processos e recursos nos tribunais e se concretizou com a edição de uma sequência de diplomas normativos entre os anos de 2010 e 2015.

No ano de 2015, duas comissões, uma no Ministério da Justiça e outra no Senado Federal, debruçaram-se sobre o tema da Mediação e outra já instalada há algum tempo estudava como atualizar o Código de Processo Civil. Por isso, importante oferecer considerações gerais sobre a Lei n° 13.140/2015 e breves reflexões sobre Código de Processo Civil em vigor nos aspectos em que apresentam previsões relativas à autocomposição e à Mediação. Antes, porém, fundamental se faz marcar a relevância da lei mais conhecida como o Marco Legal da Mediação no Brasil, país positivista por natureza, que utilizava esse instituto e vem dele se utilizando há mais de uma década em diversos segmentos e áreas sem possuir um instrumento legal que o definisse ou o identificasse como instituto jurídico devidamente institucionalizado. Este marco legal, indesejado e desejado por muitos, explica a relevância de sua existência. Há que destacar que a referida Lei marca também um novo tempo para a Mediação no País, não somente no sentido de passar a ser devidamente institucionalizada, mas, sobretudo, por apontar direções para onde deve seguir. No mesmo sentido, pode-se dizer do atual Código de Processo Civil, que se constitui na promoção de uma verdadeira reforma, "através de mudanças normativas e de paradigmas, com o objetivo de dar maior eficiência à prestação jurisdicional" (2018, p. 28).

Nesse sentido, cabe lembrar o relato oferecido por este autor (2019, p. 157) em outra oportunidade, em que revela ser a Mediação um instituto não nacional, que

> deu seus primeiros passos na década de 90, quando especialistas estrangeiros em seu maior número, americanos e argentinos, faziam frequentes visitas ao Brasil para ministrar palestras ou cursos de mediação em distintas partes do território brasileiro. Nestes eventos, os especialistas apresentavam o trabalho que vinham desenvolvendo em seus países, deixando a plateia cada vez mais entusiasmada com o tema. Este entusiasmo levou os participantes destes eventos a se preocuparem com sua capacitação, visto que desconheciam profissionais com experiência para aqui desenvolver o instituto. Assim, os interessados no tema iniciaram um processo de capacitação teórica em países como os Estados Unidos, França, Inglaterra e Argentina, com o objetivo de se preparar estruturalmente para difundir e capacitar outros profissionais brasileiros, além é claro, de implementar a atividade no Brasil. No mesmo período, alguns outros especialistas estrangeiros que costumavam visitar o Brasil com maior frequência passaram a ter residência fixa no País e acabaram criando instituições voltadas para a difusão e a capacitação de profissionais. A partir do ano de 1996, com o advento da Lei 9.307, lei que deu nova roupagem à arbitragem, como mencionado anteriormente, o País vivenciou o nascimento de um número expressivo de câmaras de arbitragem, que incluíam também em sua denominação a mediação de conflitos e ofereciam ambos os serviços: a arbitragem e a mediação.

A propósito deste último fato, chama a atenção essa particularidade no Brasil, isto é, a aproximação entre ambos os institutos, Mediação e arbitragem, desde os primórdios da década de 1990, com o nascimento do movimento pelas suas respectivas implementações, ocorridas no mesmo período. Petrônio Muniz relata que, em 1997, as mais expressivas instituições de Mediação e arbitragem foram reunidas pelo movimento Operação Arbiter[9], com o intuito de criar padrões mínimos de qualidade que guiassem o desenvolvimento da arbitragem. Foi seguido pelos que desenvolviam e estudavam a Mediação. Nasceram, assim, os documentos norteadores de ambas as atividades: o regulamento modelo de arbitragem, assim como o de Mediação, bem como códigos de ética para mediadores e para árbitros. Ambos foram os inspiradores da criação do CONIMA – Conselho Nacional das Instituições de Mediação e Arbitragem.

No ano seguinte, em 1998, foi dado início a um processo de inclusão das palavras Mediação e mediador na qualidade de um terceiro interveniente, imparcial e independente em leis extravagantes, numa tentativa de implementar a atividade em situações específicas, as quais possuíam como fonte inspiradora "o negociado vale mais que o legislado".

---

9. Importante enfatizar que o termo empregado foi a designação dada pelo próprio autor da Operação Arbiter, Petrônio Muniz, que assim chamava o seu intenso trabalho junto à Câmara e ao Senado, de 1991 (ano de início do trâmite do PL da Arbitragem) a 1996, de esclarecer os parlamentares sobre as emendas apresentadas ao PL, que o tornavam sem sentido, pois eram feitas a partir do conhecimento que possuíam do processo judicial, na leitura simplista de que processo arbitral é semelhante a ele. Após o advento da lei, o referido jurista percebeu que seria necessário difundir corretamente seus princípios e parâmetros inspiradores, daí o nascimento de quatro documentos fundamentais: os Códigos de Ética de Mediação e Arbitragem e os Regulamentos-Modelo respectivos, para serem objeto de parâmetro para os que iriam se interessar pelo tema. Cf. OLIVEIRA, Angela. *Mediação – Métodos de Resolução de Controvérsias* nr 01. São Paulo: LTR, 1999. p. 41. Cabe lembrar, também, que Petrônio Muniz entendia que não bastava a aprovação da lei conforme a redação original do PL, pois era preciso criar mecanismos que contribuíssem para a efetiva implantação e absorção da sociedade, para o que necessário se tornava um forte e eficaz processo de reversão cultural, de modo a fazer a sociedade acreditar serem os seus indivíduos capazes de resolver seus próprios conflitos sem o uso da máquina estatal. Cf. MUNIZ, Petrônio. *Operação Arbiter*. 2ª Ed. Salvador: AlepBahia, 2016. p. 5.

Com este propósito é que a Lei nº 10.101/01 foi editada. Ela dispõe sobre a participação dos trabalhadores nos lucros e resultados das empresas, prevendo, em seu artigo 4º, que naquelas negociações, caso ocorra algum impasse, estabeleça-se a possibilidade de utilização da Mediação, coordenada por mediador independente, mediador pertencente ao quadro oficial do Ministério do Trabalho e Emprego ou ainda mediador vinculado a alguma instituição privada, escolhido de comum acordo entre as partes. Fruto de uma medida provisória editada pela primeira vez em 1994, faz parte das ações do então Poder Executivo Federal com vistas a prestigiar e estimular a negociação entre ambos os atores. Desde sua entrada em vigor, os principais protagonistas daquelas relações não vislumbraram confiabilidade em instituições ou profissionais da área da Mediação, optando pelo Ministério do Trabalho, que oferece auditores e mesas de entendimento.

Paralelo a isto, como apontam Lia Sampaio e este autor (2007, p. 67), "no bojo das medidas econômicas implementadas com o Plano Real no mesmo ano de 1994, foram adotadas medidas complementares como a desindexação da economia, acompanhada por iniciativas como o expurgo do reajuste automático salarial". Nasce, então, o reajuste anual dos salários para todas as categorias econômicas, com base na variação do IPC-r acumulado dos últimos 12 meses desde a data-base anterior até aquela em que está aberta a negociação. Esta previsão legal se encontra nos artigos 9º e 10 da Lei nº 10.192/01, que, ao manter as datas-base das diversas categorias econômicas, exige que sejam entabuladas negociações para regramento das relações capital-trabalho uma vez ao ano. Mais adiante, o artigo 11 estabelece a possibilidade de, uma vez frustrada a negociação, as partes utilizarem um mediador, inclusive do Ministério do Trabalho, para estimular uma solução negociada, devendo este fazê-lo no prazo máximo de 30 dias.

E, caso não cheguem a um consenso, será lavrada ata negativa com as causas motivadoras do conflito e as reivindicações econômicas, documento este que instruirá a representação para ambas as partes para instauração do dissídio coletivo. Estes dispositivos foram regulamentados, como prevê a referida Lei, pelo Decreto n° 1.572/95 e pelas Portarias n° 817 e n° 818/95 do Ministério do Trabalho.

Data de 1998 o início do processo legislativo de tramitação junto à Câmara de Deputados das tentativas de legislar sobre o tema no âmbito de ambas as casas do Parlamento, com cinco projetos de lei, sendo o primeiro deles, e também o mais debatido na comunidade de especialistas da área, o Projeto de Lei de autoria da Deputada Zulaiê Cobra Ribeiro. Este trazia a definição da Mediação como uma atividade técnica exercida por terceira pessoa, escolhida ou aceita pelas partes interessadas, que as escuta e orienta com o propósito de lhes permitir que, de modo consensual, previnam ou solucionem conflitos, podendo ser sobre qualquer matéria que admita conciliação, reconciliação, transação ou acordo de outra ordem, para os fins que consiste a lei civil ou penal. Permitia que a Mediação pudesse versar sobre parte ou todo o conflito e possibilitava, também, que o juiz, em qualquer tempo e grau de jurisdição, buscasse convencer as partes da conveniência de se submeterem à Mediação extrajudicial ou, com a sua concordância, nomeasse mediador, estabelecendo o prazo de três meses, prorrogável por mais três, a suspensão dos prazos inerentes aos direitos em discussão para a tentativa de composição. Relevante rememorar que estes aspectos não foram esquecidos no referido texto legal em análise, pois a sua essência está contida claramente nele. Em 2002, o referido Projeto de Lei foi aprovado no plenário da Câmara dos Deputados, sendo encaminhado ao Senado Federal para a Comissão de Constituição e Justiça, sob a relatoria do

Senador Pedro Simon. Em julho de 2006, o plenário do Senado aprovou um novo texto, ampliando o conteúdo do texto original de 7 para 47 artigos. E, face às várias emendas que recebeu, retornou à Câmara dos Deputados.

Como pontua Francisco José Cahali (2018, p. 97-98),

> além deste projeto então em curso, foram apresentados ao Senado dois anteprojetos a respeito, embora com especificidades (um deles voltado à mediação privada, outro abrangendo também a mediação pública). Com os trâmites pertinentes, encerram-se os trabalhos resultando em um único projeto, contemplando a edição privada, a mediação no Judiciário e a mediação envolvendo o Poder Público. Sendo sua origem o PLS 517/2011, à sua tramitação, em conjunto, foram reunidos o PLS 405/2013 e o PLS 434/2013. A redação final do PL 517/2011, aprovada pelo Senado Federal, unificava também os projetos de 2013, e foi encaminhada à Câmara dos Deputados onde recebeu o número PL 7.168/2014, e após a aprovação com alterações, retornou ao Senado. Finalmente, acolhidas em parte as sugestões, feitos ajustes necessários, chegou-se à aprovação final do texto, sancionado pela Presidência sem qualquer veto, transformando-se na Lei 13.140/15.

Por outro lado, história diversa teve a Lei n° 13.105/15, que nasceu de um Anteprojeto de Lei elaborado por renomados juristas liderados pelo Ministro Luiz Fux em 2010. Tramitou no Senado inicialmente, onde foi aprovado, sendo levado posteriormente à Câmara dos Deputados, também sendo aprovado no ano de 2015, com um *vacatio legis* de 1 ano, entrando em vigor em março/2016. Na verdade, como sustentam Humberto Dalla Bernardina de Pinho e Marcelo Mazzola (2019, p. 27), a referida Lei é fruto de uma evolução histórica do Processo Civil, que remonta ao Brasil Colônia, passando pelo Império, República, CPC de 1973 e as sucessivas reformas processuais durante as décadas de 1990 e de 2000, nos quais "diversos fatores políticos e sociais influenciaram profundamente esse ramo do direito, fazendo-os passar por diversas mutações."

Cabe lembrar que, ao propor ambas as leis, o legislador o fez com base em diversos objetivos, dentre eles o de incorporar a Mediação como instituto jurídico e legitimar tudo o que foi desenvolvido anteriormente nos contextos judicial e extrajudicial. Ao mesmo tempo, ofereceu a continuidade de uma evolução legislativa iniciada, como mencionado, com a Constituição em vigor. Importante oferecer, também, observações gerais a ambos os textos legais a partir da linguagem por ambos expressada, por mais que exista o risco apontado por Paulo de Barros Carvalho (2015, p. 87) de interpretação, que segundo o próprio autor significa "atribuir valores aos símbolos, isto é, adjudicar-lhes significações e, por meio dessas, referências a objetos". Apesar de ser a típica realização do espírito humano, não deixa de ser objeto da cultura, impregnada de valores e conteúdos axiológicos. Tudo isso, como o mesmo autor aponta, constitui-se na busca do conhecer o direito, que é, na verdade, compreendê-lo, interpretá-lo, construindo conteúdo, sentido e alcance da comunicação legislada. Além disso, como bem observa Francisco José Cahali (2018, p. 98), ambos os diplomas legais possuem "pontos de intimidade", mesmo sendo um voltado para a Mediação judicial e o outro para a extrajudicial. E conclui que

> o diploma processual é expresso em determinar a aplicação do quanto nele previsto à mediação extrajudicial (artigo 175, parágrafo único do CPC/2015), e, por sua vez, a Lei 13.140/2015 traz disposições comuns e também exclusivas da mediação judicial e extrajudicial.

4.1 Considerações Gerais sobre a Lei n° 13.140/15 – Marco Legal da Mediação

Quando se observa a estrutura adotada pelo legislador sobre a Lei n° 13.140/15, constata-se a existência de dois Capítulos, sendo o primeiro voltado para conflitos entre particulares e o segundo voltado para conflitos em que interesses públicos estão em jogo, quando ao menos um dos envolvidos é agente do poder público.

O primeiro possui 31 artigos, sem contar os das disposições finais, ao todo 8 artigos; o mesmo número dedicado à autocomposição de conflitos no âmbito da Administração Pública de que trata o Capítulo. Nota-se claramente a intenção do legislador em introduzir um divisor de águas com relação às matérias a serem objeto de Mediação e como ela deverá ser operacionalizada a partir de elementos diferenciados em ambos os contextos. O primeiro, voltado para questões entre particulares, quer se trate de conflitos entre pessoas jurídicas ou entre físicas e jurídicas ou entre pessoas físicas. E o segundo, quando se tratar de conflitos, como dito acima, em que um dos usuários do método seja integrante do poder público, para os quais, além da Mediação, o texto propõe outros métodos autocompositivos, entretanto sem os nomear. Além disso, quanto às seções do primeiro capítulo, chama atenção a intenção do legislador com relação à distinção entre a Mediação judicial e a extrajudicial, bem como o mediador judicial. A primeira, com regramentos por ela estabelecidos, referendando a prática já em curso, advinda com a Resolução CNJ n° 125/2010. A segunda, por seu turno, com mais liberdade, estabelecendo regras mínimas, como será objeto de análise mais adiante. Convém lembrar, também, que o referido diploma legal possui um uma seção inteira a tratar da confidencialidade e suas exceções.

4.1.1 A definição de Mediação e disposições gerais

Logo no primeiro artigo, em seu parágrafo único, está contida a definição da Mediação como atividade técnica exercida por terceiro imparcial sem poder decisório, escolhido ou aceito pelas partes, que as auxilia e estimula a identificar ou desenvolver soluções consensuais para a controvérsia. Em outra oportunidade, este autor (2019, p. 159) observou que se percebem neste conceito os mesmos parâmetros propostos pelo Projeto de Lei de 1998 mencionado acima, muito embora algumas modificações tenham sido realizadas, pois se estabelecem os parâmetros do método no sentido de se constituir uma "atividade promovida por um terceiro imparcial sem qualquer poder sobre os participantes, que como técnico, deverá estar devidamente capacitado, para ajudar e incentivar os participantes a identificar ou desenvolver soluções consensuais".

Com relação à estrutura da lei, chama a atenção que o legislador tenha tentado oferecer a estrutura para sedimentar sua efetiva realização. Em outras palavras, abordou a figura do mediador e o processo a ser desenvolvido por e com ele, introduzindo o papel dos participantes, integrando os três eixos mencionados na primeira parte desta obra, a partir de duas lógicas em que hoje a Mediação entre particulares é utilizada, isto é, o âmbito judicial e extrajudicial. Para tanto, optou também por apontar o que é geral para ambos os segmentos. Assim é que aos mediadores é dedicada uma Seção que contém as disposições que são comuns a ambos os segmentos, seguidas dos elementos mais específicos ligados ao ambiente extrajudicial e judicial. A mesma lógica é empregada na Seção dedicada ao procedimento. Este mesmo raciocínio levou à estruturação da autocomposição de conflitos em que for parte pessoa jurídica de direito público em duas seções, a primeira de caráter geral e a segunda seção quando envolver conflitos com a Administração Pública federal direta, suas autarquias e fundações. Não poderia ser deixado de lado o destaque que é dado à confidencialidade, que é objeto de uma única Seção, a de número 4, que bem define seu alcance e, eventualmente, suas exceções, muito embora sintetizados em apenas dois artigos.

Na sequência da definição, optou o legislador em tratar da Mediação de maneira genérica no Capítulo 1º, com o objetivo de abarcar o método como um todo, apresentando os parâmetros em que ela deve ser desenvolvida no território nacional, a partir de seus princípios, seu objeto, seu limite e obrigatória aplicabilidade quando prevista em um contrato, podendo tratar sobre todo o conflito ou parte dele, conforme § 1º do artigo 3.º. Em outras palavras, como ressaltam Bárbara Bueno Brandão, Eduardo Braga Bacal e Marcela Rodrigues Souza Figueiredo (2019, p. 25), estes artigos conferiram "sistematização por meio de um conjunto de regras e princípios" que a norteiam, bem como "delimitar as matérias que dela podem ser objeto. Daí se extrai que os referidos dispositivos, de alcance mais geral são fundamentais para uma compreensão de todo o texto normativo".

Com relação aos princípios, foram eleitos nove, muito embora existam outros, os quais foram elencados no artigo 2º, muitos deles mais compreensíveis como conduta ideal a ser desenvolvida pelo mediador do que propriamente princípios da atividade. De qualquer maneira são eles:

1. **Imparcialidade do mediador**, entendida, dentre outros conceitos, como pressuposto de sua atuação antes e durante a Mediação com a inexistência de qualquer conflito de interesses capaz de afetar o procedimento, devendo compreender a realidade dos mediados, sem que nenhum

paradigma, preconceito ou valores pessoais venham a interferir em sua intervenção.

2. **Isonomia entre as partes**, compreendida no sentido do tratamento igualitário a ser oferecido aos participantes da Mediação, inclusive com relação às oportunidades que também deverão ser igualitárias.

3. **Oralidade**, percebendo-se que certos atos devem ser praticados oralmente, recomendando a prevalência da palavra falada em relação à escrita. Na verdade, é onde a Mediação se estrutura, pois sem o diálogo entre os participantes não será possível sua existência e muito menos sua continuidade, mesmo que sejam realizadas reuniões individuais.

4. **Informalidade**, significa a dispensa de requisitos formais sempre que a ausência não incorrer em prejuízo, assim como a flexibilidade no desenvolvimento do procedimento, levando-se em consideração a complexidade inerente ao conflito e a individualidade dos participantes.

5. **Autonomia da vontade das partes**, percebida como a garantia da voluntariedade, o poder que as pessoas têm em optar pela participação na Mediação ao conhecê-la, podendo interrompê-la a qualquer tempo, e, também, da autodeterminação, poder que as pessoas têm de gerir seu próprio conflito e tomar suas próprias decisões, durante ou ao final do procedimento.

6. **Busca do consenso**, determinando que só existirá o procedimento se houver consenso dos participantes antes, durante e após seu advento.

7. **Confidencialidade**, englobando todas as informações, fatos, relatos, situações, propostas e documentos, oferecidos

ou produzidos durante toda a sua realização, sendo vedado qualquer uso para proveito de quem quer que seja, salvo os limites estabelecidos no contexto em que a prática da Mediação se dá e/ou previsão em contrário estabelecida entre os mediandos e a própria, que assim determina mais adiante.

8. **Boa-fé**, não sendo indicada como objetiva ou subjetiva, por se tratar do pressuposto de conduta dos participantes de forma honesta, leal e proba.

Com relação ao item 5 acima, que trata da autonomia da vontade, no §1º do mesmo artigo chama a atenção o fato de estar prevista a obrigatoriedade do comparecimento dos participantes na primeira reunião de Mediação, quando estiver prevista em um contrato. Com esta redação se mitigam os efeitos do referido princípio, determinando-se imperativamente o dever de estar presente no primeiro encontro. Já o §2º, ao contrário, reforça o mesmo princípio, desobrigando a continuidade da Mediação se não houver vontade dos participantes em continuar. Denota-se uma incoerência clara no próprio artigo, pois, ao nomear a autonomia da vontade como o quinto princípio a ser seguido, viola-o, ao determinar esta obrigatoriedade.

Ao se tentar buscar os objetivos do legislador com estas determinações, percebe-se que a intenção foi oferecer segurança jurídica à opção feita pela Mediação, quando da lavratura do contrato. Em outras palavras, a opção pelo método é fruto do consenso quando da elaboração do contrato, portanto não poderá fugir do compromisso de ir à Mediação quando da existência da controvérsia. Importante ressaltar que este efeito vinculante da cláusula que obriga os contratantes ao método escolhido, quando da elaboração do contrato, foi inspirado na experiência brasileira com a Lei n°

9.317/1996 (arbitragem), que, ao dar força vinculante à cláusula arbitral, promoveu verdadeira mudança de realidade da arbitragem no Brasil, dotando-a de maior segurança jurídica. Percebe-se que este foi o inspirador para que possam coexistir garantias às pessoas para conhecerem o método e optarem se o desejam ou não. Com isso, a Mediação passa a ter maior difusão e ampliação do conhecimento de sua existência e alcance.

Quanto a este tema, cabe trazer à análise a prática da Mediação extrajudicial no âmbito institucional brasileiro. Renomadas instituições administradoras de procedimentos de arbitragem e outros métodos de resolução de conflitos, como o CAM-CCBC – Centro de Arbitragem e Mediação da Câmara de Comércio Brasil Canadá[10], adotaram em seus regulamentos a prática da pré-Mediação ou reunião prévia com os possíveis participantes do procedimento, em que são esclarecidos aspectos importantes do método e de como será desenvolvido naquela instituição.

Assim como esta instituição, outras como CAMARB[11], Câmara de Mediação e Arbitragem da FIESP/CIESP[12] acabaram por optar pela inclusão desse momento com o objetivo de melhor esclarecer os objetivos e alcance da Mediação e, sobretudo, o seu funcionamento naquela instituição. O referido momento inicial, não considerado por muitos autores como parte do procedimento por ser prévio e preparatório, é realizado por profissional da instituição, que apresenta o método lá desenvolvido e sua lista

---

10. FORBES, Carlos Suplicy de Figueiredo. *Mediação Empresarial: a experiência institucional no CAM-CCBC*. In: BRAGA NETO, Adolfo (org.). *Mediação Empresarial – experiências brasileiras*. São Paulo: CLA, 2019. p. 198. Importante notar que o referido autor, ao mencionar a prática desde sempre da reunião prévia no CAM-CCBC, salienta o quanto a iniciativa foi coroada de enorme sucesso, pois permite que as partes formulem perguntas, indaguem sobre a instituição, sua infraestrutura, suas regras internas, custos e outros detalhes sobre a mediação lá desenvolvida, proporcionando enorme ganho de tempo aos participantes.
11. Disponível em: www.camarb.com.br. Acesso em 13 mar. 2020.
12. Disponível em: www.camaradearbitragemsp.org.br. Acesso em 13 mar. 2020.

de mediadores para efeito de escolha. Importante seria notar que este momento não pode ser considerado como o previsto como a primeira reunião obrigatória do §1º do referido artigo, por vários motivos. Dentre eles, destaca-se o fato de os participantes não estarem com o mediador escolhido (na verdade, isso ocorrerá na sequência). Ou mesmo por se tratar de momento prévio e esclarecedor do procedimento que não envolve tomada de decisão com relação ao conteúdo, mas, sim, com relação ao próprio método e sua adequação ao caso concreto. Nesse sentido, deve-se de imediato fazer um alerta com relação ao cumprimento do previsto neste parágrafo, pois a obrigatoriedade não é cumprida com a reunião pré-Mediação, ou reunião preparatória, mas com a instalação da Mediação a partir da nomeação e do aceite do mediador ao caso concreto. Este alerta vale especialmente para as instituições que vêm utilizando esse momento preparatório, sobretudo como marca de qualidade dos serviços prestados.

Ainda quanto ao mesmo Capítulo, o último artigo, o 3º, aponta no seu *caput* os limites com relação à matéria objeto da Mediação, determinando que deverá ser restrita a direitos disponíveis. Esta limitação não é absoluta, pois o §2º permite que, diante do consenso dos envolvidos, quando se tratar de indisponibilidade de direitos, mas transigíveis, a homologação por parte do Judiciário é obrigatória depois do parecer do Ministério Público. Em outras palavras, ao optar por permitir a transação quando se tratar de direitos indisponíveis desde que alguns cuidados sejam tomados, consagrou o legislador a prática hoje realizada no País, repetindo o desenvolvido em vários países no contexto familiar, ambiental, dentre outros.

4.1.2 O Mediador

Inaugurando as Subseções do texto legal, o legislador optou por estabelecer os parâmetros do trabalho a ser desenvolvido pelo mediador e determinou a conduta a ser por ele promovida com as disposições gerais que são válidas tanto para o âmbito extrajudicial quanto para o âmbito judicial. E oferece, de imediato, no *caput* do artigo 4º, a possibilidade de ser designado pelo Tribunal ou escolhido pelas partes. Em outras palavras, definiu-se que no âmbito judicial a nomeação partirá exclusivamente do Tribunal, como ocorre hoje no sentido de ser designado pelo juiz, que encaminha para a Mediação, e o trabalho é desempenhado por algum mediador à disposição, não permitindo que naquele âmbito possa ser escolhido, como é usual no âmbito extrajudicial, tanto institucional, quanto por mediadores independentes. No mesmo artigo, o §1º determina a maneira como o mediador deverá agir diante dos mediados no sentido de intervir na comunicação como um facilitador para a resolução do conflito por meio do estímulo ao entendimento e ao consenso. A esta conduta é acrescido o dever ético contido no parágrafo único do artigo seguinte, o 5º, com o dever do mediador de revelar qualquer tipo de conflito de interesse que o impeça de atuar naquela qualidade, sendo taxativo ao determinar este dever ao perceber qualquer tipo de fato ou circunstância que leve a eventual dúvida sobre sua imparcialidade. Cabe enfatizar que se agrega à Mediação um dever ético comumente atribuído ao árbitro e ao juiz, posto ao ser designado ou escolhido, de verificar eventuais conflitos de interesse que levem a eventuais dúvidas sobre sua atuação na qualidade de terceiro imparcial e independente. Convém lembrar que este dever foi objeto de inclusão em diversos Códigos de Ética para mediadores brasileiros elaborados pelo CONIMA, FONAME e outras instituições nacionais. Todos eles reforçam os ensinamentos de Fernanda Tartuce (2015, p. 271), que ressalta: o mediador precisa estar "apto a trabalhar com resistências pessoais e obstáculos decorrentes do antagonismo de posições para restabelecer a comunicação. Seu papel é facilitar o diálogo para que os envolvidos na controvérsia possam protagonizar a condução de seus rumos de forma não competitiva. Mediar constitui uma tarefa complexa que demanda preparo, sensibilidade e habilidades".

A propósito destes terceiros imparciais e independentes, importante ressaltar que o mediador, seja extrajudicial ou judicial, está equiparado ao juiz nos casos de suspeição, conforme estabelece o artigo 5º, e da mesma forma é equiparado ao servidor público para efeitos da legislação penal, na conformidade do artigo 6º, sendo incluídos neste aspecto seus eventuais assessores que com ele participarem do procedimento.

Ainda com relação ao mediador no âmbito extrajudicial e judicial, é vedada a possibilidade de prestar qualquer tipo de serviço, na qualidade de assessor, representante ou patrocinador de qualquer das partes, durante um ano após finda última reunião do procedimento de Mediação. E também é vedada a ele, conforme o artigo 6º, a possibilidade de atuar como árbitro em conflito em que já atuou como mediador, preceito respaldado pela doutrina nacional que também direciona no mesmo sentido de impedimento de ser testemunha em processos posteriores, conforme artigo 7º do texto legal ora em foco. Com estes preceitos, mais uma vez se consagram os Códigos Deontológicos brasileiros acima mencionados.

Os dois artigos seguintes, o 9º e o 10, tratam do mediador extrajudicial, que pode ser qualquer pessoa que tenha a confiança dos participantes, capacitada para mediar, ligada ou não a qualquer instituição. O legislador optou pela realização da Mediação extrajudicial institucional, bem como fora de uma instituição. Deixou, entretanto, de esclarecer no que consiste a capacitação. A propósito da capacitação, há que se fazer referência à prática nas instituições nacionais, que apontam para as regras do FONAME e CONIMA, que a propõem em duas etapas. "A primeira se refere à imprescindível participação e conclusão em um Curso teórico/prático de no mínimo 80 horas nos parâmetros ditados pelo FONAME/CONIMA. A segunda, por seu turno, trata-se da prática supervisionada de casos reais, também com no mínimo 80 horas, conforme os parâmetros acima apontados"[13]. Seriam, em outras palavras, os estágios supervisionados com o acompanhamento e monitoramento permanente de mediadores com mais experiência, que se qualificaram ao longo de sua trajetória na Mediação na função de supervisores. Evidentemente, o profissional dedicado à Mediação não deve parar por aí. Esse é o mínimo para poder se auto-observar com mais propriedade e segurança na função de mediador, mas só será legitimado pelas pessoas quando for por elas nomeado e reconhecido como tal durante todo o processo. Além disso, o estudo permanente da Mediação poderá de alguma maneira preencher lacuna deixada por mais horas de prática, a fim de garantir maior qualidade ao profissional. Tudo isso se faz necessário para que o mediador acolha melhor os participantes e proporcione nos seus serviços os parâmetros mencionados acima. Com isso, o mediador, a partir da continuidade de seus estudos, além de melhor se estruturar e se desenvolver para ajudar as pessoas, poderá, se o desejar, integrar uma carreira, em que os próximos passos consistiriam em se tornar um supervisor de futuros mediadores e, posteriormente, professor em Mediação, ministrando o ensino da Mediação de conflitos e capacitando profissionais. Este último degrau, é o "nível mais alto da arte e da ciência da atividade", segundo Gladys Álvarez (2009, p. 89).

O artigo 10 faculta aos participantes a possibilidade de estarem

---

[13]. Disponível em: www.conima.org.br e www.foname.com.br, *link* CAPACITAÇÃO. Acesso em: 13 mar. 2020.

acompanhados de advogados ou defensores públicos, o que na verdade reforça a autonomia da vontade com relação ao procedimento, em que não estariam sujeitos a eventuais orientações ou inclinações de seus representantes legais. Mas o parágrafo único determina, claramente, que, se uma das partes estiver acompanhada de um deles, deverá o mediador parar o procedimento e requerer que a outra parte esteja devidamente acompanhada. Um dever ético agregado pela lei ao mediador: o de ver de cessar o processo para que todos estejam representados.

Nos três artigos seguintes, o legislador se dedicou a traçar os parâmetros para o mediador judicial, que poderá ser qualquer profissional com nível superior, graduado em faculdade reconhecida pelo Ministério da Educação com no mínimo dois anos de graduação e devidamente capacitado por escola de formação em Mediação reconhecida pela Enfam – Escola Nacional de Formação e Aperfeiçoamento de Magistrados, observadas as regras do CNJ – Conselho Nacional de Justiça, em conjunto com o Ministério da Justiça. A propósito deste tema, importante lembrar que os eixos da capacitação no âmbito extrajudicial são observados também no âmbito judicial, muito embora em uma proporção talvez menor, conforme a Resolução nº 125/2010 e suas emendas de 2013 e 2015.

O artigo seguinte, o 12, determina que os Tribunais Estaduais deverão possuir um cadastro atualizado de mediadores habilitados e autorizados a realizar mediações judiciais, sendo possível o requerimento do interessado na área e Tribunal em que pretende exercer sua atividade. O mesmo artigo determina que cabe aos tribunais estabelecer as regras de cadastramento e descadastramento, assim como o pagamento dos seus serviços desde que os participantes do processo não estejam sob a proteção da assistência jurídica gratuita.

Diante dos elementos novos ou já conhecidos da atividade no dia a dia da prática brasileira, tanto judicial, quanto extrajudicial (institucional ou não), a redação desta subseção denota uma opção realizada pelo legislador no sentido de referendá-la, consagrando a escolha pelo mediador facilitativo. Em outras palavras, o texto legal em comento oferece uma opção clara em termos da atuação do mediador pela vertente de facilitador do diálogo, primando por esforço no sentido de priorizar a autonomia plena das vontades daqueles que dela participaram, participam e participarão. Ao mesmo tempo, respalda de maneira incontroversa os Códigos de Ética já mencionados, inclusive o da Resolução CNJ nº 125/2010 e sua emenda de 2013, muito embora permita que ele ofereça proposta de acordo conforme o dispositivo que trata da confidencialidade, a ser comentado mais adiante no inc. III do § 1º do artigo 30.

4.1.3 O processo de Mediação

Ao se fazer uma leitura *prima facie* da Seção III que trata do procedimento de Mediação, constata-se que o legislador, com relação ao procedimento, consagrou, mais uma vez, a prática hoje desenvolvida no País. Por isso, de imediato, o artigo 14 estabelece como dever do mediador o de lembrar da confidencialidade do procedimento, muito embora na seção seguinte aponte as possíveis exceções facilmente identificáveis, como será descrito mais adiante. A observação acima se constata na redação do artigo 15, que estabelece a possibilidade de ser adotada a comediação, quando se tratar de questões complexas ou a própria natureza do conflito assim o exigir, a partir da recomendação do mediador ou mesmo dos participantes, podendo se efetivar caso houver consenso neste sentido.

Além disso, cada vez mais se observa uma tendência de processos judiciais ou arbitrais serem interrompidos para que os participantes possam tentar uma composição entre eles. O artigo 16 determina que, se as partes desejarem tentar, deverão solicitar ao juiz ou ao árbitro a suspensão do processo, que poderá ser em tempo suficiente para a tentativa de solução consensual. E seus parágrafos determinam: o primeiro, a impossibilidade de recurso da decisão de deferimento para a tentativa de composição; e o segundo, que mesmo a suspensão do processo não inviabiliza as possíveis medidas de urgência, as quais poderão ser tomadas tanto pelo juiz quanto pelos árbitros se solicitadas. Já o artigo 17 determina claramente o momento da instalação da Mediação, que é a data em que foi marcada a primeira reunião de Mediação. Este artigo deve ser lido em conjunto com § 1º do artigo 2º já comentado, que obriga à realização da primeira reunião de Mediação, quando de sua previsão contratual, determinando com sua instalação a interrupção da prescrição, conforme o parágrafo único do mesmo artigo.

Quem já conhece na prática a Mediação de conflitos no Brasil consideraria óbvia a previsão contida no artigo 18, que estabelece que as reuniões posteriores à primeira só ocorrerão se houver consenso de sua realização pelos participantes. Na verdade, o legislador confirmou com este artigo as determinantes de conduta do mediador no sentido de buscar o consenso com relação ao processo e, claro, com relação a seus honorários, que serão devidos se o procedimento tiver sua continuidade. Este mesmo raciocínio deve ser levado em conta com relação ao artigo 19, que permite ao mediador realizar reuniões conjuntas ou separadas e também solicitar quantas informações sejam necessárias, já que a matéria-prima da atividade é a informação devidamente escutada, compreendida e reconhecida.

Quanto ao encerramento da Mediação, deverá ser formal, com a elaboração de um acordo que, segundo o parágrafo único do artigo 20, é título executivo extrajudicial e, se homologado, transforma-se em título executivo judicial. Ao mesmo tempo e no mesmo artigo, a previsão legal determina que o procedimento poderá ser encerrado com uma simples declaração de um dos mediandos ou do mediador informando não haverem alcançado a solução. Todas estas previsões são na verdade a prática comum em território brasileiro.

Com relação à subseção referente à Mediação extrajudicial, são oferecidos elementos inovadores em termos jurídicos, mais ligados à perspectiva de promoção de maior segurança jurídica para efetiva instalação e desenvolvimento da Mediação. Por isso, num primeiro momento, o artigo 21 indica os possíveis meios de comunicação para iniciar o procedimento, podendo ser qualquer um, o que significa dizer qualquer forma que permita trazer a informação da intenção de um eventual futuro participante com relação a outro no sentido de iniciar a Mediação. Exige, no entanto, que o convite deva conter o escopo da Mediação, data e local da primeira reunião, sendo considerado rejeitado se no prazo de 30 dias não houver resposta.

Na sequência, o artigo 22 elenca os requisitos mínimos que deverá conter a previsão contratual da Mediação (vide transcrição logo a seguir), podendo ser substituído pela indicação de um regulamento de uma instituição idônea de prestação de serviços de Mediação que constem critérios claros de escolha do mediador e realização da primeira reunião conforme o § 1º.

Os requisitos acima apontados são:

> 1) prazo mínimo e máximo para realização da primeira reunião, contado a partir da do recebimento do convite;
>
> 2) local da primeira reunião de mediação;
>
> 3) critérios de escolha do mediador ou equipe de mediação, e

4) penalidade em caso de não comparecimento da parte convidada à primeira reunião.

Por outro lado, o mesmo artigo, em seu § 2º, estabelece que, na hipótese de a previsão contratual não ser completa, outros requisitos devem ser observados com relação à realização da primeira reunião de Mediação, a saber:

1. Prazo mínimo de 10 dias úteis e prazo máximo de três meses, contado a partir do recebimento do convite;
2. Local adequado a uma reunião que possa envolver informações confidenciais;
3. Lista de cinco nomes, informações de contato e referências profissionais de mediadores capacitados; a parte convidada poderá escolher, expressamente, qualquer um dos cinco mediadores e, caso a parte convidada não se manifeste, considerar-se-á aceito o primeiro nome da lista;
4. O não comparecimento da parte convidada à primeira reunião de mediação acarretará a assunção por parte desta de 50% das custas e honorários sucumbenciais caso venha a ser vencedora em procedimento arbitral ou judicial posterior, que envolva o escopo da mediação para a qual foi convidada.

Todas as previsões legais indicadas acima trazem em seu bojo a preocupação com a efetivação do método, no sentido de ultrapassar descuidos com a elaboração de uma cláusula de Mediação em um contrato. Dotá-la de devida força para a instalação do procedimento e ao mesmo tempo promover um cenário que proporcione, pelo menos inicialmente, o diálogo, que poderá existir em situações imprevistas.

Mais uma vez, a experiência com a arbitragem no País, sobretudo com relação à redação de cláusulas conhecidas como vazias, foi a inspiração destes preceitos, que são muito claros.

Já com relação à subseção III, que trata da Mediação judicial, o artigo 24 respalda as determinações da Resolução CNJ n° 125/2010 e suas emendas, no sentido de os Tribunais criarem centros judiciários de solução consensual de conflitos, onde serão desenvolvidos os procedimentos de Mediação pré e processuais, sendo também responsáveis pelo desenvolvimento de programas voltados para autocomposição.

O artigo 25 estabelece que os mediadores judiciais estão sujeitos à aceitação das partes e estarão sujeitos aos crimes de servidores públicos.

Já o artigo 26 determina que as partes devem estar acompanhadas de advogados ou defensores públicos quando estiverem nas condições exigidas pela assistência jurídica gratuita.

O artigo 27 determina a obrigatoriedade da designação pelo juiz da Mediação, assim que aceito o pedido baseado na petição inicial devidamente considerada apta a produzir seus efeitos jurídicos, devendo o procedimento ser concluído no prazo de 60 dias contados da primeira reunião, conforme previsão do artigo 28. Importante enfatizar estas determinações, que apontam mais uma vez a obrigatoriedade de as partes comparecerem, pelo menos na primeira reunião, devendo ser observado nas disposições gerais já comentadas que valem para toda e qualquer Mediação, seja no âmbito judicial ou extrajudicial. E, por fim, solucionado o conflito pela Mediação, o juiz homologará por sentença, determinando o arquivamento do processo e, caso seja antes da citação do réu, não sendo devidas as custas judiciais finais, conforme os artigos 28 parágrafo único e artigo 29.

4.1.4 A confidencialidade

Com relação à confidencialidade, Francisco José Cahali (2018, p. 100) destaca a sua importância como uma das características da Mediação. Ele salienta que se constitui "de extrema relevância para que as partes se sintam confortáveis no desenvolvimento" do processo. Propõe que seja absoluta para que informações, fatos, relatos, situações, propostas e documentos trazidos, oferecidos ou produzidos ao longo de seu processo sejam cobertos pelo manto do sigilo, não podendo ser revelados a pessoas que dele não participam.

Sandra Bayer (2017, p. 293), por sua vez, agrega que "a transparência do mediador e o respeito à confidencialidade são fundamentais para que se crie um ambiente de confiança e boa-fé", já que, ao optar pela Mediação, os mediandos o fizeram baseados na confiança de que esse método é o mais adequado para o conflito que enfrentam. A mesma confiança deverá ser projetada, posteriormente, ao mediador, que, sem ela, não alcançará o ambiente necessário para as mudanças em torno do fortalecimento e reconhecimento que os participantes buscam, muitas vezes inconscientemente.

Na mesma direção, cabe lembrar que o legislador objetivou proporcionar à Mediação, em qualquer contexto, um ambiente seguro para revelação de informações importantes ao diálogo, podendo somente ser mitigado a partir do princípio da autonomia dos participantes ou quando a legislação assim o disser. Demonstrou, entretanto, ter adotado a confidencialidade como princípio, não o considerando como absoluto, daí a inclusão em uma seção própria. Nesse sentido, cabe lembrar o que Humberto Dalla Bernardina de Pinho e Marcelo Mazzola (2019, p.138) destacam:

> sem a confidencialidade, a mediação não alcançaria todo o seu potencial, não atrairia tanto interesse e impediria a maximização dos resultados. Sim, por-

que os mediandos não se sentiriam tão à vontade para um diálogo aberto e para revelarem preocupações, incertezas, desconfortos e, principalmente, seus interesses. Nesse contexto, a confidencialidade é uma espécie de antídoto contra o medo – justificável – de que algo revelado na mediação possa ser usado desfavoravelmente em futuras ações judiciais ou arbitrais.

Em outras palavras, qualquer informação trazida à Mediação será confidencial em relação a terceiros, vedada a sua utilização em processos de resolução de conflitos posteriores e respeitando, sempre, o princípio da autonomia da vontade. Esta regra vale para os participantes da Mediação, seus prepostos, advogados, assessores técnicos e outras pessoas que tenham participado direta ou indiretamente do procedimento. E inclui declarações, opiniões, reconhecimento de fatos dos participantes ou eventual manifestação de eventual aceite de propostas e documentos produzidos para o procedimento. O mesmo tratamento de sigilo é dado para as informações oferecidas em reuniões individuais, só podendo ser revelado com autorização de quem as revelou. Reforça o legislador o que a doutrina especialmente propõe.

A regra de confidencialidade não afasta o dever de os acima citados prestarem informações à administração tributária. Tudo conforme os artigos 30 e 31[14] (transcritos em nota de rodapé, dada

---

14. Lei nº 13.140/15 – Seção IV
Da Confidencialidade e suas Exceções
Art. 30. Toda e qualquer informação relativa ao procedimento de mediação será confidencial em relação a terceiros, não podendo ser revelada sequer em processo arbitral ou judicial salvo se as partes expressamente decidirem de forma diversa ou quando sua divulgação for exigida por lei ou necessária para cumprimento de acordo obtido pela mediação.
§ 1º O dever de confidencialidade aplica-se ao mediador, às partes, a seus prepostos, advogados, assessores técnicos e a outras pessoas de sua confiança que tenham, direta ou indiretamente, participado do procedimento de mediação, alcançando:
I - declaração, opinião, sugestão, promessa ou proposta formulada por uma parte à outra na busca de entendimento para o conflito;

sua importância). Evidentemente, estes parâmetros poderão ser objeto de tratamento diferenciado quando um dos participantes for órgão público, pois nesta área a transparência das decisões é o pressuposto de sua própria participação e, claro, aceitação. Este tema merece uma análise mais atenta e será objeto de observações, quando for trazido ao presente texto o Princípio da Publicidade no âmbito da Administração Pública (item 8.6 da Parte III Administração Pública – Alguns Aspectos), dado o já reforçado caráter flexível da Mediação, que se adequa a qualquer contexto a partir dos requisitos apresentados pelos participantes.

4.1.5 A autocomposição de conflitos com entes públicos

O Capítulo 2, na Parte I, em linhas gerais, especifica a possibilidade da autocomposição de conflitos, aqui entendida como garantia de direitos, da legalidade, de maneira breve, eficaz e humanizada, quando pessoa jurídica de direito público for parte no procedimento, não importando se são duas ou mais em polos opostos ou em um deles pessoa do direito privado. A intenção do legislador foi disciplinar de maneira genérica a autocomposição e, por sua vez, a Mediação também na esfera administrativa, podendo qualquer órgão ou ente público participar na condição de integrante

---

II - reconhecimento de fato por qualquer das partes no curso do procedimento de mediação;
III - manifestação de aceitação de proposta de acordo apresentada pelo mediador;
IV - documento preparado unicamente para os fins do procedimento de mediação.
§ 2º A prova apresentada em desacordo com o disposto neste artigo não será admitida em processo arbitral ou judicial.
§ 3º Não está abrigada pela regra de confidencialidade a informação relativa à ocorrência de crime de ação pública.
§ 4º A regra da confidencialidade não afasta o dever de as pessoas discriminadas no caput prestarem informações à administração tributária após o termo final da mediação, aplicando-se aos seus servidores a obrigação de manterem sigilo das informações compartilhadas nos termos do art. 198 da Lei 5.172/66 – CTN – Código Tributário Nacional.
Art. 31. Será confidencial a informação prestada por uma parte em sessão privada, não podendo o mediador revelá-la às demais, exceto se expressamente autorizado.

de processos autocompositivos, "bem como celebrar Termo de Ajustamento de Conduta. Além disso, a lei citada alcança conflitos envolvendo o particular e o Poder Público, de maneira que a lide seja composta antes do ingresso na via judicial" (2019, p. 244). Nota-se a intenção do legislador de não se restringir à Mediação, optando por um termo que propõe a utilização de métodos caracterizados como autocompositivos, já trazidos a cola no item 2.1 – Autotutela, Autocomposição e Heterocomposição, constante da Parte I – Acesso à Justiça ou à Ordem Jurídica Justa e os Métodos de Resolução de Conflitos. E, para efeitos do presente livro, a intenção foi também a de estimular todos os métodos dialógicos, como a negociação, a negociação assistida e a conciliação, entre outros, no ambiente dos órgãos públicos.

Assim é que o artigo 32 permite que a União, os Estados, o Distrito Federal e os Municípios criem Câmaras de prevenção e resolução administrativa de conflitos, no âmbito nos respectivos órgãos da Advocacia Pública. E o mesmo artigo cria a possibilidade de as referidas entidades dirimirem conflitos entre órgãos e entidades da Administração Pública, avaliar pedidos de resolução de conflitos nos casos entre particular e pessoa jurídica de direito público e também promover a realização de termos de ajustamento de conduta, atribuição já exercida de há muito pelo Ministério Público. Na verdade, o referido artigo é um verdadeiro incentivo a todas as instituições públicas a criarem câmaras nestes moldes, muito embora não se estabeleça a maneira como devam ser desenvolvidas, apesar da previsão contida no artigo 33º, que estipula claramente a utilização dos parâmetros do procedimento previsto para a Mediação nas disposições comuns enquanto a instituição não for criada, estando limitada ao campo de atuação que for delimitado.

Em síntese, nesta linha Francisco José Cahali (2018, p. 62) enfatiza que a referida

> Lei trata da criação de câmaras de prevenção e resolução de conflitos pela União, Estados, Distrito Federal e Municípios, estabelecendo critérios e regras gerais de atuação, procedimento e matéria a ser submetida ao sistema. Traz interessantíssima e ousada inovação ao admitir de ofício ou mediante provocação, procedimento de mediação coletiva de conflitos relacionados à prestação de serviços públicos. Prevê a suspensão da prescrição pela instauração de procedimento administrativo para a resolução consensual de conflitos. Apresenta também regras gerais de transação por adesão mesmo se pendente processo judicial sobre o conflito. Também merece anotar que a Lei, embora com restrições, trata inclusive de composição extrajudicial relativa a tributos administrados pela Secretaria da Receita Federal.

O mesmo Capítulo, mas na seção II, que versa restritamente sobre conflitos que envolvam a Administração Pública Federal direta, suas autarquias e fundações, permite, no artigo 35, que as controvérsias daqueles entes sejam objeto de transação por adesão com fundamento na autorização do Advogado-Geral da União com base na jurisprudência pacífica do STF ou demais tribunais superiores, seu parecer aprovado pela Presidência da República. Os demais artigos indicam elementos de como deverão proceder e os reflexos que a transação proporcionará. Ao mesmo tempo, oferecem elementos que sustentam juridicamente a escolha do método e até mesmo determinam que um processo judicial entre órgãos e entidades de direito público que integram a Administração Pública Federal só poderá ser intentado se tiver a autorização da Advocacia Geral da União (artigo 39). Em suma, mais incentivos, como dito anteriormente, para a prática da Mediação no âmbito público, muito embora seja pequeno o conhecimento do tema na área pública.

Como acréscimo aos incentivos acima mencionados, destaca-se o artigo 40, que determina a possibilidade de servidores e empregados públicos, ao participarem de processos de composição extrajudicial, serem responsabilizados civil, administrativa ou criminalmente, somente quando, por dolo ou fraude, receberem vantagem patrimonial indevida ou ainda permitirem, facilitarem ou concorrerem para sua recepção por terceiro. Como sustentam Humberto Dalla Bernardina de Pinho e Marcelo Mazzola (2019, p. 180), com esta previsão,

> cria-se uma regra intermediária. Não custa lembrar que o artigo 37 da Constituição de 1988 traz norma genérica sobre a temática da responsabilização dos servidores públicos no seu inciso 6º, que assim dispõe:
>
> As pessoas jurídicas de direito público e as de direito privado prestadoras de serviços públicos responderão pelos danos que seus agentes, nessa qualidade, causarem a terceiros, assegurado o direito de regresso contra o responsável nos casos de dolo ou culpa.
>
> Por outro lado, o Código de Processo Civil, ao tratar dos Advogados Públicos, uniformiza o regramento atinente à responsabilidade dos atores processuais (promotores, defensores e advogados). Assim o artigo 184 regulamenta a responsabilidade civil do membro da Advocacia Pública, dispondo que o agente responde de forma regressiva, quando agir com dolo ou fraude no exercício de suas funções. Dessa forma, não é difícil concluir que o principal objetivo do legislador foi buscar uma regra que se posicionasse mais próxima ao Código de Processo Civil. Em outras palavras, se houver apenas culpa, ou mesmo se o meio de resolução consensual não resolver o conflito, essas pessoas não podem ser responsabilizadas pelo fracasso.

Depreende-se da redação do referido artigo e dos comentários dos autores acima a intenção do legislador de encorajar o gestor público a ter como referência a possibilidade do uso da Mediação, para além de ser incentivo em direção ao consensualismo.

Importante enfatizar que o capítulo em comento, assim como alguns artigos da referida lei que tratam da Administração Pública nas Disposições Finais, voltará a ser debatido, a partir de elementos inerentes à Administração Pública, constantes nas Partes: III – Administração Pública – Alguns Aspectos; e IV – A Mediação e a Administração Pública deste livro.

4.1.6 As disposições finais

O Capítulo III, destinado exclusivamente às disposições finais, pelo fato de fechar o texto legal, inclui dispositivos relativos aos dois Capítulos anteriores. Nesse sentido, estabelece no artigo 41 que a Escola Nacional de Mediação e Conciliação do Ministério da Justiça possa criar banco de dados sobre boas práticas em Mediação e possuir relação de mediadores. Além disso, prevê a interpretação ampliada do texto, ao dispor, no seu artigo 42, que poderá ser aplicada no que couber a outras formas consensuais de resolução de conflitos, como, por exemplo, o contexto comunitário ou o escolar. Chama a atenção para a exclusão dos conflitos nas relações capital-trabalho, posto considerar necessária uma lei própria, conforme o parágrafo único do mesmo artigo. Oferece a possibilidade de os órgãos públicos possuírem câmaras para resolução de conflitos entre particulares que versem sobre atividades por eles reguladas ou supervisionadas, conforme o artigo 48. Já os artigos subsequentes tratam de alterações de leis na área pública que necessitam se adequar aos parâmetros ditados por este texto. Faz referência, no artigo 46, à já existente prática da Mediação pela internet ou por outro meio de comunicação à distância, preservando-se o princípio da autonomia da vontade e, por fim, faculta às pessoas domiciliadas em outros países a utilização da Mediação nela previstos.

De maneira geral, encerram-se aqui as considerações gerais sobre a Lei nº 13.140/15, lembrando que se retornará a ela quando se tratar da Administração Pública. Passo seguinte é tecer algumas observações sobre o Código de Processo Civil, que como mencionado anteriormente, tanto trata da Mediação, quanto da Mediação no contexto público.

4.2 Breves reflexões sobre os principais dispositivos relativos à Mediação contidos na Lei nº 13.105/15 – Código de Processo Civil

Antes de oferecer as reflexões mencionadas no título deste item, vale lembrar José Carlos de Mello Dias (2009, p. 577), que esclarece ter a instituição da Mediação, ao ser incluída no processo judicial, o objetivo de "transformar a cultura do litígio", sendo o único caminho a ser perseguido para uma verdadeira reforma da política judiciária no Brasil, sem a qual, apesar de todos os esforços de simplificação do processo, não chegará jamais a minimizar a litigiosidade.

Já Antônio Rodrigues de Freitas Junior (2009, p. 510) enaltece que não pensa "o processo de Mediação enquanto modelo ideal-típico para os assim chamados meios alternativos de solução de conflitos, como terapêutica devotada ao enfrentamento da presente crise do Judiciário, sabidamente grave e preocupante no Brasil como em muitos outros países".

Na mesma linha, Marco Antonio Garcia Lopes Lorencini (2009, p.

600) pondera que "apresentar os meios alternativos como caminho para resolver a crise do Poder Judiciário é um equívoco, embora a sua adoção com maior ênfase no cenário brasileiro constitua uma contribuição valiosa".

Fernanda Tartuce (2015, p. 329), por seu turno, salienta que

> na seara judicial e no plano normativo a priorização de chances para entabular acordos vem se intensificando ao longo dos anos. O Código de Processo Civil em vigor confirma essa tendência ao contemplar muitas regras sobre o fomento a meios consensuais de abordagem de conflitos. Sob a perspectiva numérica, eis as ocorrências: a mediação é mencionada em 39 dispositivos, a conciliação aparece em 37, a autocomposição é referida em 20 e a solução consensual consta em 7, o que totaliza 103 previsões.

Por sua vez, Daniela Monteiro Gabbay (2013, p. 13) ressalta:

> na relação entre processo e a mediação, a identidade (processual e funcional) da mediação precisa ser assegurada para que esta relação ocorra de forma equilibrada, tendo por base um círculo virtuoso existente entre Judiciário e as formas alternativas de solução de conflitos.

Por isso, não é por acaso que o artigo 139 determina que compete ao Juiz, a qualquer tempo promover:

> a autocomposição, preferencialmente com auxílio de conciliadores e mediadores judiciais.

Chamam a atenção os primeiros artigos do referido código, constantes na Parte Geral, Livro I – Das Normas Processuais Civis, Título Único – Das Normas Fundamentais da Aplicação das Normas Procedimentais, logo no Capítulo I, uma espécie de pré-anúncio das mudanças que a referida lei buscou desenvolver. Já nos parágrafos do artigo 3º, que trata da competência jurisdicional relativa à ameaça e à lesão de direitos – o primeiro tratando da arbitragem na forma da lei e o seguinte da exigência de que o próprio Estado deve promover a solução consensual sempre que possível. No seguinte, esclarece como será este dever, estabelecendo que conciliação, Mediação e outros métodos de solução consensual de conflitos deverão ser estimulados por juízes, advogados, defensores públicos e membros do Ministério Público, inclusive no curso do processo judicial. São dignas de nota estas previsões que apresentam modificações paradigmáticas no trato do processo judicial, pois incorporam, como assevera Kazuo Watanabe (2011, p. 4), os

> "meios alternativos de resolução de conflitos, em especial dos consensuais, ao instrumental à disposição do Judiciário para o desempenho de sua função de dar tratamento adequado aos conflitos que ocorrem na sociedade".

Por isso, Humberto Dalla Bernardina de Pinho e Marcelo Mazzola (2019, p. 38) assinalam que o legislador, ao incluir o referido título, promoveu verdadeira releitura do princípio da inafastabilidade da jurisdição. E concluem: "com efeito, o CPC se preocupou com a atividade de conciliação e mediação realizadas judicialmente, sem prejuízo da possibilidade de esses mecanismos serem utilizados previamente ao processo" ou, ainda, de outros meios de solução de conflitos escolhidos pelos interessados (artigo 175), que serão objeto de outros comentários mais adiante.

O Título IV – Do Juiz e dos Auxiliares da Justiça, logo no Capítulo I – Dos poderes, dos deveres e da responsabilidade do Juiz, determina a incumbência de, além de dirigir processo na conformidade da referida lei, velar pela duração razoável do processo e promover, a qualquer tempo, a autocomposição, preferencialmente com o auxílio de conciliadores e mediadores judiciais. Importante enfatizar que foi criada outra possibilidade para o juiz, a de estimular a Mediação e a conciliação e a qualquer tempo, como mencionado anteriormente (artigo 139, V).

Ainda no mesmo Título, mas no Capítulo III que trata dos auxiliares do Poder Judiciário, os mediadores e conciliadores passaram a possuir o referido *status*. A intenção do legislador foi a de incluí-los na lista de que fazem parte os auxiliares do Poder Judiciário, entre eles os tradicionais: o escrivão, o chefe de secretaria, o oficial de Justiça, o perito, o depositário, o administrador, o intérprete, o tradutor, o mediador, o conciliador judicial, o partidor, o distribuidor, o contabilista e o regulador de avarias.

No mesmo Capítulo, porém em Seção própria, a de número V – Dos Conciliadores e Mediadores, mais especificamente dos artigos 165 ao 175, a referida lei estabelece que os Tribunais criarão centros judiciários de solução consensuais de conflitos, sendo responsáveis pela realização de sessões e audiências de conciliação e Mediação, bem como programas destinados a auxiliar, orientar e estimular a autocomposição, com observação das normas já existentes do Conselho Nacional de Justiça – CNJ. Nota-se que a preocupação do legislador se une à do legislador do Marco Legal da Mediação, pois ambos reforçam o que já na prática existia no contexto judicial, os institutos da Mediação e da conciliação serem pautados pelos princípios da imparcialidade, da autonomia da vontade, da confidencialidade, da oralidade, da informalidade e da decisão informada (artigo 166).

Por oportuno, importante ressaltar que os incisos 2º e 3º do artigo anterior (o de número 165) cometem um equívoco ao estabelecer as diferenças entre a atuação do conciliador e do mediador, determinando que o primeiro deverá desenvolver sua atividade preferencialmente nos casos em que não houver vínculo anterior entre os participantes. Para o segundo, a atuação será preferencialmente quando houver vínculo anterior. É um equívoco, pois o termo "preferencialmente" pode dar margem a interpretação de maior intensidade da diferença entre ambos, não deixando claro para quem, muito embora a redação tente esclarecer o ideal a partir de suas respectivas funções. A distinção entre Mediação e conciliação, decorrente das funções de ambos os profissionais, inerente ao artigo em comento, será objeto de análise mais adiante, quando se tratar da autocomposição no contexto da Administração Pública.

O artigo 167 estabelece que os conciliadores, os mediadores e as câmaras privadas devem estar inscritos em cadastro nacional e em cadastro de Tribunal de Justiça ou de Tribunal Regional Federal, sendo que os mediadores e conciliadores devem preencher o requisito da capacitação mínima, por meio de curso realizado por entidade credenciada, conforme parâmetros já definidos pelo CNJ na Resolução nº 125/10 e suas emendas. Os incisos do referido artigo regulam a forma dos credenciamentos dos profissionais e das instituições, e estabelecem que os conciliadores e mediadores judiciais cadastrados, se forem advogados, estarão impedidos de exercer a advocacia nos juízos em que desempenhem suas funções, estando proibidos de atuar para aqueles mediados em outra atividade pelo prazo de um ano.

Já o artigo seguinte, o de número 168, prevê a possibilidade de os participantes escolherem o profissional e, diante da falta de escolha, define o regime de distribuição entre eles, prevista pelo tribunal. O artigo seguinte estabelece que ambos, conciliador e mediador, deverão ser remunerados.

O parágrafo único do artigo 221 determina a suspensão dos prazos durante a execução de programa instituído pelo Poder Judiciário destinado a promover a autocomposição e o artigo 319 determina que a petição inicial deve indicar, dentre outros, a opção do autor pela realização ou não de audiência de conciliação ou de Mediação, sob pena de ser considerada inepta. E o artigo 334 estabelece que, em sendo a petição inicial apta, o juiz designará audiência de conciliação ou de Mediação com antecedência mínima de 30 (trinta) dias, devendo ser citado o réu com pelo menos 20 (vinte) dias de antecedência, podendo haver mais de uma reunião, não podendo exceder a 2 (dois) meses da data de realização da primeira sessão, desde que necessárias à composição das partes. E, na hipótese de se alcançar autocomposição, será reduzida a termo e homologada por sentença.

O inciso II do artigo 381 permite a admissão de produção antecipada de prova, quando esta for suscetível de viabilizar a autocomposição. E o artigo 515 considera título executivo judicial a decisão homologatória de autocomposição judicial, bem como a extrajudicial de qualquer natureza. Sobre este aspecto cabe lembrar o artigo 784, que lista os títulos extrajudiciais, dentre eles o instrumento de transação referendado pelo Ministério Público, pela Defensoria Pública, pela Advocacia Pública, pelos advogados dos transatores ou por conciliador ou mediador credenciado por Tribunal.

O artigo 565 determina que o juiz deve designar Mediação, quando se tratar de conflito coletivo relativo a posse de imóvel, quando houver esbulho ou turbação há mais de um ano. Nota-se a intenção do legislador em prestigiar o instituto em conflitos de uma coletividade para que possa desenvolver soluções mais céleres e criativas.

Nesse sentido, Amanda Hollercach e Bruno Rego (2016, p. 250-251) esclarecem que, nos conflitos coletivos de posse e propriedade, a opção pela inclusão da Mediação é inegavelmente, uma proposta de abordagem para lidar com remoções e despejos, evitando violações aos direitos humanos, além de ter destacado a necessária troca de experiências e estabelecimento de estratégias entre os órgãos públicos, para difusão destes instrumentos.

O artigo 694 e seguintes estabelecem que, nas ações de família, todos os esforços serão empreendidos para a solução consensual da controvérsia, devendo o juiz dispor do auxílio de mediadores e conciliadores para as reuniões, não importando o número. A determinação vale para todo o processo, porém há um estímulo mais reforçado no início do processo. Seu parágrafo único permite que, mediante pedido dos conflitantes, o juiz suspenda o processo para uma Mediação extrajudicial ou um atendimento multidisciplinar.

Neste aspecto, estabelece-se claramente que só será realizada Mediação para área de família e/ou práticas colaborativas. Sobre estes dispositivos relativos ao Direito de Família, vale lembrar Evandro Souza e Lima e Samantha Pelajo (2016, p. 224 e 226), que enaltecem ter sido o legislador processual peremptório ao prever o norteador da consensualidade para os conflitos familiares, atendendo aos parâmetros constitucionais. E esclarecem que se percebe, nitidamente, que "a *mens legis* é a de se evitar, na máxima e melhor medida do possível, a abordagem adversarial das pretensões resistidas". Reforçam ainda que, ao afirmar que todos os esforços serão envidados para a obtenção da solução consensual da controvérsia, o legislador processual está, na verdade, empoderando os jurisdicionados, tornando-os novamente protagonistas de suas próprias vidas, num exercício cívico responsável.

Esse é um passo importante a caminho da construção de uma nova cultura: de resolução consensual, quiçá extrajudicial, dos conflitos de interesses, pois poderá o juiz, também, determinar que o processo seja suspenso para que a Mediação além da judicial (extrajudicialmente) se realize.

Esse mesmo raciocínio de incentivo à busca constante do consenso entre os litigantes se aplica ao artigo 932, I, que elenca incumbências ao relator quando o processo estiver em qualquer instância, dentre elas a de homologar eventual acordo.

Antônio Carlos Ozório Nunes (2016, p. 92) complementa que

> mesmo havendo sentença e, em caso de recurso, o relator do processo busque levar as partes aos caminhos da autocomposição, que deverá ser conduzida pelo próprio Núcleo de Conciliação e Mediação da segunda instância, se houver, ou pelo CEJUSC ou o Juízo relacionado à Vara de origem daquele caso.

Em sua perspectiva, significa a comprovação da busca constante para o consenso, inclusive em nada impedindo que, em havendo sentença e, em caso de recurso, o relator do processo busque que as partes construam soluções por si mesmas.

Por derradeiro, infringindo a ordem numérica de exposição dos artigos em comento, cabe lembrar que o artigo 174, considerado por Francisco José Cahali como avanço (2018, p. 61), determina para a União, os Estados, Distrito Federal e os Municípios o dever de criar câmaras de Mediação e conciliação para solucionar conflitos no âmbito administrativo que envolvam órgãos e entidades da Administração Pública. Além disso, prevê a possibilidade de avaliar admissibilidade de pedidos de conciliação levados a efeito por quaisquer órgãos da Administração Pública, bem como promover a celebração de termos de ajustamento de condutas.

Nota-se claramente a intenção do legislador de atribuir aos três níveis da Administração Pública nacional ações no sentido de implementar câmaras de resolução de conflitos, podendo fazê-lo sem efetiva institucionalização e se utilizar da iniciativa privada para tanto, para além de desenvolver termos de ajustamento de condutas.

O artigo seguinte, de número 175, encerrando a seção, determina que todas as disposições da seção não excluem outras formas de conciliação ou mediações extrajudiciais vinculadas a órgãos institucionais ou realizadas por profissionais independentes, podendo ser reguladas por lei específica. Seu parágrafo único permite que as disposições da seção sejam aplicadas às câmaras privadas. Em resumo muito estrito, convém lembrar que esta seção na verdade respalda o que já existia na prática junto ao Poder Judiciário, proporcionado por sua política pública de tratamento adequado dos conflitos, através da Resolução CNJ n° 125/10.

Geisa Rosignoli Neiva (2019, p. 41), por seu turno, destaca que o legislador, ao prestigiar as práticas consensuais de solução de conflitos,

> previu a obrigação de que a Administração Pública, nos três níveis de governo, institua câmaras de mediação e conciliação. Dispôs, ainda, que tal obrigação não exclui a faculdade de a Administração se valer de outras formas extrajudiciais por instituições públicas ou privadas, o que poderá ser estabelecido por regramento próprio.

Acrescenta a referida autora que tais dispositivos colidem em alguns aspectos quanto ao previsto no artigo 32 da Lei n° 13.140/15, cuja determinação vem de forma facultativa representada pela expressão "poderão".

Por isso, a mesma autora (2019, p. 41) conclui que "tal situação está a indicar um conflito aparente de normas que Grinover sinaliza ser resolvido pelo critério de especialidade, devendo em caso de colidência prevalecer" esta última, que, muito embora tenha vigência anterior ao CPC, é norma especial.

Impende observar que tal situação se repete em outros dispositivos de ambas as leis, motivo pelo qual se faz necessário apresentar breves ponderações sobre alguns conflitos entre elas.

4.3 Algumas ponderações sobre conflitos entre os dois diplomas legais

Como já observado, o Código de Processo Civil contempla regras sobre a Mediação Judicial em diversos dispositivos. Segundo Fernanda Tartuce (2016, p. 268),

> o legislador, contudo, não pareceu satisfeito nem disposto a deixar que o Código processual se tornasse o marco legal sobre o tema. A Lei de Mediação foi prevista para incidir no ordenamento antes do CPC em vigor. Embora haja dispositivos semelhantes, há também diferenças marcantes entres as previsões.

Dentre eles destacam-se: Mediação ou Conciliação; mediador ou conciliador; perfil do mediador/conciliador; capacitação para mediador judicial e não para extrajudicial; audiências ou sessões de Mediação; Mediação ou comediação; modalidades de Mediação; obrigatoriedade ou faculdade dos órgãos públicos criarem Centros de Solução de Conflitos etc. Tais situações levam Antônio Carlos Ozório Nunes (2016, p, 51) a acentuar que

> todas essas normas apostam nos meios autocompositivos, estabelecem princípios e regramentos sobre a mediação, buscam a cooperação dos atores envolvidos no processo e preconizam uma cultura do diálogo. Por esse motivo, o CPC e a Lei de Mediação precisam ser harmonizadas e integradas.

Fernanda Tartuce[15], nesta mesma direção, lembra a "proposta contemporânea no sentido de promover a substituição da análise estrita dos clássicos critérios de a legislação mais recente revogar disposição anterior ou mesmo de a lei especial revogar a geral.

Tal proposta oferece o diálogo das fontes", sugerindo, essencialmente, que as normas jurídicas não se excluem, mas, sim, complementam-se. Nesse sentido, Francisco José Cahali (2018, p. 87-88) leciona que

> de qualquer forma, para a mediação judicial as previsões são compatíveis e possíveis de harmonização", por inexistir incompatibilidade entre as Leis, não obstante a certa crítica à duplicidade normativa se deve direcionar. Pelo bom senso e critérios de ponderação se encontram meios saudáveis para sustentar a convivência harmônica entre as inovações, pois o objetivo de ambas é comum: prestigiar os meios consensuais de solução de conflitos.

Em conclusão muito pontual a respeito das inúmeras mudanças acima mencionadas, inclusive com as questões polêmicas citadas, pode-se afirmar que o Código em vigor se estruturou em

---

15. TARTUCE, Fernanda. *Mediação nos Conflitos Civis*. 3ª Ed. São Paulo: Forense, 2016. p.272. Convém reforçar os ensinamentos da autora, pois esclarece que "a tese do diálogo das fontes, desenvolvida na Alemanha por Erik Jaime e trazida ao Brasil por Claudia Lima Marques, preconiza, em essência, que as normas jurídicas não se excluem – supostamente porque pertencentes a ramo jurídicos distintos – mas se complementam; esse marco teórico contempla a premissa de uma visão unitária do ordenamento jurídico. A primeira justificativa para a aplicação do diálogo das fontes refere-se à funcionalidade: como vivenciamos uma explosão de leis (um *Big Bang* Legislativo, na feliz expressão de Ricardo Lorenzetti), nesse mundo pós-moderno, globalizado e complexo abunda a quantidade de normas jurídicas – a ponto de deixar o aplicador do Direito desnorteado, diga-se de passagem. Por força do diálogo das fontes é viável reconhecer a possibilidade de subsunção concomitante do Novo CPC e da Lei de Mediação, afinal, os dois sistemas normativos dispõem de princípios comuns ao expressar ter como pilares a autonomia da vontade, a imparcialidade, a confidencialidade, a oralidade e a informalidade. Em caso de dúvida quanto à aplicação de normas de um ou de outro instrumento normativo, o intérprete deverá conduzir sua conclusão rumo à resposta que mais se coadune com os princípios da mediação. Tal análise será feita oportunamente quando da apreciação de diversas ocorrências normativas e do perfil de sua aplicação prática".

uma nova ideologia e uma nova compreensão do processo civil. É nítida a inspiração neoconstitucional e pós-positivista, havendo sempre a preocupação em sintonizar as regras legais com os princípios constitucionais. Nesse contexto, para Humberto Dalla Bernardina de Pinho e Marcelo Mazzola (2019, p. 33),

> "institutos foram revistos, o procedimento foi abreviado, deu-se mais valor aos precedentes, viabilizou-se a tramitação do processo por meio eletrônico. Enfim, investiu-se na proclamada efetividade."

Além disso, por aportarem novos paradigmas, dependerão, e muito, do entendimento de cada operador e, por que não dizer, de cada usuário sobre as interpretações dos objetivos propostos pelo legislador.

Nesse sentido, importante lembrar o impacto linguístico que este microssistema reproduz, sobretudo com os novos paradigmas que constroem a nova cultura jurídica, não somente no contexto privado, mas também no público, em especial a Administração Pública.

4.4 Observações pontuais sobre o impacto linguístico no ordenamento jurídico brasileiro do Marco Legal da Mediação e dos dispositivos sobre Mediação no Código de Processo Civil

Para tratar dos impactos linguísticos relativos aos diplomas legais em tela, necessário se faz lembrar dos elementos relativos às inovações propostas, à luz dos seus significados concretos. Tais significados incluem não somente os atores envolvidos, mas também os que direta e indiretamente também são por elas afetados, tendo em vista a linguagem utilizada pelo legislador a fim de se alcançar efetivamente sua intenção ao editar as referidas normas.

Não se deve olvidar que a metodologia também está inclusa, pelo fato de oferecer também novos parâmetros.

Como já mencionado anteriormente, vários foram os motivadores do legislador, que o impulsionaram para a elaboração de ambos os textos, porém destacam-se a inovação, a adequação ao momento, o volume de processos nos tribunais brasileiros, a litigiosidade corrente em todo o território nacional, a morosidade dos processos, dentre muitos outros. Tais elementos fizeram com que uma voz que há muito clamava por ser escutada passasse a sê-lo, porém sem a intenção de se constituir na única solução para as dificuldades em curso, mas uma perspectiva de oferecer um caminho de maior autonomia para os cidadãos. Em outras palavras, a voz de Kazuo Watanabe (2019, p. 65), que ressoava na defesa da mudança "da cultura da sentença para a cultura da pacificação", passou a ser ouvida. Por isso, destaca Jacqueline Lima Montenegro (2016, p. VII), "a Mediação chega a nosso ordenamento jurídico e a nossa prática profissional como uma mudança de paradigma", isto é, distanciando-se de um sistema que há anos estimulava a judicialização dos conflitos como única saída possível para alcançar a pacificação de interesses, para uma nova forma cuja essência é o estímulo à solução consensual, negociada e alcançada pelos próprios contendores a partir da ajuda do mediador. No entanto, como mencionado anteriormente, a legislação em referência buscou manter a prática até então existente. Por isso, importante recordar que as características da atividade já praticada no País foram preservadas na legislação. Tais características são, dentre outras, a de preservar os elementos contratuais presentes na Mediação, como será observado mais adiante.

Com base nestes elementos, importante se faz apresentar breves considerações relativas ao sentido que as palavras "impacto linguístico" significam conjunta e separadamente. Convém lembrar que impacto é uma palavra originária do latim *impactus*, que significa choque de um objeto contra o outro, ou mesmo o efeito de uma ação humana ou da natureza sobre alguma coisa ou pessoa. O termo "linguístico", por seu turno, é de origem francesa, concebido como ciência, que se ocupa dos fatos e estudos sobre a linguagem, aqui entendida como uma forma de comunicação, em que se expressa por signos, pensamentos, ideias, opiniões e sentimentos. Como se refere às consequências das referidas inovações, nada mais lógico que a análise seja feita a partir do discurso legislativo empregado. Nesse sentido, resgatando-se a definição de Saussure (2002, p. 13) para o discurso, que considerava a própria "linguagem em ação", importante observá-lo como um fenômeno linguístico concreto com repercussão nas relações interpessoais.

Por outro lado, não se pode esquecer da importância da linguagem como fundamento do fenômeno jurídico, baseada em seus elementos linguísticos, que, de acordo com o mesmo autor (2002, p. 56), consistem em

> uma série de diferentes de sons combinados com uma série de diferentes ideias, confrontadas com um certo número de signos acústicos, com outras tantas divisões feitas na massa do pensamento, engendrando um sistema de valores. Justamente este sistema de valores, que constitui o vínculo efetivo entre os elementos fônicos e psíquicos no interior de cada signo. Conquanto o significado e o significante sejam considerados, cada qual à parte, puramente diferenciais e negativos, sua combinação é um fato positivo; é mesmo a única espécie de fatos que a língua comporta, pois o próprio da instituição linguística é justamente manter o paralelismo entre essas duas ordens de diferenças.

Acrescido aos elementos acima, oportuno transcrever o que Maria Celeste dos Santos (1985, p. 126-127) pontifica ao adentrar no campo da linguística, para explicar que "com a frase saímos do domínio da língua como sistema de signos e se penetra em outro universo, o da língua como instrumento de comunicação cuja expressão é o discurso". Ela coincide com Saussure, pois para ela "o objetivo da análise linguística é o discurso. Somente através do discurso pode-se conhecer a linguagem, isto é, a totalidade dos elementos de expressão atuais ou possíveis e as regras para sua combinação".

A distinção entre língua, linguagem e discurso foi feita com muita propriedade pelo mesmo linguista, Ferdinand de Saussure, em seu *Curso de Linguística Geral*. Nele, o autor define que a fala (a linguagem), embora suficientemente concreta, não é integral como um conjunto de eventos. Os seus sons implicam movimentos de fala e ambos, como instrumentos de pensamento, implicam ideias. As ideias, acrescenta, têm um aspecto social e um aspecto individual, e a cada instante a linguagem subentende um sistema estabelecido e uma evolução. A língua, para ele, não se confunde com a linguagem. É um produto social, ou seja, um modelo geral e constante que existe na consciência de todos os membros de uma comunidade linguística determinada. A linguagem é uma faculdade intrínseca, enquanto a língua é convencional e adquirida. A língua é um sistema de signos. A linguagem é representada pelo binômio língua/fala.

Por outro lado, seguindo as palavras Maria Celeste dos Santos 1985, p. 131), "há que se fazer uma distinção entre expressões e atos-discurso". Nas primeiras, incluem-se asserções e enunciados declamatórios e os segundos envolvem imperativos, valorações e expressões normativas. Além disso, também é necessário fazer a distinção entre discurso descritivo e prescritivo, sendo o primeiro passo para clarificar o que seja poder ao conhecer os diferentes níveis da análise linguística e as diferentes possibilidades que ela comporta. O fenômeno linguístico concreto é o discurso. Para ela, um ato-discurso é uma sequência fonética de estrutura sintática correta com significado semântico e função pragmática. Por isso, discurso é qualquer uso concreto da linguagem, seja pela sequência de sons (fonemas – unidade de linguagem), seja por conjunto de frases, a partir de uma sequência de caracteres (morfemas). Como a referida autora enfatiza, as palavras por si nada significam e passam a ter um significado quando um pensador as usa para representar algo ou para uma determinada acepção, daí o poder da palavra. O discurso é toda prática enunciativa considerada em função de suas condições sociais de produção, que são fundamentalmente condições institucionais, ideológico-culturais e histórico-conjunturais.

A mesma autora (1985, p. 153) salienta, ainda, que

> a linguagem surge de um tecido subjacente de potencialidade para a compreensão de um laço de empatia entre pessoas, de compartilhar uma estrutura, uma capacidade para identificar-se com o outro. Tal potencialidade para a compreensão está constituída muito mais que por meras palavras: implica uma condição em que o nós denota uma entidade real, um vínculo que une potencialmente as pessoas.

A partir deste vínculo dialético entre as pessoas, o indivíduo se encontra ligado e vinculado aos demais; ao mesmo tempo, é independente deles. A noção de ponte do símbolo é facilmente identificada ao se buscar sua origem grega, que indica o que aproxima unindo ou que reúne diferentes aspectos, consciente e inconsciente, individual e social, passado e presente. Por isso, Flavio Straus e Guilherme Fernandes (2018, p. 131) acrescentam: "a importância da língua numa cultura em evolução é sua capacidade de fornecer formas simbólicas através das quais podemos nos revelar e os outros podem ser revelados a nós", sendo este fator o diferencial do ser humano dos demais animais.

Para serem apreciados os principais aspectos da linguagem das normas jurídicas com o intuito de interpretá-las e aplicá-las, Adelmo Fioranelli Junior (1995, p. 83) considera importante inicialmente fazer referência à linguagem natural. Para isso, é necessário fazer a distinção entre signo e símbolo. O primeiro expressa uma representação natural da realidade. "Exemplo: poças de água na rua representam que choveu naquele lugar, um nexo de causalidade entre o fato e a interpretação realizada". Os símbolos expressam uma representação cultural da realidade. Seu uso é decorrente de costumes e convenções sociais. Como sabido, a linguagem consiste no sistema de símbolos articulados por uma comunidade para representar a sua respectiva realidade, que se divide em linguagem natural e artificial. Para o referido autor, a primeira é a de que os usuários se servem na comunicação normal e cotidiana. A segunda, por seu turno, é aquela elaborada teoricamente para fins de compreensão rigorosa de uma determinada realidade. A expressão linguística das normas jurídicas abrange necessariamente palavras e expressões da linguagem natural, o que não significa que não possam conter alguns termos técnicos, elaborados pela teoria jurídica e incorporados aos textos legislativos. E o são sob este aspecto, face à necessidade de seu cumprimento pelos seus destinatários. Ele alerta que não se pode confundir a linguagem da norma jurídica com a linguagem das proposições normativas. E aponta ser o propósito básico do jurista não simplesmente compreender um texto, como faz, por exemplo o historiador ao estabelecer-lhe o sentido e o movimento no seu contexto, mas também determinar-lhe a força e o alcance, colocando o texto normativo em presença dos dados atuais de um problema.

Nesse sentido, a intenção do jurista não é apenas conhecer, mas conhecer tendo em vista as condições de debilidade de conflitos com base na norma enquanto diretiva para o comportamento.

Quanto aos elementos acima, convém trazer à luz as palavras de Clarice von Oertzen de Araújo (2005, p 45-46), que alerta que:

> para que uma norma apresente o estatuto de mensagem, é necessário que ela deflagre um significado. O significado das normas está, mediata ou imediatamente, relacionado com a ordenação das condutas humanas em sociedade.

Ou seja, o seu significado é a informação que transmitem. Transmitem comandos que poderiam ser classificados em obrigações, permissões e proibições. Para ela, uma mensagem constitui um grupo finito de elementos, retirados de um repertório e dispostos em forma sequencial, conforme padrões de organização sintática, previamente estabelecidos pelo próprio código (ortografia, sintática, lógica, gramática). No sistema jurídico, é possível identificar mensagens como uma sequência de enunciados prescritos combinados, constituindo-se na norma jurídica. Esta constatação leva Oswaldo Peregrina Rodrigues (2016, p. 9) a afirmar que

> as relações sociais sofrem mutações no mundo do fato, rotineiramente; quando possível o legislador as ampara, editando normas legais que assegurem, protejam e garantam os direitos e interesses, como os respectivos deveres, decorrentes desses relacionamentos.

Nesse sentido, o Direito não pode deixar de acolher os anseios da sociedade, pois, uma vez que os valores sociais se alteram ao longo do tempo, da mesma forma deve ocorrer a valorização jurídica, para que as normas alcancem o seu real sentido.

Todos estes elementos constituem importantes aspectos para explicar a escolha do discurso feita pelo legislador sob os auspícios da Lei nº 13.105/15 e da Lei nº 13.140/15, quer seja pela sequência de sons, quer seja pela sequência de caracteres, que repercutem no seu destinatário, pois a proposições são portadoras de um determinado significado a partir da linguagem jurídica. Nesse sentido, Sesma (1989, p. 30) afirma que "a linguagem jurídica se divide em: linguagem legislativa e linguagem dos juristas". A primeira, também conhecida como linguagem da lei, é formulada pelos textos legais e demais fontes do direito. A segunda compreende a linguagem utilizada pelos juízes e advogados que se referem à primeira. E acrescenta que, sob o ponto de vida semântico, a segunda é a metalinguagem da primeira, pois constitui a linguagem do objeto.

Ao se falar nos textos legais sobre a Mediação, é importante reforçar que a linguagem empregada buscou oferecer os elementos acima, porém dependerá dos atores envolvidos nesta relação a implementação de suas previsões, daí a importância de se falar da distinção entre linguagem da lei e linguagem dos juristas, muito bem pontuada por Sesma. Além disso, fundamental enfatizar que a execução ou não dependerá, e muito, da interpretação a ser dada não somente por seus atores, como dito acima, mas também dos operadores do Direito, advogados, membros do Ministério Público e da Magistratura, assim como todos os demais atores que compõem a sociedade. Por isso, a tópica está na perspectiva pessoal de cada de seus integrantes e, com certeza, influenciará o pensamento para a implementação na conformidade do proposto pelo legislador, tanto nos parâmetros percebidos por todos os envolvidos nas posturas no dia a dia daquela relação, como também na forma de resolução de eventuais conflitos que enfrentam e enfrentarão a futuro. Nesse sentido, é importante lembrar os exemplos trazidos, que acabaram por ferir as intenções do legislador, que, ao propor mudanças, idealizou uma adequação ao momento econômico, que continuará se refletindo nas mudanças e em eventuais retrocessos, necessitando do respaldo dos operadores do Direito e dos usuários também.

Ao mesmo tempo, é fundamental lembrar as palavras de Silvio de Salvo Venosa (2017, p. 109), que sustenta que "aplicar e interpretar o direito é uma operação complexa una. O intérprete é, em síntese, um renovador, porque atualiza e adapta a compreensão das normas para o momento atual". Nesta mesma direção, Paulo de Barros Carvalho (2015, p. 86) acrescenta que "interpretar o direito é conhecê-lo, atribuindo valores aos símbolos, isto é, adjudicando-lhes significações e, por meio dessas, fazer referência aos objetos do mundo". A interpretação pressupõe o trabalho penoso de enfrentar o percurso gerador do sentido, fazendo com que o texto possa dialogar com outros textos, no caminho da intertextualidade, instalando-se a conversação das mensagens com outras mensagens, passadas, presentes e futuras, numa trajetória sem fim, expressão da inesgotabilidade. E conclui o mesmo autor (2015. p. 93) que

> segundo os padrões da moderna ciência da interpretação o sujeito do conhecimento não extrai ou descobre o sentido que se achava oculto no texto. Ele o constrói em função de sua ideologia e, principalmente, dentro dos limites de seu universo de linguagem. Exsurge, com muita força, o axioma da inesgotabilidade do sentido – ao lado da intertextualidade – que opera não só no território do sistema do direito posto, mas o transcende, na direção de outros segmentos do saber.

Por oportuno, convém lembrar as palavras de Carlos Alberto de Salles (2018, p. 5), que destaca que a Resolução n° 125 do CNJ, as disposições específicas do Código de Processo Civil de 2015 e a Lei de Mediação trouxeram forte incremento para o tratamento jurídico das soluções consensuais de conflitos. Esse progresso na disciplina jurídica da matéria, no entanto, não foi suficiente para enraizar este instituto nas práticas cotidianas do profissional do Direito.

Para ele, as dificuldades do Direito em relação à Mediação se colocam a partir de pelo menos três polos distintos, representativos de elementos característicos desse mecanismo consensual. Em primeiro lugar, a interdisciplinaridade, por meio da qual o conhecimento de Mediação se constrói. Em segundo, o enfoque não dogmático que ela exige para o manejo de seus instrumentos básicos. Por fim, em terceiro, a difícil apreensão do relacionamento da solução mediada com o Direito, apontando para a necessidade de seu desenvolvimento à sombra do Direito. Na mesma linha, Maurício Morais Tonin (2019, p. 22) aponta que

> não é difícil perceber que os esforços dos processualistas e do legislador ainda não produziram os resultados esperados, por vários possíveis fatores, entre eles a cultura de litigiosidade impregnada na sociedade brasileira e nos próprios operadores do direito.

Tal dificuldade é explicada por Paulo de Barros Carvalho (2015, p. 78), que esclarece:

> o comportamento de quem pretende interpretar o direito para conhecê-lo deve ser orientado pela busca incessante da compreensão desses textos prescritivos. Ora, como todo texto tem um plano de expressão, de natureza material, e um plano de conteúdo, por onde ingressa a subjetividade do agente para compor as significações da mensagem, é pelo primeiro, vale dizer, a partir do contato com a literalidade textual, com o plano dos significantes ou com o chamado plano de expressão, como algo objetivado, isto é, posto intersubjetivamente, ali onde estão as estruturas morfológicas e gramaticais, que

o intérprete inicia o processo de interpretação, propriamente dito, passando a construir os conteúdos significativos dos vários enunciado ou frases prescritivas. Tudo isso, porém, requer o envolvimento do exegeta com as proporções inteiras do todo sistemático, incursionando pelos escalões mais altos e de lá regressando com os valores axiológicos ditados por juízos que chamamos de princípios.

Nesse sentido, merece ser destacado que todos os instrumentos propostos em ambas as leis estão ainda em construção, muito embora ambas, por sua linguagem prescritiva, já demandem o dever ser, sobretudo tendo em vista os princípios nelas elencados. No entanto, não parece claro para a comunidade jurídica e, muito menos para a sociedade, o percurso gerador do sentido efetivo de ambas as normas, já que resistências persistem e ações desconformes são praticadas, com base em leituras associadas à inexistência de experiências anteriores. Tudo isso para apontar que a Mediação, além de ser um método de solução de conflitos, constitui-se também em elemento de acesso à ordem jurídica justa, baseada na vontade de seus participantes de dela fazer uso e, com isso, construírem o futuro para si mesmos. E, como tal, é uma convenção entre todos os que desejem dela participar, podendo resultar em outra convenção. Nesse sentido, é essencial ressaltar que a atividade, o método ou o processo de transformação de conflitos pressupõem aspectos contratuais com todas as repercussões a eles inerentes. Assim é que o estudo sobre tais aspectos passa a ser fundamental para melhor entendimento de seus parâmetros nas áreas mencionadas anteriormente e, sobretudo, no contexto da Administração Pública, foco final do presente trabalho.

5. MEDIAÇÃO E SUA PERSPECTIVA CONTRATUAL

Como mencionado anteriormente, com o advento das leis, objeto de breves comentários acima, a Mediação passou a ser um instituto positivado e regulamentado no ordenamento jurídico brasileiro. Adquiriu, entretanto, uma identidade complexa e, talvez, de um peculiar hibridismo, muito decorrente dos aspectos históricos de sua prática no País. Necessário lembrá-los a fim de melhor expressar que ela propõe para que possa ser mais bem empregada em inúmeros contextos, especialmente no âmbito da Administração Pública, cujo universo é de amplo espectro. Com isso, intenta-se compreender a essência do instituto e os elementos que o constituem, construindo-se suas características, lembrando que estão embasados em princípios. Em outras palavras, é possível elaborar sua melhor moldura e qualificação a partir de seus princípios, os quais Maria Helena Diniz (2005, p. 34) enfatiza consistirem na "afinidade que um instituto tem em diversos pontos, com uma grande categoria jurídica, podendo nela ser incluído a título de classificação".

Tendo como referência as premissas acima, cabe lembrar o mencionado anteriormente de que a Mediação já vinha sendo utilizada no Brasil desde meados da década de 90 do século passado. E em sua prática o componente contratual foi sua marca. Desta forma, tornou-se instrumento de uma política pública do Poder Judiciário, a Política Pública de Tratamento Adequado de Resolução de Disputas do CNJ, a partir de 2010, com a Resolução CNJ n° 125/2010. Mesmo neste momento, assim como desde o início de sua prática, sempre foi utilizada como convenção entre os participantes, já que dela participavam a partir da exposição efetiva de suas vontades. Vários são os exemplos, tanto no contexto extrajudicial, quanto no judicial. Dentre eles, poderiam ser mencionados os regulamentos das instituições de Mediação e arbitragem, que já existiam muito antes do advento da Lei nº 13.140/ 2015, as quais haviam adotado o método como um dos serviços à disposição da sociedade.

As referidas instituições previam em seus respectivos instrumentos legais: (i) cláusulas padrão, em que indicavam a melhor forma de como inseri-la em um contrato, com base na pré-disposição de utilizar a Mediação e a referida instituição; (ii) regulamento de Mediação, onde se encontrava a forma como a Mediação se realizaria naquela instituição; e (iii) a oferta de uma minuta de contrato de Mediação, denominado Termo de Mediação, para auxiliar os futuros mediandos a se nortearem no procedimento por eles escolhido. Na verdade, esta prática tomou emprestada a experiência da arbitragem das instituições brasileiras para a Mediação institucional brasileira. Importante lembrar que o mesmo já ocorria com as Mediações realizadas fora de uma instituição, denominadas, no mundo jurídico, Mediação *ad hoc*[16], ou as realizadas por mediador independente em seu escritório ou consultório.

Por oportuno, convém lembrar Carlos Suplicy de Figueiredo Forbes (2019, p. 194-197), ao traçar um breve histórico da trajetória da Mediação junto ao Centro de Arbitragem e Mediação da Câmara de Comércio Brasil-Canadá, um dos mais antigos do gênero, se não o mais antigo, fundado em 1979.

O autor esclarece que, em 1998, o referido Centro introduziu um

---

16. O termo *ad hoc* foi emprestado da arbitragem, remontando à vigência da Lei nº 9.307/96 e significa arbitragem realizada fora de uma instituição administradora de procedimentos, isto é desenvolvida com regras criadas pelas partes e o árbitro imparcial e independente, sem qualquer conexão com alguma instituição. Portanto, para a Mediação também valem tais elementos, pois poderá ser desenvolvida fora de uma instituição.

Roteiro de Mediação, explicando que a ideia era a de disponibilizar os serviços de Mediação aos interessados, baseados em providências preliminares,

> como uma reunião inicial, para apresentar a metodologia de trabalho, as responsabilidades dos participantes e do mediador, e todas as outras informações necessárias, inclusive com o auxílio da escolha do mediador e a apresentação de uma minuta do Termo de Mediação. Em 2012, o roteiro foi ampliado e passou a se chamar Regimento de Mediação, com todos os elementos anteriores, porém mais aperfeiçoados, com melhor preparo para os participantes com a reunião inicial chamada de pré-mediação e demais instrumentos mais adequados ao momento. E com o advento da Lei de Mediação, tornou-se necessário atualizar as regras da Mediação. Não porque havia incompatibilidade ou incongruência com as normas existentes no CAM-CCBC, mas porque houve uma decisão estratégica de investir em Mediação Empresarial, acreditando que a evolução cultural dos negócios no Brasil implicaria maior conhecimento e utilização do instituto. Após longo e detido estudo de comissão especialmente criada para análise e detalhamento da legislação, em agosto de 2016 novo Regulamento veio a desenhar procedimento mais detalhado e sistemático, para que o usuário melhor faça uso da mediação, incluído cláusula padrão, reunião prévia e minuta do Termo de Mediação.

Outro exemplo deve ser trazido, pois reforça a perspectiva contratual, porém de maneira verbal, com a utilização da Mediação. Como afirma Guilherme Assis de Almeida (2018, p. 7-8), ao prefaciar o livro *Mediação Familiar: a experiência da 3ª Vara de Família do Fórum do Tatuapé em São Paulo*:

> a primeira peculiaridade a ser ressaltada é o fato de essa equipe de mediadores e mediadoras do IMAB atuar como uma verdadeira câmara privada

de Mediação. Explicando melhor: a câmara privada de Mediação está prevista no artigo 167 do Novo Código de Processo Civil, Lei 13.105/2015. A previsão legislativa é de câmaras privadas, mediadores e conciliadores que atuem no âmbito dos Centros Judiciários de Solução Judicial de Conflitos (CEJUSCs). A equipe de mediadores atua em conjunto com a juíza titular de uma vara de família e sucessões, mas está fora do âmbito dos CEJUSCs, o que torna possível a essa equipe estabelecer seu próprio procedimento de atuação. Importante ressaltar que a equipe do IMAB deliberadamente não tem ciência dos autos do processo judicial e tem a liberdade de determinar o tempo de duração de uma sessão de mediação. Respeita as diretrizes traçadas por Joseph Folger, quando afirma que uma instituição de mediação (como o IMAB) deve assegurar que as práticas de Mediação devem preservar a autodeterminação das pessoas e o diálogo. Nesse sentido, apesar de as sessões de Mediação ocorrerem no espaço físico do Fórum do Tatuapé, sua natureza jurídica não é de uma mediação judicial, pois, como visto anteriormente, não está vinculada aos CEJUSCs, conforme estabelecido pelo artigo 24 da Lei 13.140/2015. Todavia, é importante ressaltar que as pessoas envolvidas nesses processos de Mediação não têm a possibilidade de escolha do mediador – o que contraria o procedimento da mediação extrajudicial (artigo 22, parágrafo 2, inciso III, Lei 13.140/2015) e está em consonância com o procedimento da Mediação Judicial que assevera que(...) mediadores não estarão sujeitos a prévia aceitação das partes (art. 25 da mesma lei).

LM Artigo 25 Na Mediação judicial os mediadores não estarão sujeitos à prévia aceitação das partes, observado o disposto no art 5º desta Lei.

O referido autor acrescenta que um serviço de Mediação como esse possui uma natureza híbrida entre Mediação judicial e extrajudicial, pois ilustra a possibilidade dos mais diversos arranjos institucionais possíveis entre o Poder Judiciário e instituições da sociedade civil. Para ele, o inspirador desta perspectiva é justamente a visão contratual da Mediação, com base na informalidade, pois ocorrerá mediante o encaminhamento do juiz, por um simples despacho, e a partir da efetiva aquiescência dos interessados, com base no princípio da oralidade e autonomia plena da vontade dos participantes.

Sobre tais aspectos, Daniela Monteiro Gabbay (2013, p. 46) coloca uma interessante pergunta: "publicização da Mediação ou privatização do processo judicial?", observando que é recíproca a influência que a Mediação e o processo judicial exercem um sobre o outro. A interação entre ambos se dá a partir de algumas tensões, como as de se regulamentar e processualizar mais a Mediação no âmbito do Judiciário, e de simplificar e flexibilizar mais o processo judicial quando em contato com a Mediação. E acrescenta, "nessa relação entre os aspectos privados e contratuais da mediação e os aspectos públicos do processo judicial, surgiria um terceiro modelo processual para dar conta da mediação no Judiciário", fundindo aspectos públicos e privados como resultado da apropriação pelo Judiciário de modelos privados de resolução de disputas, fazendo com que as partes utilizassem tais modelos.

Mesmo com este novo *status* previsto na legislação em vigor, esse componente sempre esteve presente e ainda se mantém, motivo pelo qual imprescindível se faz apontar os aspectos contratuais identificados na atividade e reforçadas na legislação em referência, muito embora a própria não tenha assim definido.

Ambas as leis, no entanto, não fazem menção a este aspecto, restringindo-se à forma como pode ser desenvolvido seu uso, ao ser prevista em uma cláusula contratual ou no contexto judicial. Preservam suas características contratuais como mencionado anteriormente, mesmo nos aspectos levantados pela legislação em vigor. Fernanda Levy[17] reforça este entendimento, pois salienta que o ordenamento jurídico brasileiro "não cuidou de tipificar a relação contratual daí advinda", baseada na premissa do que Luiz Fernando Guerreiro (2019, p. 44) ressalta:

> a autonomia da vontade é preceito basilar quando discutem contratos. É ela que permite a manifestação de vontade livre com outra de mesma natureza emitida por outro indivíduo representando diverso polo ou grupo de interesses, que se unem para atingir um determinado fim comum.

E Silvio de Salvo Venosa[18] acrescenta:

> quando o ser humano usa de sua manifestação de vontade com a intenção precípua de gerar efeitos jurídicos, a expressão dessa vontade constitui-se num negócio jurídico.

Caio Eduardo Aguirre (2019, p. 49), voltando pontualmente para a Mediação, pondera que esta é contrato,

---

17. LEVY, Fernanda Rocha Lourenço. *Cláusulas escalonadas – A mediação comercial no contexto da arbitragem*. São Paulo: Saraiva, 2013. p. 183. Importante notar que a autora optou por chamar de convenção e não contrato, a fim de "oferecer uma conotação mais ampla à estipulação contratual" (p. 166), fazendo referência ao que Rogério Ferraz Donnini destaca: "no Direito Romano nem todos os contratos tinham força obrigatória. Diferentemente do Direito moderno, contrato e pacto não eram termos sinônimos. O contrato era a *conventio*, dotada de força obrigatória, enquanto do pacto não nascia qualquer ação, não possuindo força obrigatória, mas apenas moral (*ex nudo pacto non nascitur actio*). Posteriormente, o pacto passou a ter força, razão pela qual surgiu a expressão *pacta sunt servanda* (os pactos devem ser observados). Cf. DONNINI, Rogério Ferraz. *Responsabilidade civil pós-contratual*. 3ª Ed. São Paulo: Saraiva, 2011. p. 70.
18. VENOSA, Silvio de Salvo. *Direito Civil* 3º vol. – Contratos. 19ª Ed. São Paulo: Atlas, 2019. p.1. O referido autor esclarece, em parágrafo mais adiante, que, muito embora "nossos Códigos possuam normas gerais de contratos, as verdadeiras regras gerais do direito contratual são as mesmas para todos os negócios jurídicos e estão situadas na parte geral, que ordena a real teoria geral dos negócios jurídicos. Trata-se, pois, de uma estrutura moderna, que não deve ser abandonada, em que pese a necessidade de modernização de velhos conceitos de direito privado. Portanto, para qualquer negócio jurídico, e não apenas aos contratos, aplicam-se as regras sobre capacidade do agente, forma e objeto, assim como em relação às normas sobre os vícios de vontade de vícios sociais. O Código mantém tal estrutura, sob o título 'negócios jurídicos'".

uma vez que, através de acordo de vontades as partes se obrigam a usar esse meio como forma de tratar o conflito entre elas.

Lembra que o contrato consiste em fonte de obrigações, uma espécie de negócio jurídico bilateral, podendo modelar para os próprios integrantes as regras de suas próprias condutas. No mesmo sentido, Fernanda Levy (2013, p. 182) reforça:

> conferimos natureza contratual à convenção de mediação, pois as partes, por meio do exercício da autonomia privada, se unem (o vocábulo *contractus* significa unir, contrair) para buscar a composição amigável de interesses contrapostos existentes ou futuros e elegem a mediação como mecanismo facilitador dessa tarefa.

Da mesma maneira, Carlos Alberto de Salles (2011, p. 202) esclarece que o contrato está na base de qualquer mecanismo não estatal de solução de controvérsias:

> Afinal, esses mecanismos não são dotados de compulsoriedade, atributo próprio dos sistemas estatais, nos quais a participação é obrigatória, sob pena de não se responder a determinados ônus processuais e correr o risco de um resultado negativo no processo.

A esse propósito, a convenção estabelecida entre os participantes exerce o papel de dotar de obrigatoriedade o mecanismo escolhido por eles para solucionar suas disputas. Sua submissão e participação no procedimento próprio ao mecanismo escolhido, de maneira diversa do verificado no processo judicial ou administrativo, depende desse prévio encontro de vontades das partes envolvidas. Esse encontro de vontades, ou consenso, deve ser inicial e sua formalização, muitas vezes, é imprescindível como medida de garantia de seu desenvolvimento.

Nessa mesma direção converge José Roberto de Castro Neves (2017, p. 2), ao afirmar que

> o ordenamento jurídico admite que um acordo de vontades sirva como fonte de obrigações. Se duas ou mais pessoas capazes chegam a um consenso, ajustando como elas devem agir, dá-se a esse encontro de vontades, desde que seu objeto seja lícito, uma força especial. Se uma das partes, depois de celebrado o ato, decide descumpri-lo, a parte interessada tem como reclamar que a atividade estabelecida, aquela que a contraparte se comprometeu a adotar, seja desempenhada. O nome desse acordo de vontades é contrato,

ocupando, portanto, posição proeminente entre as fontes de obrigação. Por isso, acrescenta o mesmo autor (2017, p. 3), que sem o poder que o ordenamento jurídico dá ao contrato,

> a sociedade viveria em absoluta insegurança e conflito. Se os acordos firmados não tivessem força, nada impediria que as pessoas simplesmente mudassem de ideia e não respeitassem o que antes combinaram. Para garantir a tranquilidade social, dá-se ao acordo de vontade enorme repercussão.

Como enfatiza Sidney Bittencourt (2015, p. 23),

> o contrato confunde-se com as origens do próprio Direito, notadamente quando se alargaram os ajuntamentos civilizados e a circulação de riquezas. Sem dúvida, o progresso econômico mundial alicerçou-se paulatinamente sobre as bases do direito contratual.

E salienta, como Fernanda Levy (2013, p. 182), que a palavra "contrato" possui sua origem no latim *contractus*, cujo sentido é ajuste, pacto ou transação. Exterioriza uma convenção entre pessoas com um objetivo específico ou mesmo um acordo com a intenção de adquirir, resguardar, modificar ou extinguir direitos como mencionado anteriormente.

Por isso, sua acepção, afirma Orlando Gomes (2007, p. 245), situa-se no campo das obrigações, pois para ele contrato é um "negócio jurídico bilateral, ou plurilateral, que sujeita as partes à observância de conduta idônea à satisfação dos interesses que regularam". E não deixa de ser espécie do gênero negócio jurídico. Em ambos os casos, muito embora com menos integrantes, dá-se o que Maria Helena Diniz (2008, p. 30) define como contrato, que "é o acordo de duas ou mais vontades, na conformidade da ordem jurídica, destinado a estabelecer uma regulamentação de interesses entre as partes, com o escopo de adquirir, modificar ou extinguir relações jurídicas de natureza patrimonial". Entretanto, Marcos Gomes da Silva Bruno (2005, p. 41) pondera que "pode haver contrato que não estabeleça relações patrimoniais, por exemplo: o casamento".

Paulo Sérgio Velten Pereira (2018, p. 67), ao pontuar sua evolução, desde o antigo regime, passando pela modernidade e agora com a pós-modernidade, salienta que

> o contrato é um elemento histórico-cultural que exprime valores, expressa o mundo do dever ser (*Solen*), conectado ao poder da vontade humana de estabelecer vínculos reguladores do pactuado com outrem. Como fonte formal do Direito, fonte de natureza negocial, o contrato gera modelos jurídicos prescritivos cujos significados se alteram através do tempo diante de fatos e valores supervenientes. Mas sua essência, sua diretriz normativa obrigatória, apta a instaurar vínculos de caráter coercitivo, como algo inerente ao poder de decidir, é e sempre será a mesma, por isso faz parte do âmbito material de validez do contrato. Não há contrato que não seja emanação da autonomia privada, da potestade deferida ao cidadão para que ele possa decidir sobre o bem da vida que pretende usufruir. E uma vez firmado, não há contrato, mesmo os de natureza coativa, que não vincule os sujeitos ou que não os obrigue ao

dever de prestar, de cumprir o objeto de prestação. Isso é da essência e da natureza do contrato.

Em outras palavras como afirma Renato Grecco (2019, p. 18), o "contrato pressupõe a congruência entre duas ou mais declarações negociais contrapostas e convergentes, tendo como substrato uma operação econômica, por meio da qual as partes visam constituir, modificar ou extinguir relações jurídicas patrimoniais", ou não. Nesse sentido, a obrigação da qual o contrato é fonte constitui-se no vínculo jurídico em que uma pessoa pode exigir de outra alguma prestação nele incluída. E considera, ainda, que o vínculo jurídico é o núcleo central das obrigações, sendo baseado no consenso, que, por sua vez é seu elemento central. Nesse sentido, pondera que o consenso nada mais é do que o acordo entre as partes, sem o qual o contrato não existe. Em reforço, o embasamento para o entendimento se constituir em contrato não somente inclui as disposições legais constantes do Código Civil em vigor relativas aos contratos, mas, sobretudo, o artigo 107º do mesmo diploma legal que assim expressa:

> CC. Artigo 107. A validade da declaração de vontade não dependerá de forma especial, senão quando a lei expressamente a exigir.

Portanto, a evolução que se realizou com os contratos, ao longo de sua existência, mesmo com o advento do Estado Social, com a tutela dos interesses sociais, em sendo negócio jurídico deve atender aos requisitos mínimos previstos em lei, mais especificamente o artigo 104 do Código Civil, que determina contemplar seus requisitos de validade, isto é, ser constituído por um agente capaz, possuir objeto lícito, possível, determinado ou determinável e forma prescrita ou não em lei. Importante notar que este último requisito é relativo, pois o artigo 107 da mesma norma expressamente declara que a validade da manifestação de vontade não depende de forma especial a não ser quando a lei expressamente exigir. Além disso, deve ser reforçada a perspectiva oferecida por Carlos Alberto de Salles[19], que leciona: "a base jurídica para o funcionamento de técnicas privadas de resolução de controvérsias é eminentemente contratual, seja o contrato formalizado ou não". Por isso, Caio Eduardo Aguirre (2019, p. 50), esclarece:

> convém registrar que as partes não precisam, necessariamente, entabular um contrato formal, escrito, para que criem entre si o vínculo obrigacional, já que no direito brasileiro, em relação à forma dos negócios jurídicos, vige o consensualismo, isto é, a forma dos negócios jurídicos é livre, salvo quando a lei exigir o contrário.

Importante sublinhar este último elemento, pois será objeto de análise a perspectiva contratual da Mediação mesmo sem um instrumento escrito, pois vale também o verbal, já que transcende a vontade expressa daqueles que por ela optaram.

Além disso, é relevante lembrar que Luís Fernando Guerreiro (2019, p. 47) apresenta duas situações decorrentes da perspectiva contratual que devem ser sempre levadas em consideração, a saber: a primeira delas se refere à maior planificação dos integrantes de um contrato em criar "praticamente um sistema de

---

19. SALLES, Carlos Alberto de. *Arbitragem em Contratos Administrativos*. Rio de Janeiro: Forense, 2011. p. 202. Impende observar que, neste mesmo trecho, o autor, abordando o papel da convenção de solução alternativa de controvérsias no contexto de contratos administrativos, esclarece que "o contrato está na base de qualquer mecanismo não estatal de solução de controvérsias. Afinal, esses mecanismos não são dotados de compulsoriedade, atributo próprio dos sistemas estatais, nos quais a participação é obrigatória, sob pena de não se responder a determinados ônus processuais e correr o risco de um resultado negativo no processo. A esse propósito, a convenção estabelecida entre as partes exerce o papel de dotar de obrigatoriedade o mecanismo escolhido pelas partes para solucionar suas disputas. Sua submissão e participação no procedimento próprio ao mecanismo escolhido, de maneira diversa ao verificado no processo judicial ou administrativo, depende desse prévio encontro de vontades das partes envolvidas. Esse encontro de vontades, ou consenso, deve ser inicial e sua formalização, muitas vezes, é imprescindível como medida de garantia de seu desenvolvimento".

solução de controvérsias", tornando-o adequado para eventual futuro conflito que possam ter. A segunda situação é decorrente de outro cenário, no qual o conflito já existe e a intenção dos envolvidos é utilizar a Mediação para superá-lo. E conclui que a Mediação, no tocante a sua origem contratual, não constitui acordo sobre o mérito do conflito, muito embora os participantes possam chegar a isso, mas significa concordância de vontades de como tratá-lo, seja preventivamente, seja diante dele.

Nesse sentido, ele ressalta que ambas as perspectivas levam às previsões contidas no Código Civil em vigor, ao identificar os tipos de contrato, a saber: compromisso e transação. O primeiro previsto nos artigos 851, 852 e 853 e o segundo, nos artigos 840 a 849.

Ambos os institutos, hoje considerados tipos de contrato, passaram por uma evolução ao longo do tempo, pois outrora eram considerados formas de extinção de obrigações. Com relação ao primeiro, recebeu forte influência quando da entrada em vigor da Lei nº 9.307/96, revogando os dispositivos do Código Civil vigente à época. Como esclarece Silvio Rodrigues (2005, p. 380), consiste no "ato de vontade capaz de criar relações na órbita do direito e, por conseguinte, negócio jurídico", que se ultima pelo consenso de vontade de duas ou mais pessoas que indicam como resolverão suas diferenças. Já a transação, como ressalta José Roberto de Castro Neves (2017, p. 205), é um contrato antigo, "delineada pelos romanos, que a chamavam de *transactio*. Nela as partes cedem mutuamente para chegar a um acordo, pondo fim a uma incerteza jurídica". Classicamente, via-se a transação apenas como um ato declaratório. Por meio dela, as partes apenas declaravam uma nova situação, extinguindo uma discussão. Hoje, contudo, admite-se que, ao extinguir uma obrigação, pode haver uma natureza constitutiva, como ocorre se alguém, para resolver uma disputa, transfere um bem a outra. Evidentemente, se a obrigação antiga se extinguir pela criação de outra, haverá, na realidade, uma novação. Assim, a transação se caracteriza por ser uma forma de extinção completa da lide que antes havia entres as partes, podendo ocorrer antes de iniciado um litígio judicial ou arbitral, ou mesmo em seu curso. Luís Fernando Guerreiro (2019, p. 63-64), ao destacar o avanço que o Código Civil e o Código de Processo Civil promoveram para a transação, enfatiza que "está sedimentado o entendimento de que a transação representa uma forma de prevenção ou extinção de litígios, não necessariamente de obrigações". Ampliou-se, portanto, o campo de utilização do instituto, conferindo-lhe um caráter relevantíssimo na disciplina dos métodos de solução de controvérsias. Cabe lembrar que os dispositivos legais em referência restringem o objeto de ambos os contratos, limitados a direitos disponíveis, muito embora seja pertinente enfatizar que, quando se trata da Mediação, a legislação em vigor permite ser empregada para direitos indisponíveis que admitam transação.

Diante dos elementos apresentados, pode-se afirmar que as Leis n° 13.105/15 e n° 13.140/15 conferem os componentes contratuais que inspiram a Mediação de conflitos no Brasil. Ao mesmo tempo, como mencionado anteriormente, respaldam a prática já existente antes de entrarem em vigor. Importante esclarecer que, por mais próxima que possa parecer de outros tipos de contrato, em especial o compromisso ou mesmo a transação, não se confunde com eles, pois possui características próprias.

Além disso, impende sublinhar que as características contratuais ora invocadas são aquelas que Romeu Felipe Bacellar Filho (2009, p. 157) defende, no sentido de que "se estende ao direito público o módulo contratual, a fim de fundamentar atos consensuais que até então eram construídos como mera manifestação da supremacia do Estado e que reservavam a particular contratante a posição de mero súdito". O mesmo autor preleciona que o contrato é uma categoria jurídica que não pertence – em termos de exclusividade – nem ao direito privado nem ao direito público. Para melhor compreensão das presentes reflexões, faz-se necessário trazer à análise os princípios a eles inerentes. Por conseguinte, o raciocínio que se seguirá passará pela constatação de consistir em um negócio jurídico, seguido dos princípios balizadores do contrato, para depois identificar seus reais parâmetros com base nos elementos a ele inerentes.

Assim é que, como contrato, a Mediação não deixa de ser um negócio jurídico, devendo, portanto, atender aos ditames do artigo 104 do Código Civil, que expressamente determinam sua validade, como um instrumento jurídico, cujo objeto deve ser lícito, possível, determinado ou, ainda, determinável, constituído por pessoas capazes, que, como diz José Roberto de Castro Neves (2017. p. 2), "criam regras com o propósito de orientar seus comportamentos", que não necessariamente tenha que estar previsto em lei.

> CC. Artigo 104 A validade do negócio jurídico requer:
>
> I - agente capaz;
>
> II - objeto lícito, possível, determinado ou determinável;
>
> III - forma prescrita ou não defesa em lei."

Dentro dos aspectos em tela, advêm duas formas que devem ser explanadas, a saber:

1. Aquela que possui característica preventiva, que ocorrerá quando se estabelecer em um contrato uma cláusula específica com a opção sobre o método de resolução de conflitos es-

colhido, chamada de Cláusula de Mediação. Importante esclarecer que se incluem nesta cláusula todos os efeitos previstos na Lei n° 13.140/15, mencionados no subitem 1 do item 3, isto é, a obrigatoriedade dos integrantes daquele contrato de participar de uma primeira reunião de Mediação. Não sendo claro no mesmo contrato como ocorrerá a referida reunião, a própria lei aponta como se realizará. Nesse sentido, como ressalta Fernanda Levy (2013, p. 182), "a Cláusula de Mediação não se confunde com a previsão de conversações informais considerada como simples recomendações às partes na hipótese de surgimento de conflito acerca de uma relação jurídica", sendo, portanto, verdadeira relação jurídica vinculante com a obrigação, aos que dela participam, de submeter eventual conflito que venha a surgir entre eles, devendo inclusive atender todos as suas determinações. Não se pode esquecer de que, conforme a redação contida na Cláusula de Mediação, ela poderá ser institucional ou *ad hoc*, extrajudicial ou judicial. Importante reforçar o que expõe Luís Fernando Guerreiro (2019, p. 64) sobre o caráter preventivo do instrumento, que determina o dever agir dos que dela fazem parte.

2. Outra forma seria aquela em que, diante de uma controvérsia em curso, os envolvidos optam por se submeter a um processo dialógico com a ajuda de um terceiro imparcial e independente, que aceita a função de colaborar com participantes para construir soluções a futuro. Para que se realize a Mediação, recomenda-se que elaborem um instrumento jurídico chamado Termo de Mediação, onde, de maneira antecipada, esteja cada passo do referido processo, sem qualquer vínculo obrigacional de produzir resultado, podendo ser interrompido a qualquer tempo. Como o anterior, poderá ser institucional ou *ad hoc*, extrajudicial ou judicial. E ainda poderá não

existir expressamente, bastando simplesmente a manifestação de vontade daqueles que desejam participar e adotar atitudes que levem à leitura de aceite.

Cabe lembrar, com relação a este último aspecto, o que Oswaldo Peregrina Rodrigues e Isa Gabriela de Almeida Stefano (2010, p. 87) sustentam quanto à manifestação da vontade. Para eles, consiste na declaração de vontade, que para ser válida exige que

> seja feita de forma livre e de boa fé. Ela pode se dar de forma expressa, tácita ou presumida. Expressa: é a realizada por meio da palavra, falada ou escrita, e de gestos, sinais ou mímicas, de modo explícito, possibilitando o conhecimento imediato da intenção do agente. Tácita: se revela por meio do comportamento do agente. Exemplo: aquisição da propriedade por ocupação. Presumida: é a declaração não realizada expressamente, mas que a lei deduz de certos comportamentos do agente. Exemplo: se o devedor estiver na posse do título de crédito, presume-se ter paga a obrigação.

Diante destas observações, pergunta-se se o silêncio seria uma forma tácita ou presumida de expressão da vontade? Os referidos autores (2010, p. 87) respondem no seguinte sentido:

> em regra, o silêncio é uma ausência de manifestação de vontade, não produzindo efeitos no mundo jurídico. Só terá relevância jurídica, sendo interpretado como manifestação tácita de vontade, quando a lei conferir a ele tal efeito. Para que o silêncio seja considerado como anuência é necessário que esteja autorizado pelas circunstâncias ou usos e que a lei não exija a declaração de vontade expressa. Exemplo: se na doação, o doador estipula um prazo para o donatário aceitar ou não a doação, passado o prazo estipulado sem manifestação alguma de vontade, presume-se que a doação foi aceita (artigo 539º do CC).

Tais elementos são dignos de nota, pois serão objeto de outras considerações quando forem tratados aspectos contratuais da Mediação.

Cabe lembrar que se, ao final de um processo de Mediação, os participantes criarem compromissos, tais compromissos também ensejarão vínculos obrigacionais, portanto elaborarão outro instrumento, porém com características próprias, cuja denominação, na prática, é Acordo de Mediação, onde se concretizam todas as obrigações que se propõem.

Todos estes elementos são identificados na Mediação, mesmo sendo não escrita. No entanto, é importante ressaltar que deve ser feita distinção entre os instrumentos, pois estabelecem regras para diferentes participantes, em diferentes momentos e em distintos contextos.

Nesse sentido, deve ser explicitado que, na prática, o chamado Termo de Mediação, tanto judicial, quanto extrajudicial, determina como será desenvolvido o processo de Mediação. E difere em muito do instrumento chamado de Acordo de Mediação, que é resultante de um processo de Mediação, seja judicial ou extrajudicial, que resulta de um processo dialógico, após a execução do primeiro.

Todas estas diferenças voltarão a ser objeto de explanações mais adiante, numa tentativa de esclarecer diversos aspectos a elas inerentes, sobretudo porque, quando se observa a evolução do direito dos contratos, sua grande complexidade aporta novos paradigmas, que acabam por mudar os modelos tradicionais. Nesse sentido, Silvio Venosa (2019, p. 283) observa que

> a coexistência de novas manifestações contratuais com os chamados contratos clássicos nem sempre é pacífica e estreme de dúvidas. Importa em cada caso examinar a evolução do negócio contratual no

curso da história, a fim de obter sua devida classificação e, consequentemente, sua natureza jurídica, crucial para definição dos respectivos efeitos.

E Judith Martins-Costa (2014, p.13) acrescenta:

cabe à doutrina expressar um método de trabalho, reconduzir cada preceito, proibição e conceito vago referido pelo legislador à sua instituição correspondente, ao seu específico setor do ordenamento, estabelecendo um nexo interno, lógico, racional e operativo, construindo soluções jurídicas úteis à realidade e capazes de resolver os problemas da convivência humana.

Além disso, Paulo Sérgio Velten Pereira (2018, p. 50) salienta que,

muito embora não seja dotada de poderes de prescritividade e vinculabilidade (como sucede com os modelos), a doutrina possui poder de fato, um poder persuasivo, que contribui para a formação da experiência jurídica e construção da própria dogmática, compreendida como o campo da ciência do Direito dedicada à interpretação e à sistematização das normas jurídicas.

Todos estes elementos característicos da Mediação também são encontrados quando aplicada no contexto da Administração Pública, pois, quando adotada, seus participantes o farão com todos os seus preceitos, mesmo se inexistir um documento formal assinado por eles, valendo as suas atitudes e intenção, como mencionado anteriormente. Evidentemente, esta característica é mais visível quando se trata de contratos administrativos, mas ocorrerá também em outros contextos com órgãos públicos, como será observado mais adiante.

Com o objetivo de se atingir maior clareza sobre tal constatação, há que se lembrar aspectos relevantes sobre os princípios que norteiam os contratos, sobretudo os que estarão presentes na Mediação, não importando onde seja empregada, inclusive no ambiente da Administração Pública. Antes, porém, cabe lembrar o significado de princípios para ordenamento jurídico, para a Mediação, assim como para a Mediação no contexto da Administração Pública.

5.1 Princípios

Ao se falar em princípios há que se lembrar que etimologicamente o termo princípio, do latim *principium*, oferece a ideia de começo, origem ou mesmo base. Como lembra Roque Carazza (1991, p. 23),

> a palavra foi introduzida por Platão com o sentido de fundamento do raciocínio, para Aristóteles era uma premissa maior de uma demonstração e para Kant toda proposição geral que pode servir como premissa maior num silogismo.

O referido autor considera princípio um enunciado lógico, implícito ou explícito, que, por sua grande generalidade, ocupa posição de preponderância em qualquer área do Direito. Por isso, Adelmo Fioranelli Junior (1995, p. 55) defende que o princípio "vincula, de modo inexorável, o entendimento e aplicação das normas jurídicas com que eles se conectam". Em outras palavras, pressupõe a figura de um patamar privilegiado, que torna mais fácil a compreensão ou a demonstração de algo, podendo ser considerado como pedra angular de qualquer sistema.

Nesse sentido, segundo este último autor, violar um princípio é mais grave que violar uma norma, pois implica ofensa não a um mandamento, mas a todo sistema de comando. A ofensa a ele poderia ser chamada de ilegalidade. Além disso, segundo Virgílio Afonso da Silva (2011, p. 44-45), existem "diferenças de grau entre princípios e regras". A partir de suas diferenças, os primeiros são normas mais importantes para um ordenamento jurídico, ao passo que as regras seriam normas que concretizam os princípios. Além disso, há distinção a partir do grau de generalidade e abstração. Os princípios seriam mais gerais e abstratos que as regras. No entanto, para maior sedimentação da linguagem, é necessário tomar a definição do referido autor como "mandamento nuclear de um sistema, verdadeiro alicerce".

Nesta mesma linha, Rogério Donnini (2015, p. 51) afirma que princípios podem ser confundidos com regras. Todo princípio positivado se consubstancia como regra, daí a confusão. Por isso, explica que princípios e regras são espécies do gênero norma, uma vez que dizem o que deve ser. Constituem-se em "expressões deônticas que podem implicar um dever, uma proibição ou uma permissão". Todavia, há várias diferenças entre eles, assim como critérios idealizados para essa diferenciação. O primeiro deles é o da generalidade; o segundo, a abstração. No entanto, as regras são normas com grau relativamente baixo de generalidade, por exemplo, quando a lei substantiva estabelece que o alienante responde pela evicção nos contratos onerosos. Neste mesmo sentido, Geraldo Ataliba (1998, p. 191) enfatizava que os princípios possuem maior grau de generalidade e constituem mandamentos permanentes *prima facie* e de maneira multifuncional. Por isso, identificava que são chaves e a essência de todo o direito. Nesse sentido, afirmava, "não há direito sem princípios. Eles são a expressão do querer popular, seus objetivos e desígnios, as linhas mestras da legislação, da administração e da jurisdição". As regras jurídicas de nada valem se não forem aparadas em princípios sólidos.

Segundo Selma Ferreira Lemes (2001, p. 30-31), os princípios podem ser classificados em três diferentes funções – (i) fundamentadora e diretiva; (ii) interpretativa; (iii) integrativa (lacunas legais) –, consideradas por ela como "indissociáveis". A referida autora explica, ainda, que a função fundamentadora e diretiva constitui-se nos valores, os quais inspiram todo o ordenamento, cumprindo a função diretiva geral de todo o processo de criação do Direito, expressando um mandato imperativo e impondo o dever de respeitar os valores contidos nas normas jurídicas. A interpretativa determina aos operadores jurídicos o dever de interpretar todos os atos jurídicos em conformidade com os valores imperativos da comunidade. E, por último, a integrativa possui função supletiva, aplicada na falta de norma jurídica ou costume. Em complemento, Humberto Ávila (2019, p. 176 e 218) preleciona que "a compreensão concreta do Direito pressupõe também a implementação de algumas condições. Essas condições são definidas como postulados normativos aplicativos na medida em que se aplicam para solucionar antinomias contingentes, concretas e externas". E explica que os postulados normativos aplicativos constituem-se em normas imediatamente metódicas, que estruturam a interpretação e aplicação de princípios e regras mediante a exigência, mais ou menos específica, de relações entre elementos com base em critérios.

Odete Medauar (2015, p. 148), por seu turno, afirma que

> no direito administrativo, os princípios revestem-se de grande importância. Por ser um direito de elaboração recente e não codificado, os princípios auxiliam a compreensão e consolidação de seus institutos. Acrescente-se que, no âmbito administrativo, muitas normas são editadas em vista de circunstâncias de momento, resultando em multiplicidade de textos, sem reunião sistêmica. Daí a importância dos princípios, sobretudo, para possibilitar a solução de casos não previstos, para permitir melhor compreensão dos textos esparsos e para conferir

certa segurança aos cidadãos quanto à extensão dos seus direitos e deveres.

Corroborando nesta mesma linha de pensamento, Marçal Justen Filho (2018. p. 52-53), enfatiza que

> os princípios obrigam, talvez em termos mais intensos do que as regras. Isso deriva de que o princípio é uma síntese axiológica: Os valores fundamentais são consagrados por meio de princípios, que refletem as decisões fundamentais da Nação. A regra traduz uma solução concreta e definida. Já o princípio indica uma escolha axiológica, que pode concretizar-se mediante soluções concretas diversas. Princípios não se confundem com valores. Aqueles são normas jurídicas diversamente do que se passa com estes. Logo nem todos os valores são normas jurídicas. Um valor se transforma em princípio na medida em que adquire certa característica, especialmente a incorporação de sua obrigatoriedade como uma vivência intersocial, com o seu acolhimento no ordenamento jurídico. Um princípio apresenta validade e eficácia jurídica, de que deriva um cunho vinculante. Já o valor não apresenta essa característica de vinculatividade externa (heteronomia).

5.1.1 Princípios gerais do contrato e sua conexão com a Mediação

Com base nas observações acima, o primeiro princípio que vem à mente quando se trata de contrato é o da autonomia da vontade, pelo fato, já exposto anteriormente, de que se constitui na verdadeira mola-mestra de sustentação da Mediação.

5.1.2 Princípio da Autonomia da Vontade

Paulo Sergio Velten Pereira (2018, p. 59) leciona que, "entre as teorias clássicas do contrato, a do voluntarismo teve um significado marcante para o Direito privado. Segundo essa teoria, que teve seu auge no século XIX, a vontade humana é sempre preponderante na criação, modificação e extinção de direitos e obrigações". Inspirada no liberalismo daquele período, esta teoria sofreu, com a evolução dos modelos jurídicos, limitações a partir do advento da Revolução Industrial, as normas de comportamento concebidas para disciplinar a vida nas grandes metrópoles, a massificação da sociedade, com a massificação dos contratos determinando a necessidade de harmonizar o interesse social com o interesse individual. São exemplo claro os contratos de adesão e os regulamentados, que possuem condições gerais de contratação, nascidos das vicissitudes da modernidade marcada pela massificação e regida pelo automatismo e praticidade decorrentes da padronização em massa.

Outro componente que proporcionou sua limitação foi o princípio da dignidade humana, amparado pela Constituição Federal e conformando o próprio estado de direito. Com isso, segundo Tony Judt (2014, p. 369),

> o voluntarismo perde seu título de nobreza e o individualismo liberal, sua onipotência. Nasce o Estado Social e o Estado de Bem-Estar e com ele a necessidade de intervenção com leis de proteção contra cláusulas contratuais abusivas, que assegurem o equilíbrio de forças e a Justiça contratual.

Inspirado na teoria do voluntarismo, o princípio da autonomia da vontade nos tempos da pós-modernidade deve ser compreendido com a distinção entre a autonomia da vontade e a autonomia privada. Nesse sentido, a primeira, que remonta ao paradigma burguês do individualismo, passou por uma evolução mais coerente com o estado social de direito da pós-modernidade, em que o consenso entre as partes, mesmo sendo legitimado pelo ordenamento jurídico, deve obedecer aos pressupostos de validade. Por isso, Marcelo Timbó (2019, p. 46) salienta que

> de acordo com a noção da autonomia privada, o negócio jurídico não nasce da simples manifestação autônoma de vontade das partes (declaração ou comportamento), deve também estar disciplinada no ordenamento jurídico vigente, obedecendo a todos os pressupostos de validade que este exige (artigo 104º, CC). É esta realidade que vivemos hoje em relação aos negócios jurídicos, na qual a vontade do sujeito deve ser equilibrada com o interesse dos demais indivíduos e de todo o meio social. Em outras palavras, podemos dizer que a vontade autônoma é requisito para a existência do negócio jurídico, mas não é suficiente para a sua validade. Os negócios jurídicos realizados apenas de acordo com a vontade do agente, mas contrários aos preceitos da lei ou aos preceitos de ordem pública, são considerados como negócios ilícitos.

E finaliza o mesmo autor, ressaltando que a autonomia privada é a autonomia da vontade que não desatende a função social, esta última consistindo em outro princípio dos contratos, o do fim social dos contratos, que será analisado mais adiante.

Como já observado, este princípio se constitui na grande mola impulsionadora da Mediação, que existirá se efetivamente seus participantes manifestarem a vontade de iniciar o processo. Da mesma forma, esta vontade necessita se perpetuar ao longo do processo, pois aos participantes caberá interrompê-lo, caso não haja vontade neste sentido.

5.1.3 Princípio da Obrigatoriedade

Silvio de Salvo Venosa (1997, p. 26) esclarece que "em sendo um contrato válido e eficaz deve ser objeto de cumprimento dos contratantes". Baseado nesta premissa, o princípio da obrigatoriedade constitui a base do direito contratual, pois os participantes se obrigam a tomar ações nos parâmetros em que se comprometeram. Cabe lembrar que o referido autor explica ser consequência desse princípio a intangibilidade do contrato. Ninguém pode alterar unilateralmente o conteúdo do contrato, nem pode o juiz intervir neste conteúdo. Essa é a regra geral. As atenuações que a seguir serão analisadas não alteram a substância deste princípio. A noção decorre do fato de terem as partes contratado de livre e espontânea vontade e submetido sua vontade à restrição do cumprimento contratual porque tal situação foi desejada.

Como menciona Marcelo Timbó (2019, p. 50), "existem diversos dispositivos que atestam a permanência da obrigatoriedade dos acordos firmados entre as partes (CC, artigos 389, 390, 391, etc.)", muito embora os conceba mitigados na atualidade em função de outros princípios, dentre eles o da função social e da boa-fé, que serão analisados mais adiante. Na mesma linha, destaca José Roberto de Castro Neves (2017, p. 16) que este princípio se efetivará desde que o compromissado seja coerente com o interesse social. Enfatiza que

> a ideia da obrigatoriedade, embora relevante (e, até mesmo, fundamental), há que ser vista com algum tempero. Com efeito, perde função social o negócio que se transforme num abuso. Eis porque a teoria da imprevisão passou a gozar, mais recentemente, de enorme destaque.

Para ele, a teoria da imprevisão, conhecida como cláusula *rebus sic stantibus*, apenas interfere nos casos em que o fato excepcional, que alterou o equilíbrio do negócio, não era de sua própria natureza aleatório. Nesse sentido, ao se pensar a Mediação, este princípio passa a ser a forma atrativa para a efetiva segurança aos participantes em dela fazer uso e após quando eventualmente contraírem alguma obrigação.

5.1.4 Princípio da Supremacia da Ordem Pública

Como já mencionado, o Código Civil garante às pessoas físicas e jurídicas a faculdade e a liberdade de celebrar ou não contratos, sem a intervenção do Estado. Nesse sentido, possuem ampla liberdade de estabelecer vínculos, criar direitos e obrigações por meio de contratos. Cabe lembrar que esta liberdade não é absoluta, pois possui limitação quanto à ordem pública. Assim, há uma supremacia de que as pessoas devem obedecer a questões de natureza social, moral e bons costumes, a exemplo de limitações impostas por leis especiais, como o CDC ou a lei da economia popular e muitas outras.

De acordo com este princípio, o interesse da sociedade deve prevalecer sobre o interesse individual, quando colidirem. Ele teve origem na constatação, no início do século passado, de que uma liberdade irrestrita de contratar poderia ocasionar desequilíbrios e exploração do mais fraco, tornando necessária a intervenção do Estado para assegurar a igualdade econômica. É de difícil classificação, cabendo aos tribunais decidir em cada caso concreto se a ordem pública está ameaçada. Cabe lembrar o artigo 17 da Lei de Introdução às Normas do Direito Brasileiro, que dispõe que

> LINDB artigo 17 - As leis, atos e sentenças de outro país, bem como quaisquer declarações de vontade, não terão eficácia no Brasil, quando ofenderem a soberania nacional, a ordem pública e os bons costumes.

O artigo acima trata de conceitos abstratos e que se relacionam com conceitos morais que mudam com o passar do tempo, variando inclusive de acordo com a localidade. Os bons costumes, por exemplo, referem-se a um conjunto de normas morais e comportamentais muito variáveis, daí a dificuldade de aplicar tais preceitos nos litígios. Contudo, esses conceitos impõem verdadeira limitação à liberdade contratual, que está longe de ser tão ampla quanto seu conceito clássico previa.

José Roberto de Castro Neves (2017, p.17) pondera que inicialmente este princípio não era relevante e através dos tempos tem ampliado sua importância e mais recentemente "ganhou nova força" com os conceitos de Justiça econômica e da função social do contrato. Na mesma linha enfatiza Caio Eduardo Aguirre (2019, p. 50):

> com o advento do Estado Social, os interesses exclusivamente individuais passaram a compartilhar a tutela jurídica com os interesses sociais e públicos. Houve uma superação do voluntarismo pela razoabilidade de caráter objetivo como parâmetro mais seguro para as legítimas expectativas das partes.

E acrescenta: o conteúdo conceitual e material e a função do contrato mudaram, inclusive para adequá-lo às exigências de realização da justiça social, que não é só dele, mas de todo o Direito. Por isso, este princípio também se alinha aos parâmetros propostos pela Mediação, já que o bom senso, a razoabilidade e o componente social estão presentes na Mediação.

5.1.5 Princípio da Boa-Fé

O princípio da boa-fé remonta à Roma Antiga, com o nome de *bona fides*, conforme indica Rogério Donnini (2016, p. 113-126). "*Bona* significa boa, correta, acertada. *Fides* era considerada uma deusa com forte conotação religiosa, possuía a qualidade de ser credível, confiável, pois inspirava confiança às pessoas". O referido autor explica que o termo *fides* significava fidelidade e coerência no cumprimento da expectativa de outrem, independentemente da palavra que haja sido dada, ou do acordo que tenha sido concluído. Nesse sentido, boa-fé pode ser compreendida como honestidade ou credibilidade. Por isso, o princípio da boa-fé impõe um padrão de conduta que pressupõe fidelidade à verdade. Possui também o significado de lealdade no cumprimento de atos e obrigações, honestidade, credibilidade e cooperação.

O mesmo autor lembra o Digesto 1.1.10.1, que enumera os preceitos do Direito, que são viver honestamente, não lesar a outro e dar a cada um o que é seu. A boa-fé está indiretamente ligada a todos, porém possui mais proximidade com o primeiro. O artigo acima trata de conceitos abstratos e que se relacionam com conceitos morais que mudam com o passar do tempo, variando inclusive de acordo com a localidade. Os bons costumes, por exemplo, se referem a um conjunto de normas morais e comportamentais muito variáveis, daí a dificuldade de aplicar tais preceitos nos litígios. Contudo, esses conceitos impõem verdadeira limitação à liberdade contratual, que está longe de ser tão ampla quanto seu conceito clássico previa.

Como enfatiza Alain Supiot (2007, p. 97), a boa-fé provém de fidelidade e designa confiança objetivamente na credibilidade entre as pessoas. Daí, segundo ele, "o fiel deve ser fiel a sua palavra e claro respeito à palavra dada", sendo percebida como regra moral.

Nesta linha, Flavio Tartuce (2006, p. 89) pondera a respeito das suas origens romanas também, pois a boa-fé pode ser considerada como algo que deve estar presente em todas as relações jurídicas e sociais existentes, porém a concepção clássica de contrato baseada no princípio da autonomia da vontade prevaleceu sobre alguns aspectos e em certos ordenamentos durante muito tempo e teve seu apogeu no século XIX. "Este princípio está presente na locução latina *pacta sunt servanda* que, como mencionado, significa a obrigatoriedade do cumprimento das cláusulas contratuais". Portanto, entendia-se por este princípio que as pessoas tinham o poder de estabelecer todo o conteúdo do contrato. Fica nítida a influência que teve o liberalismo no instituto. Miguel Reale (1999, p. 111), por seu turno, vai mais além, pontuando que:

> a boa-fé não constitui um imperativo ético abstrato, mas, sim, uma norma que condiciona e legitima toda a experiência jurídica, desde a interpretação dos mandamentos legais e das cláusulas contratuais até as suas últimas consequências.

Daí a necessidade de ser ela analisada como *conditio sine qua non* da realização da Justiça ao longo da aplicação dos dispositivos emanados das fontes do Direito, legislativa, consuetudinária, jurisdicional e negocial.

Em reforço aos ensinamentos dos autores acima citados, Rogério Donnini (2016, p. 6), esclarece que existem

> duas espécies de boa-fé: a subjetiva e a objetiva. A primeira diz respeito ao desconhecimento ou ignorância de uma pessoa na lesão do direito de outrem, conforme se constata na posse de boa-fé, em que o possuidor ignora o vício ou o obstáculo que impossibilita a obtenção da coisa (Código Civil artigo 1201º). A segunda, por sua vez, é norma de comportamento de atitude leal, conduta segundo a ideia de correção que tem incidência por ocasião de sua aplicação pelo magistrado, no caso concreto.

Trata-se de conduta que tem como referência os interesses de outrem e não a ausência de má fé. A primeira está ligada a uma atitude psicológica a partir de uma decisão pessoal, tendo como premissa o direito, o correto. Já a segunda pode exigir a lealdade, impõe poder dever, comportamento honesto, probo e leal.

Por isso, o mesmo autor enfatiza sua importância, já que não se restringe ao direito privado, retirando dele seus parâmetros para também influenciar todo o direito. Nesse sentido, conclui o mesmo autor ((2016, p. 6):

> por se tratar de um princípio polissêmico, sua incidência está condicionada à função que é destinada, uma vez que pode ser um princípio geral do direito que, bem de ver, não está positivado (por exemplo, na interpretação da lei), como cláusula geral (Código Civil, artigos 113 e 422) ou como conceito legal indeterminado.

Por outro lado, Silvio de Salvo Venosa (1997, p. 27) salienta que o princípio da boa-fé do contrato, não importando ser objetivo ou subjetivo, pode ser traduzido pelo dever dos contratantes em "agir de forma correta antes, durante e depois do contrato, isto porque, mesmo após o cumprimento de um contrato, podem sobrar-lhe efeitos residuais". Lembra também o referido autor que, na análise do princípio da boa-fé dos contratantes, devem ser examinadas as condições em que o contrato foi firmado, o nível sociocultural dos contratantes, o momento histórico e econômico, já que consiste na interpretação da vontade contratual.

Da mesma forma, Judith Martins-Costa (2018, p. 54) enfatiza que na tradição do Direito brasileiro é conotada à expressão boa-fé a

> acepção subjetiva, assim constando do vigente Código Civil, entre outras passagens, as normas dos artigos 221, caput e parágrafo único, e 490, caput e parágrafo único. Contudo, a norma do artigo 422 trata da boa-fé na acepção objetiva. Importante distingui-las. A expressão boa-fé subjetiva denota estado de consciência ou convencimento individual de obrar em conformidade ao direito, sendo aplicável, em regra, ao campo dos direitos reais, especialmente em matéria possessória. Diz-se subjetiva justamente porque, para a sua aplicação, deve o in-

> térprete considerar a intenção do sujeito da relação jurídica, o seu estado psicológico ou íntima convicção. Por outro lado, o modelo objetivo de conduta, leva em consideração os fatores concretos do caso, tais como o status pessoal e cultural dos envolvidos, não se admitindo uma aplicação mecânica do standard, o que vem a significar que, na concreção da boa-fé objetiva, deve o intérprete desprender-se da pesquisa da intencionalidade da parte, de nada importando, para a sua aplicação, a sua consciência individual no sentido de não estar lesionando direito de outrem ou violando regra jurídica. O que importa é a consideração de um padrão objetivo de conduta, verificável em certo tempo, em certo meio social ou profissional e em certo momento histórico.

Com efeito, a mesma autora destaca que da boa-fé nascem, mesmo na ausência de regra legal ou previsão contratual específica, os deveres, anexos, laterais ou instrumentais de consideração com o *alter*, de proteção, cuidado, previdência e segurança com a pessoa e os bens da contraparte; de colaboração para o correto adimplemento do contrato; de informação, aviso e aconselhamento; e os de omissão e segredo, os quais, enucleados na conclusão e desenvolvimento do contrato, situam-se, todavia, também nas fases pré e pós contratual, consistindo, em suma, na adoção de determinados comportamentos, impostos pela boa-fé em vista do fim do contrato, dada a relação de confiança que o contrato fundamenta, comportamentos variáveis com as circunstâncias concretas da contratação. Este é mais um princípio que se agrega à base propulsora e sedimentadora da Mediação.

5.1.6 Princípio da Relatividade Contratual

Face aos elementos mencionados anteriormente, Marcelo Timbó (2019, p. 58) enfatiza

> o contrato é um ato jurídico negocial, derivado da vontade consciente das partes em realizar um negócio jurídico com efeitos desejados por elas. É um instituto de direito pessoal, que gera efeitos somente entre as partes que manifestaram a vontade. A regra geral é a de que só as partes negociantes se vinculam ao conteúdo do acordo. Entretanto, com base na função social dos contratos, em alguns casos, o princípio da relatividade dos efeitos contratuais pode ser excepcionado, ou seja, o acordo pode gerar efeitos perante terceiros

dentre eles os previstos nos artigos 436 a 440 do Código Civil. Como lembra Silvio Salvo Venosa (1997, p. 26),

> há que se ter em mente ser o contrato coisa palpável, tangível, percebido por outras pessoas que dele não participaram. Essa é razão pela qual Orlando Gomes distingue os efeitos internos dos contratos. Por estes, o contrato somente afeta os partícipes do negócio. Ninguém pode tornar-se credor ou devedor contra vontade. Este princípio não se aplica tão-somente em relações às partes, mas também em relação ao objeto. O contrato sobre bem que não pertence aos sujeitos não atinge terceiros. Essa regra geral pode também sofrer exceções. Nesse sentido, conclui-se que o contrato não produz efeito com relação a terceiros, a não ser nos casos previstos em lei.

Além disso, seguindo as palavras de José Roberto de Castro Neves (2017, p. 25), "para que o terceiro, inicialmente estranho ao negócio, possa ser de alguma forma responsabilizado é necessário que ele tenha ciência do contrato celebrado entre outras pessoas, mesmo assim, tenha atuado de modo determinante para que as prestações previstas neste contrato não se aperfeiçoassem". Em outras palavras, o terceiro sabia que sua conduta, por ação ou omissão, determinaria o inadimplemento de, pelo menos, uma das partes do contrato. Agiu, portanto, dolosamente. De acordo com a corrente hoje dominante, essa responsabilidade do terceiro cúmplice, contudo, não tem natureza contratual. Será ato ilícito e, como tal, permitirá ao lesado reclamar do infrator os danos dele decorrentes. Mais um princípio em que a Mediação também está embasada.

5.1.7 Princípio da Conservação

Na verdade, para José Roberto de Castro Neves (2017, p. 25), trata-se de um princípio da Teoria Geral do Direito, sendo que

> a ideia de conservação decorre do pressuposto de seriedade de propósito dos participantes quando se engajam num negócio, da utilidade e do interesse social que os negócios produzem efeitos. Ocorre que, por vezes, o negócio pode ter uma interpretação que o condene, pois acarrete uma invalidade ou uma absoluta ineficácia do acordo. Caso reconhecido esse vício, o negócio será fulminado e perderá qualquer chance de produzir efeitos. Nessas horas o intérprete deve buscar um resultado útil ao contrato, a fim de conservá-lo. Bem vistas as coisas, trata-se de encontrar uma interpretação que dê eficácia ao contrato e, com isso, salvá-lo.

O mesmo autor lembra que muitas vezes os contratos são redigidos por pessoas que não são técnicas ou sem prática, ou, ainda cometem erros, que acabam por gerar dúvidas sobre o alcance do negócio, por isso o intérprete deverá buscar uma leitura de maneira que se mantenha a maior quantidade dos seus efeitos, conservando o negócio.

Este princípio também deve ser identificado na Mediação, pois proporciona ao instituto segurança jurídica.

5.1.8 Princípio do Consensualismo

De acordo com este princípio, basta o acordo de vontade entre os participantes para o aperfeiçoamento do contrato, sem que haja necessidade de instrumento que o formalize. Somente será necessária forma específica para o contrato quando a lei assim o exigir. Nesse sentido, cabe lembrar os ensinamentos de Carlos Alberto Bittar (1994, p. 76),

> sendo o contrato corolário natural da liberdade e relacionado à forma disciplinadora reconhecida à vontade humana, tem-se que as pessoas gozam da faculdade de vincular-se pelo simples consenso, fundadas, ademais, no princípio ético do respeito à palavra dada e na confiança recíproca que as leva a contratar. Com isso, a lei deve, em princípio, abster-se de estabelecer solenidades, formas ou fórmulas que conduzam ou qualifiquem o acordo, bastando para si a definição do contrato, salvo em poucas figuras cuja seriedade de efeitos exija a sua observância (como no casamento, na transmissão de direitos sobre imóveis).

Maria Helena Diniz (2008, p. 121), por seu turno, considera este princípio separadamente do princípio da autonomia da vontade e o conceitua da seguinte forma: "Simples acordo de duas ou mais vontades basta para gerar o contrato válido". Não se exige, em regra, qualquer forma especial para a formação do vínculo contratual. Embora alguns contratos, por serem solenes, tenham sua validez condicionada à observância de certas formalidades estabelecidas em lei, a maioria deles é consensual, já que o mero consentimento tem o condão de criá-los, sendo suficiente para sua perfeição e validade.

Este princípio também não deixa de ser a base da Mediação, muito embora, como salientado anteriormente, o consenso deva ser entendido quanto ao uso da forma com que se levará a eventual disputa entre os envolvidos no conflito e não ao seu conteúdo e muito menos ao seu resultado. Além disso, hoje se reveste de maior importância quando se trata de questões que envolvam a Administração Pública, pois, como será analisado adiante, é considerado uma tendência no Direito Administrativo da pós-modernidade, passando a ser importante instrumento de desenvolvimento e de realização do interesse público.

5.1.9 Princípio do Fim Social do Contrato

Princípio expressamente previsto no Código Civil nos artigos 421 e 2035 parágrafo único, é considera por Marcelo Timbó como um princípio metaindividual e, segundo José Roberto de Castro Neves (2017, p. 19), está albergado pelo princípio da ordem pública:

> De fato, o contrato exerce uma função social, pois a liberdade de contratar será exercida em razão e nos limites de sua função social. Evidentemente, se o contrato expressar um abuso, uma acabada injustiça, um mortal desequilíbrio, nele não haverá função social, de sorte que ele não deverá ser considerado, cabendo ao Estado revê-lo. Nessa linha, vale mencionar que, até mesmo para interpretar um contrato, não se pode perder de vista que seu fim é o de cumprir uma função econômica. As partes sempre buscam algum proveito ou atingir um certo fim. Mesmo nos negócios graciosos, derivados de pura generosidade de uma das partes, há um interesse: praticar o ato de altruísmo.

Mais um princípio relacionado à Mediação, pois, tendo como elemento central seus participantes, toma como referência o conforto do ambiente dialógico para refletir sobre a perspectiva de futuro. Ao mesmo tempo, revela o componente econômico, mediante menores custos procedimentais, sem mencionar os emocionais, muito difíceis de serem mensurados.

Todos estes princípios permeiam a Mediação de alguma maneira, dando-lhe forma própria no ordenamento jurídico brasileiro. Nesse sentido cabe lembrar as palavras de José Roberto de Castro Neves (2017, p. 25), que preleciona:

> diante de tantos princípios, o papel do intérprete ganha complexidade. Na anamnese de um contrato, deve-se conjugar todos esses valores, a fim de ponderá-los, entendendo qual aquele, naquele negócio específico, que ganha maior repercussão social. Não existe uma solução pré-determinada de qual princípio deva prevalecer. Apenas o caso concreto com as suas peculiaridades, indicará as normas aplicáveis e os princípios regentes, depois de ponderados todos os valores em jogo. Embora a segurança jurídica tenha fundamental importância, por vezes, como a execução de um contrato afeta a dignidade da pessoa humana, a segurança terá que, em parte, ceder.

Assim é que com base nestes princípios, agregados às características da atividade e aos elementos que a definem e delimitam, pode-se afirmar que a Mediação se materializa por instrumentos jurídicos que dependerão do momento e do contexto em que for empregada. O próximo item pretende oferecer os aspectos instrumentais em que a Mediação se materializa.

5.2 Instrumentos contratuais da Mediação

Observando o que foi oferecido nos itens anteriores, temos a perspectiva de que Mediação é Justiça: estrutura-se em três eixos, sendo que na falta de algum deles o instituto inexiste; relevantes princípios do Direito Contratual estão nela presentes, cabendo lembrar os instrumentos de sua efetiva materialidade, mesmo não sendo escrita como será observado mais adiante. Nesse sentido tais instrumentos são: Cláusula de Mediação e Termo de Mediação Extra e Judicial, os quais poderão resultar num acordo extra e judicial.

5.2.1 Cláusula de Mediação

Como mencionado anteriormente a Cláusula de Mediação é aquela prevista em um contrato em que os integrantes optam por levar à Mediação futuro conflito. Fernanda Levy (2013. p. 183-184), ao analisá-la, esclarece que

> se apresenta como um contrato complexo, com multiplicidade de sujeitos e prestações, pois prevê que as partes participarão de um procedimento de Mediação que será conduzido por terceiro (ou terceiros na hipótese de comediadores) e ainda, podendo ser administrado por uma entidade de Mediação.

Cabe ressaltar que a escolha pela Mediação é feita no momento da elaboração do contrato, podendo ser para o contexto Judicial ou Extrajudicial. Em sendo Extrajudicial, poderá ser institucional e *ad hoc*. Conforme já mencionado, o artigo 26 da Lei nº 13.140/15 estipula que a previsão contratual deve conter minimamente:

> I – prazo mínimo e máximo para a realização da primeira reunião de Mediação, contado a partir da data de recebimento do convite;
>
> II – local da primeira reunião de Mediação;
>
> III – critérios de escolha do mediador ou equipe de Mediação;
>
> IV – penalidade em caso de não comparecimento da parte convidada à primeira reunião de Mediação.

O parágrafo primeiro do mesmo artigo determina que a indicação de um regulamento de instituição idônea prestadora de serviços de Mediação, no qual constem critérios claros para a escolha do mediador e para a realização da primeira reunião de Mediação, substitui de alguma maneira os requisitos acima. Esta redação dá margem a interpretar que a Cláusula nomeando uma instituição também substitui os mesmos requisitos, pois toda instituição prestadora dos serviços de Mediação possui um regulamento de Mediação. Aspecto relevante, no entanto deve ser trazido à análise, pois esta Cláusula tem mais o caráter de se constituir em Extrajudicial. Tal constatação advém da interpretação do Código de Processo Civil, que determina no início do processo judicial a obrigatoriedade de as partes informarem se desejam ou não a Mediação no âmbito daquele processo judicial.

Como enfatizado anteriormente, tal opção acarreta a obrigatoriedade de participar de uma primeira reunião, a fim de que as partes possam manifestar a vontade de participar ou não do processo, assim como decidir sobre sua continuidade. Em outras palavras, as partes em um contrato, diante de um conflito, devem primeiro instalar a Mediação e na sua primeira reunião optar pela sua continuidade ou não.

Importante enfatizar que o Código Civil não a prevê, pois faz referência à cláusula compromissória ou arbitral, cujo efeito vinculante é a obrigatoriedade dos integrantes do contrato com a arbitragem, como já explicado no item relativo a esse instituto. A Cláusula de Mediação, muito embora não esteja prevista no Código Civil, não se confunde com esta última, pelo fato de estarem ligadas a institutos distintos e também possuírem efeitos distintos. A cláusula arbitral obriga ao processo arbitral como um todo e a cláusula de Mediação obriga a uma reunião inicial. Em outras palavras, obriga a comparecer à primeira reunião e não a permanecer na Mediação.

Outro elemento que merece comentários quanto à Cláusula de Mediação é seu caráter preventivo. Ela é incluída no contrato como uma previsão, constituindo-se em uma opção pela via da Justiça dialógica, determinando que os integrantes daquele contrato estejam presentes em ao menos uma reunião. Ela é elaborada no momento em que o conflito inexiste, constituindo-se em uma hipótese. Poderá ocorrer ou não. Na hipótese de existir, preserva a vontade e conveniência de seus participantes, pois a Mediação terá continuidade se assim o desejarem. E não terá continuidade se desejarem interrompê-la.

Todos os efeitos acima observados serão os mesmos quando um dos integrantes ou ambos em um contrato administrativo forem órgãos públicos. Tal fato leva a uma eventual preocupação se a Administração Pública poderia se valer destas cláusulas diante de diversas limitações a ela inerentes. Diogo de Figueiredo Moreira Neto (2005) responde no sentido de que:

> desponta no quadro da consensualidade como forma de solução de disputas e de escolhas, o que conduz a uma maior participação dos administrados nos processos decisórios, à aceitação de que quaisquer atos administrativos se submetem ao controle de juridicidade, e a afirmação de prevalência do princípio da dignidade da pessoa humana,

sem dizer das vantagens que esta opção pode oferecer, bem como o bom senso que inspira permanentemente a Mediação. Este aspecto será objeto de outros comentários quando for analisada a Mediação e a Administração Pública.

5.2.2 Termo de Mediação Judicial

A Mediação, como dito, normalmente decorre de determinação de uma autoridade, despacho do juiz da causa, ficando neste instrumento definido em quanto tempo deverá ser feita a tentativa de acordo, podendo ser uma ou mais reuniões. Dependerá e muito de como o juiz vê a atividade. Esta Mediação é denominada judicial, isto é, aquela que é desenvolvida no curso de um processo judicial, podendo ser decorrente também do pedido de uma ou mais partes em um processo judicial em curso ou ainda para atender os parâmetros do Código de Processo Civil, como mencionado.

Por outro lado, existe a chamada Mediação Judicial Pré-processual, cujo trâmite inicial se realiza de outra maneira, mediante um convite feito por um funcionário do Poder Judiciário que, a pedido de uma pessoa física ou jurídica, levou sua demanda ao Fórum e aceitou dialogar com o eventual devedor. Neste caso, é realizado um registro simples do pedido, sem autuação, pois é para um único ato a tentativa acima descrita no caso do comparecimento do possível devedor, que poderá não comparecer. Nesse sentido, Valeria Lagrasta (2012, p. 114) esclarece que os Centros Judiciários de Solução de Conflitos e Cidadania estão divididos em dois setores: o de solução de conflitos pré-processuais e solução de conflitos processuais. No primeiro

> poderão ser recepcionados casos que versem sobre direitos disponíveis em matéria cível, de família, previdenciária e da competência dos Juizados Especiais, que serão encaminhados, através de servidor devidamente treinado, para conciliação, a mediação ou outro método de solução consensual de conflitos. Assim comparecendo o interessado ou remetendo pretensão via email com os dados essenciais, o funcionário colherá sua reclamação, sem reduzi-la a termo, emitindo, no ato, carta convite à parte contrária, informando a data, a hora e o local da sessão de conciliação ou mediação. Uma vez obtido o acordo, será homologado, após a manifestação do representante do MP, se for o caso, com registro em livro próprio, mas sem distribuição. No segundo, serão recebidos processos já distribuídos e despachados pelos magistrados, que indicarão o método de solução de conflitos a ser seguido, retornando sempre ao órgão de origem, após a sessão, obtido ou não o acordo, para extinção do processo ou prosseguimento dos trâmites processuais normais.

O instrumento legal em ambas as situações é o Termo de Mediação Judicial escrito ou verbal. Consiste em um acordo de vontades em que as partes em um processo ou antes dele submetem seu conflito à Mediação. Na maioria das vezes, é verbal, sendo subentendido como tal por todos aqueles que aderem à Mediação Judicial. Tal adesão se inicia com a comunicação do mediador ao desenvolver a abertura dos trabalhos da sessão em que todos estão presentes e à qual compareceram espontaneamente. Não havendo resistência quanto às condições de continuar ali, considera-se que todos concordaram em tentar buscar um entendimento com a ajuda de um mediador, que se pressupõe ter sido aceito pelos participantes. Além disso, estes últimos aceitam também implicitamente os elementos que estruturam o momento em que desenvolverão uma interação dialógica para tentar superar o conflito ou colocar um fim ao processo. Com relação a tais elementos, fundamental lembrar Silvio de Salvo Venosa (2019, p. 183), que explica:

> o silêncio por si só não representa uma manifestação de vontade: quem cala não nega, mas também não afirma. Ele não se confunde com a manifestação tácita, que deixa perceptível o consentimento pelos atos e fatos externos de comportamento do agente". E conclui que o silêncio somente estará apto a materializar um consentimento contratual quando vier acompanhado de outras circunstâncias ou condições, que envolvem a vontade contratual no caso concreto. Trata-se, portanto, de um silêncio qualificado que equivale a uma manifestação de vontade,

conforme o artigo 111 do Código Civil. E, mesmo sendo um contrato verbal, para ser válido há que preencher os requisitos legais, isto é, possuir agente capaz; objeto lícito e possível, determinado ou determinável.

Importante explicitar que o Termo de Mediação se diferencia da

Cláusula de Mediação por vários motivos. Dentre eles se destacam: a existência de um conflito e a exposição de vontade dos nele envolvidos em utilizar a Mediação, mesmo se não atingirem um consenso ao final do processo. Outro elemento também diferenciador é que os participantes apontam como pretendem solucionar o conflito, mesmo não sendo por escrito.

Por oportuno, é relevante frisar que tais elementos são observáveis quando a Mediação for aplicada no contexto da Administração Pública, pois, ao utilizar os serviços da Mediação Judicial, estarão sendo aceitas as regras preestabelecidas pelo próprio Judiciário, como será exposto nos itens relativos ao contexto público.

5.2.3 Termo de Mediação Extrajudicial

Diferentemente do anterior, é sempre recomendado no contexto extrajudicial que o Termo de Mediação Extrajudicial seja por escrito, uma vez que é decorrente da manifestação de vontade dos próprios participantes, não havendo nenhuma autoridade que o determine, mas, sim, os próprios envolvidos no conflito e/ou seus representantes legais, caso existam. A exemplo do anterior, constitui-se em um acordo de vontades em que as pessoas envolvidas em conflito o submetem à Mediação e determinam qual será a forma como o solucionarão, se o desejarem. Pressupõe a existência do conflito, podendo ocorrer com ou sem Cláusula de Mediação. Segundo Luís Fernando Guerreiro (2019, p.53), nada mais é do que um instrumento em que os participantes definem de que modo o conflito será solucionado, podendo indicar também como o terceiro imparcial e independente "atuará e quais serão as consequências dessa atuação".

Exige atenção aos seus requisitos mínimos, a fim de que alcance sua validade e eficácia jurídica, podendo ser *ad hoc* ou institucional. O primeiro é realizado sem uma instituição que administre o processo, podendo ocorrer em qualquer local, inclusive no escritório do próprio mediador, de preferência em local neutro. Diferente do segundo, em que existe uma instituição que dá apoio administrativo ao processo e que já possui um regulamento, normalmente simples, para desenvolvimento da Mediação.

Fernanda Levy (2013, p. 191) ressalta que o Termo de Mediação deverá conter as seguintes previsões:

> a. Menção expressa de que o mediador pautará sua conduta pelos princípios da imparcialidade, independência, diligência, competência, confidencialidade, credibilidade e dever de revelação;
>
> b. Referência de que os mediandos participarão do processo baseados em suas próprias vontades, boa fé e real compromisso de se esforçarem para colaborar mutuamente (para a resolução dos conflitos que os trouxeram para a mediação);
>
> c. Qualificação completa dos mediandos e dos seus advogados, devendo estes apresentar os documentos legais que lhes conferem poderes de representação legal, nos termos da lei, caso seja no contexto extrajudicial;
>
> d. Qualificação completa do mediador e do co-mediador e outros da equipe, se for o caso de co-mediação com observadores;
>
> e. Previsão de número indicativo de reuniões para o bom andamento do processo de mediação;
>
> f. Definição sobre honorários do mediador, bem como sobre as despesas incorridas durante a mediação e respectivas formas de pagamento, os quais, na ausência de estipulação expressa em contrário, serão suportados na mesma proporção pelos mediandos (quando envolver a remuneração do profissional);

g. Disposição sobre a faculdade de qualquer dos mediandos e do mediador de se retirarem, a qualquer momento, do processo, comprometendo-se a dar um pré-aviso desse fato ao mediador e vice-versa;

h. Disposição de cláusula de confidencialidade relativa a todo o processo com relação ao conteúdo da mediação, nos termos da qual os mediandos e o mediador, comediador e todos os pertencentes à equipe de mediação se comprometem a manter em sigilo a realização da mediação e a não utilizar qualquer informação documental ou não, oral, escrita ou informática, trazida ou produzida durante ou em resultado da mediação, para efeitos de utilização posterior em processo arbitral ou judicial, e

i. O lugar e o idioma da mediação.

Nota-se que se trata de um instrumento jurídico simples, que traduz característica da própria atividade. Por oportuno, vale lembrar a previsão do artigo 16 da Lei nº 13.140: caso esteja em curso um processo judicial ou arbitral, as partes poderão requerer a suspensão pelo prazo que considerarem suficiente para a solução consensual. Ademais, é possível sua aplicação no contexto da Administração Pública, a exemplo do Judicial.

É digna de comentários a possível confusão do Termo de Mediação, seja Judicial ou Extrajudicial, com a transação ou o compromisso. Fundamental trazer à luz as palavras de Luis Fernando Guerreiro (2019, p. 51-52), que sublinha:

> modernamente, o compromisso pode ter aplicação mais ampla. Pode ser utilizado em qualquer sucedâneo ao Judiciário como forma de extinção de conflitos e obrigações. Desta feita, o instrumento jurídico está estabelecido e as partes podem, utilizando a autonomia da vontade e os limites das leis processuais, em certos casos, disciplinar suas formas de solução de controvérsias. A transação e o compro-

> misso são instrumentos jurídicos. Arbitragem, Mediação, de outro lado, são métodos de solução de controvérsias que utilizam instrumentos diversos em seu bojo. Frise-se sempre que o entendimento sobre o compromisso não se restringe à arbitragem. Portanto, o compromisso se mostra um meio idôneo para que as partes definam de que modo o conflito entre elas será solucionado, indicando de que modo eventual terceiro neutro atuará e quais serão as consequências dessa atuação. Tal terceiro poderá ser um facilitador da comunicação entre as partes e aí estaremos diante de um compromisso para a Mediação.

Esse compromisso mencionado pelo autor é o Termo de Mediação.

À luz das observações dos dois itens anteriores, cabe asseverar que o instrumento que espelha a vontade dos participantes, caso cheguem a algum acordo, após participarem da Mediação é o Acordo de Mediação Judicial ou Extrajudicial. Com ele, encerram-se a Mediação e o conflito, para além de finalizar um processo judicial ou um processo arbitral. Normalmente segue um padrão convencional, de acordo com o que é determinado pelo Judiciário, o Código de Processo Civil e/ou a legislação pertinente em vigor, caso seja judicial. Entretanto, sendo extrajudicial, institucional ou *ad hoc*, seguirá o padrão que os participantes determinarem e, evidentemente, o bom senso e a legislação também. É recomendável que contenha a qualificação dos seus integrantes e todos os compromissos que assumem, o como, o quando e o onde o cumprirão. Possui o *status* de título executivo extrajudicial, quando assinado por duas testemunhas no contexto extrajudicial. E, caso seja Judicial, se for homologado por um juiz, passará a ser título executivo judicial. Tal lógica também se observa quando se tratar do contexto da Administração Pública.

PARTE III

ADMINISTRAÇÃO PÚBLICA – ALGUNS ASPECTOS

Feitas as considerações relativas à Mediação, na qualidade de Justiça e de método de solução de conflitos, a partir de seus eixos estruturantes e suas vertentes contratuais, o foco da presente obra passa a ser o tema da Administração Pública. Inicialmente, será oferecido o momento atual por ela vivenciado, alguns de seus elementos, sobretudo aqueles em que a Mediação pode ser utilizada, passando pelos princípios a ela inerentes, os quais vivem transformações que constroem novos paradigmas para a Administração Pública e propiciam terreno fértil para a tendência de reconhecer a importância da consensualidade na Administração Pública contemporânea, cujo ápice é, sem dúvida, a Mediação.

6. MOMENTO ATUAL DA ADMINISTRAÇÃO PÚBLICA E DO DIREITO ADMINISTRATIVO

Ao se abordar a Administração Pública e, sobretudo, o momento atual, é natural fazer referência, inicialmente, ao Direito que rege as relações e conexões entre os órgãos e agentes públicos e entre estes a e sociedade. Segundo Marçal Justen (2018, p. 15), o Direito Administrativo "é o conjunto das normas jurídicas que disciplinam a função administrativa do Estado e a organização e o funcionamento dos sujeitos e órgãos encarregados de seu desempenho". O Direito Administrativo, como qualquer direito, recebe influência do momento em que se encontra a sociedade. Nesse sentido, vale lembrar as palavras de Celso Bandeira de Mello (2019, p. 1126):

> as ideias jurídicas vigentes em um dado período sofrem inevitável influência do ambiente cultural em que estejam imersas. Com efeito, o mundo do Direito não vive em suspensão, alheio ao contexto socioeconômico que lhe serve de engaste. Pelo contrário, as concepções dominantes em uma sociedade são as que ofertam a matéria-prima trabalhada pelos legisladores e depois pelos intérpretes das regras por eles produzidas.

Por isso, Marçal Justen Filho (2018, p. 12) enfatiza que "cabe ao Direito Administrativo conceber e fornecer soluções para o mundo real, visando a promover o desenvolvimento econômico e social, a eliminar a miséria, a combater a pobreza e a reduzir as desigualdades regionais", a fim de direcionar a realidade dos fatos, baseada nos preceitos constitucionais, além de adequá-los aos parâmetros legais inerentes à área.

Tendo como referência estes elementos, é importante notar que o Direito Administrativo tomou novo impulso após a Constituição de 1988, como Maria Sylvia Di Pietro (2012, p. 27) destaca:

> as principais inovações do Direito Administrativo foram introduzidas após a Constituição de 1988, seja com a adoção dos princípios do estado Democrático de Direito, seja sob a inspiração do neoliberalismo e da globalização, do sistema da common law e do direito comunitário europeu, que levaram à chamada Reforma do Estado, na qual se insere a Reforma da Administração Pública e, em consequência, a introdução de novidades no âmbito do Direito Administrativo.

Esta observação é complementada por Selma Ferreira Lemes (2007, p.55), ao afirmar que "os valores e princípios que advêm do Direito Administrativo constitucional projetam-se na legislação infraconstitucional de modo a outorgar-lhe novos matizes". E a propósito da Carta Magna brasileira, Odete Medauar (2015. p. 45-46) explica que ela

> não menciona a expressão: Estado Social, nem agrega o termo social aos qualificativos democrático e de direito, no artigo 1º. Mas indubitável é a preocupação social, sobretudo pela presença de um capítulo dedicado aos direitos sociais. Existe um Estado social quando se verifica uma generalização dos instrumentos e das ações públicas de bem estar social. A preocupação com o social traz reflexos de peso na atividade da Administração e nos institutos do direito administrativo. A Administração passa a ter também funções de assistência e integração social, em cumprimento de exigências de Justiça e dos direitos sociais declarados na Lei Maior.

Por seu lado, José Matias-Pereira (2014, p. 5) aponta que foi duas décadas mais cedo que ocorreu o despertar de mudanças na Administração Pública e afirma:

observar-se que, a partir do final da década de 1970, começam ocorrer mudanças nos paradigmas da Administração Pública, com a instituição de um novo modelo – denominado gerencial – que tinha como preocupação central a ênfase na eficiência e no controle dos resultados. Esse novo modelo veio promover a substituição do modelo orientado para o controle das atividades meio das organizações burocráticas. A orientação para o cidadão permitiu o surgimento de inúmeros instrumentos que visam à simplificação dos procedimentos na Administração Pública.

E Fabrizio de Lima Pieroni (2020, p.93) complementa

com o Estado Social e as exigências de prestações positivas, o cidadão deixa de ser mero objeto do poder administrativo para ser titular de direitos, obrigando o poder público a prestar serviços. A Administração Pública burocrática, com seu excesso de formalismo e sacralização de procedimentos, perde a capacidade de compreender sua própria existência e não consegue prestar, com eficiência, os inúmeros serviços demandados, nem tampouco atender aos diferentes interesses elementares dos mais variados grupos de uma sociedade cada vez mais complexa. Sem deixar de ser burocrática, mas acompanhando a evolução social e orientada para os resultados, passa a tentar conciliar a burocracia com a eficiência e a razoabilidade no exercício de sua atividade, com vista à melhoria da qualidade da prestação do serviço público.

Por sua vez, Silvia Johonsom di Salvo (2018, p. 25) observa:

a evolução do Direito Administrativo está bastante ligada às metamorfoses do regime político de determinado Estado, que alcança os próprios traços de seus objetivos. Fala-se da mudança de papel do Estado, porém não se trata de se afirmar se o Estado deve aumentar ou diminuir sua atuação, mas sim de que forma o Estado pode melhorar a sua atuação.

Carlos Alberto de Salles (2011, p. 63), concordando com esta última autora, esclarece que estas mudanças ou metamorfoses não significam um simples encolhimento ou retirada estatal, mas, sim, a exigência de "um correspondente aumento da capacidade e atividade regulatória". Em outras palavras, criam-se novas funções e atribuições de atuação, articulação, controle e coordenação de atividades para o Estado. Assim é que o Estado passa a ter outros qualificativos identificados por Diogo de Figueiredo Moreira Neto (2011, p.143) como Estado-regulador, Estado-rede, Estado-estratégico, Estado-garantidor, Estado do diálogo, Estado-consensual etc. Ao mesmo tempo, com tais características, o Estado, paralelamente, passa a incorporar em seu dia a dia também novos vocábulos até então inexistentes em sua realidade, uma vez que são mais alinhados à iniciativa privada, agregando palavras como privatização, desestatização, desregulamentação, parcerias-público privadas, concessões de serviços públicos etc.

Ao observar tais mudanças ou metamorfoses, Tercio Sampaio Ferraz Júnior (2019, p. 13) identifica que a sociedade atual também vivencia constante transformação. Assim, afirma "que as fronteiras entre o público e o privado se tornam cada vez mais porosas". E Odete Medauar (2017, p. 211), por sua vez, em concordância com este último, avança um pouco mais no sentido de inferir que na "atualidade, parece estranho pensar em fronteiras rígidas entre o direito público e o direito privado e se cogitar de que um possa ter primazia sobre o outro. A separação se coloca, apenas, para fins didáticos e científicos". Por isso, Vivian López Valle (2020, p. 65) explica o Direito Administrativo constituir-se em

> um direito que se desenvolve a partir da necessidade de satisfação de direitos num ambiente de incremento quantitativo e qualitativo das demandas sociais e de uma proposta de Administração Públi-

ca contratualizada. A contemporaneidade exigiu do Estado uma mudança de papel. De Estado prestador de serviços públicos, através de estruturas do primeiro setor, passa-se a um Estado-garantidor de prestações de interesse público. Tais relações pressupõem módulos convencionais capazes de permitir desenvolvimento e controle da prestação dos serviços públicos e das atividades econômicas de relevância para o interesse público.

Por outro lado, Odete Medauar (2017. p. 387-388), ao expressar sua visão sobre o que chamou de Direito Administrativo contemporâneo, enfatiza que

> além da finalidade de limite ao poder e garantia dos direitos individuais ante o poder, deve preocupar-se em elaborar fórmulas para efetivação de direitos sociais e econômicos, de direitos coletivos e difusos, que exigem prestações positivas. O Direito Administrativo tem papel de relevo no desafio de uma nova sociedade em constante mudança. A transformação sócio-política é propícia a mudança de conteúdo e de forma do Direito Administrativo para que se torne mais acessível nos seus enunciados, para que traduza vínculos mais equilibrados entre Estado e sociedade, para que priorize o administrado, isolado ou em grupos, e não autoridade. O enfoque evolutivo do Direito Administrativo significa, sobretudo, o intuito do seu aprimoramento como técnica do justo e, por isso, da paz social.

Com todos estes elementos que agregam novas e inusitadas responsabilidades e funções para o Direito Administrativo, mas que não deixam de também de serem estendidos à Administração Pública, Sergio Guerra (2019, p. 36) declara categoricamente que o Direito Administrativo "está em mutação", assim como a Administração Pública, pois ambos são impactados fortemente pelo sentido pós-moderno de interesse público, reforma do Estado, globalização, desestatização, sem mencionar a evolução tecnológica e outros componentes que integram suas evoluções, assim como da sociedade. Compartilhando da mesma visão, Vivian López Valle (2020, p. 63) insere que

> entre uma construção teórica sustentada na unilateralidade e verticalidade e o aumento significativo da complexidade das relações Estado-Sociedade, com emergência de relações paritárias, que pressupõem novos papeis para o Estado e para a Sociedade Civil Organizada, e a novas possibilidades na relação com o mercado.

Por isso, Odete Medauar (2017, p. 386-387) pondera

> esse momento revela mudanças que vêm se realizando no Direito Administrativo no sentido de tal atualização e revitalização, para que entre em sintonia com o cenário atual da sociedade e do estado. Algumas tendências podem ser extraídas:
>
> a) desvencilhamento de resquícios absolutistas, sobretudo no aspecto da vontade da autoridade impondo-se imponente;
>
> b) absorção de valores e princípios do ordenamento consagrados na Constituição; c) assimilação da nova realidade do relacionamento Estado-sociedade;
>
> d) abertura para o cenário sócio-político-econômico em que se situa;
>
> e) abertura para conexões científicas interdisciplinares, e
>
> f) disposição de acrescentar novos itens à temática clássica.

Na mesma linha de raciocínio, leciona Sergio Guerra (2019, p. 36) as formas pós-modernas

> de administração do interesse público – este que se direciona, doutrinária e jurisprudencialmente, para não mais ser encarado como prevalente e absoluto em qualquer situação frente aos direitos individuais

- devem formular e fomentar projetos, mediar interesses e implementar políticas estratégicas para suas respectivas sociedades, tanto no sistema social, quanto no campo científico e tecnológico, ambos umbilicalmente atados ao sistema econômico para proteger e assegurar os direitos fundamentais dos cidadãos. O direito administrativo do século XXI deve acompanhar as características, as carências e os riscos por que passa a sociedade contemporânea, que, por isso, indo além das preocupações sobre o ato administrativo, clama por uma releitura de categorias fórmulas e institutos desse ramo do direito público, cunhados há dois séculos para a solução dos problemas surgidos pelos novos temas.

Nota-se, claramente, que as mudanças por que passa o Estado, seus órgãos, seus integrantes e suas interações nos diversos níveis de sua atuação oferecem um cenário de mutação constante, que repercutem em todas as suas atividades. O contexto da Administração Pública, na qualidade de integrante do Direito Administrativo, não escapa desta tendência, pois também reflete estas mutações em seus diversos elementos. A estruturação desta nova perspectiva fez com que Diogo de Figueiredo Moreira Neto (2008, p. 189 enfatizasse que

> o conceito pós-moderno de Direito Administrativo, que se delineia nesta abertura do século XXI já passa a se apresentar com características bastantes diferenciadas em relação ao conceito anterior, tais como:
>
> 1º. a de ser mais um direito dos administrados do que um direito do Estado;
>
> 2º. a de servir a cidadãos e não mais a súditos;
>
> 3º. a de mostrar-se muito mais um direito de proteção e de prestação do que um direito de imposição;
>
> 4º. a de atuar preponderantemente como um direito de distribuição do que um direito para solucionar conflitos, e

5º. a de tornar-se, cada vez mais, um direito da consensualidade, em vez de um direito de imperatividades.

Nesse sentido, vale lembrar Onofre Alves Batista Júnior (2007, p. 15), ao observar que

o Direito Administrativo pós-moderno não pode mais se assentar em um perfil puramente garantístico, mas deve oferecer instrumentos e condições para que a Administração Pública possa cumprir sua missão de forma eficiente, proporcionando o melhor atendimento possível das necessidades e interesses da coletividade. O direito não deve impedir o movimento do Estado, mas fomentá-lo. No Estado Democrático de Direito (eficiente, pluralista, participativo e infra-estrutural) desenhado pela Constituição Federal de 1988, a Administração Pública necessita se adaptar às mudanças rápidas e frequentes que ocorrem na sociedade pluralista mutante, devendo para tanto, contar com a flexibilidade necessária para que possa atuar de forma eficiente.

A eficiência acima apontada é fruto do que Thiago Marrara (2020, p. 197) identifica, quando salienta que

as transformações do Direito Administrativo como teoria das relações jurídicas da Administração Pública são movimentadas por impulsos provenientes de avanços diluídos por campos setoriais. As inovações construídas em políticas públicas específicas para atender a demandas pontuais, ao demonstrarem sucesso e utilidade, espraiam-se pelo direito positivo e pelo direito doutrinário a ponto de se consagrar como tendência e forçar a revisão de antigos paradigmas.

E Odete Medauar (2017, p. 387 e 413) acrescenta

o administrativista contemporâneo tem consciência da diversificação e capilaridade das funções do

> Estado atual, realizadas, em grande parte, pela atuação da Administração Pública. Por conseguinte, o Direito Administrativo, além da finalidade de limite ao poder e garantia dos direitos individuais ante o poder, deve preocupar-se em elaborar fórmulas para a efetivação de direitos sociais e econômicos, de direitos coletivos e difusos, que exigem prestações positivas. A Administração Pública tem papel de relevo no desafio de uma nova sociedade em constante mudança.

E Bruno Grego dos Santos (2020, p. 333) adiciona

> a Administração Pública brasileira conta, na contemporaneidade, com novos paradigmas para a sua atuação, que visam a renová-la, a adequá-la para o enfrentamento dos desafios da pós-modernidade. Essas tendências contemporâneas se relacionam axialmente com a adoção da transação extrajudicial pela Administração Pública, em um caminho de movimentos e tend6encias que, apesar de não ser linear, permite traçar convergências. A partir de um câmbio pós-positivista, em que sua vinculação normativa evolui de um referencial da Lei para a obediência ao Direito, observa-se o crescente protagonismo da ordem constitucional e dos princípios como balizas para o esterçamento da gestão pública. Esta tendência, que implica em movimentos de transparência, protagonismo social e razoabilidade, tem como consentâneo a crescente processualização dos mecanismos de tomadas de decisão estatal, em um movimento que gradualmente abandona posicionamentos adotados por ato unilateral em favor de soluções dialogicamente com os interessados.

Nas palavras dos autores acima se nota claramente a necessidade de dinamismo a ser empreendido pela Administração Pública da pós-modernidade, não somente pelo fato de estar em constante evolução, mas, sobretudo, pelo enfrentamento de constantes desafios decorrentes da contemporaneidade, inspirados no Estado social, nos elementos estruturantes constitucionais, na proximidade cada vez maior entre público e privado, na transformação da própria sociedade, dentre outros fatores já mencionados.

Conforme pondera Fernando de Almeida (2020, p. 18), tomando-se como exemplo o Brasil, "especialmente desde a adoção da ordem constitucional hoje vigente, de índole democrática, verifica-se que vem crescendo enormemente a aplicação pela Administração Pública de instrumento jurídicos fundados em acordos de vontades". Motivo pelo qual Nathalia Mazzonetto (2014, p. 277) acrescenta que o

> novo papel da Administração Pública inaugura um novo paradigma em que o estado emana não apenas atos de império, orientados pelo Direito Administrativo e seus princípios fundamentais norteadores, mas também e, sobretudo, atos de gestão, por via dos quais a Administração Pública desce de seu patamar hierárquico para se posicionar ao lado do particular, em condições iguais (mas nem tanto – o que não deixa de ser natural. Afinal, fala em nome de uma coletividade complexa), dando vida a atos ordinários de negócios jurídicos ou mesmo a contratos.

Todo este cenário oferece a perspectiva da consensualidade no âmbito da Administração Pública, pois como bem destaca Fabrício de Lima Pieroni (2020, p. 98-99),

> a concepção autoritária e burocrática de Administração Pública, forjada no século XIX, não mais subsiste aos contornos democráticos da Constituição vigente, o que acarreta a revisão de alguns princípios orientadores, como os da supremacia, da indisponibilidade do interesse público e da legalidade. A consensualidade surge como um dos grandes vetores da eficiência administrativa, seja na elaboração, seja na execução e, com muito mais razão, na composição de controvérsias que envolvam políticas públicas.

E Francisco Zardo (2014, p. 196), complementando, explica que

> o impacto da consensualidade sobre as concepções tradicionais é significativo, e que o uso moderado das prerrogativas especiais da Administração deve ser mitigado sempre que possível pela via consensual, especialmente ao se demonstrar maior vantajosidade ao próprio interesse público.

A consensualidade, portanto, é um tema que merece uma análise mais acurada, visto ter sido tornada uma tendência no Direito Administrativo e, consequentemente, também na Administração Pública. Ao mesmo tempo, constitui-se como o expoente do cenário que a Mediação propõe, lembrando que se refere à escolha do processo de resolução e não ao conflito em si, como já destacado. Este aspecto requer um refletir maior, motivo pelo qual será objeto de outro item específico ainda nesta mesma parte do livro.

Para tanto, impende observar a necessidade de se perquirir antes alguns elementos da própria Administração Pública, partindo de sua delimitação conceitual a alguns de seus elementos, em que a consensualidade e, por que não dizer, a Mediação atuam ou poderão atuar. Evidentemente, como envolve a mutação de seus princípios, serão também objeto de ilações, a fim de que se possa adentar efetivamente no tema da Mediação e a Administração Pública.

7. ALGUNS ELEMENTOS DA ADMINISTRAÇÃO PÚBLICA

José Matias-Pereira[20], referendando lições de Luiz Carlos Bresser-Pereira, afirma que

> a Administração Pública no Brasil passou por três grandes reformas na tentativa de reestruturar e modernizar a máquina do Estado. A primeira, a Reforma Burocrática de 1936, inspirada no modelo descrito por Weber; a segunda foi sistematizada no Decreto-lei nº 200 de 1967. Ambas foram idealizadas e implementadas em contextos de ditadura política e sem debates com a sociedade. A terceira, iniciada em 1995, foi a primeira a pensar o setor público do país em um contexto democrático, com ênfase para o atendimento dos seus cidadãos, e com a consideração de que as instituições públicas devem ser eficientes e eficazes e o debate com a sociedade deve ser incrementado.

Odete Medauar (2017. p. 60-61), também, dentro de contextualização histórica, sob um olhar mais jurídico, compara a evolução da Administração Pública brasileira com a de outros países, como França, Itália, Inglaterra, Estados Unidos, entre outros.

A referida autora entende que no Brasil passou por diferentes fases, sendo que a primeira, e mais longa, iniciada com a Constituição de 1824, com forte influência francesa, constituiu a base das estruturas mais absolutistas, perdurando até 1930. Remonta

---

20. MATIAS-PEREIRA, José. *Curso de Administração Pública – foco nas instituições e ações governamentais.* 4ª Ed. São Paulo: Atlas, 2014. Cabe trazer a lume que o autor faz referência à obra de Luiz Carlos Bresser Pereira em notas de rodapé (BRESSER-PEREIRA, Luiz Carlos. Uma reforma gerencial da administração pública no Brasil. *Revista do Serviço Público.* ENAP, ano 49, n 1, jan/mar. 1998).

a esse ano a doutrina brasileira fortemente influenciada pelos Estados Unidos, constituindo-se na segunda fase, que é interrompida com o advento da Constituição Federal de 1988. Esta última propiciou o despertar de maior interesse sobre o tema, levando a uma aceleração de seu desenvolvimento. A autora ainda defende a existência de outra fase, iniciada, aproximadamente, em 2003, com novas perspectivas decorrentes do impulsionamento dado pelo intercâmbio cada vez maior entre os países em função da globalização. Nota-se que, ao se aproximar os ensinamentos de ambos os autores, confirma-se que com a Constituição de 1988 um novo impulso foi dado à Administração Pública, por diversos fatores. Entre eles, destacam-se a consensualidade refletida em muitos dos seus elementos, os quais serão citados mais adiante. Antes, porém, é relevante demarcá-la e, na sequência, oferecer alguns de seus elementos em que essa consensualidade estará presente.

7.1 Conceito, atividades e poderes da Administração Pública

Importante recordar que a expressão Administração Pública, para Marçal Justen Filho (2018, p. 141), "indica, de modo amplo, o conjunto de entes e organizações titulares da função administrativa. Tal conceito pressupõe dois sentidos: o objetivo, e o subjetivo". O primeiro consiste no conjunto dos bens e direitos necessários ao desempenho da função administrativa, no qual se subentende o enfoque funcional, cuja perspectiva se concretiza em uma

> atividade que, no âmbito estatal, contrapõe-se às atividades de cunho jurisdicional, legislativa e de controle. Já o sentido subjetivo é aquele integrado não apenas por indivíduos e pessoas jurídicas, mas também por órgãos e estruturas estatais não dotadas de personalidade jurídica autônoma.

Por outro lado, Odete Medauar (2017, p. 62), ao identificar dificuldades para definir adequadamente a Administração Pública, opta por apresentá-la sob dois ângulos: o funcional e o organizacional, lecionando que no primeiro ângulo pode ser conceituada como o

> conjunto de atividades do Estado que auxiliam as instituições políticas de cúpula no exercício de funções de governo, que organizam a realização das finalidades públicas postas por tais instituições e que produzem serviços, bens e utilidades para a população, como por exemplo, ensino público, calçamento de ruas, etc...

Em relação ao aspecto organizacional, esclarece representar "o conjunto de órgãos e entes estatais que produzem serviços, bens e utilidades para a população, coadjuvando com as instituições políticas de cúpula no exercício das funções de governo", tendo como exemplos os ministérios, suas secretarias e departamentos etc. Maria Sylvia Zanella Di Pietro (2007, p. 49-50), por sua vez, oferece outra perspectiva, com a separação dos aspectos objetivos e subjetivos da Administração. Em sentido objetivo, incluem-se:

> as funções de fomento (atividade administrativa de incentivo à iniciativa privada), a polícia administrativa (toda atividade a executar limitações impostas pela lei aos direitos individuais em favor do interesse público), o serviço público (atividade que a Administração Pública executa, direta ou indiretamente, para satisfazer à necessidade coletiva, sob o regime jurídico predominantemente público), e a intervenção (regulamentação e fiscalização da atividade econômica de natureza privada).

> E, em sentido subjetivo, compreende a administração direta e indireta do Estado, que pode ser identificada com precisão no art. 4º do Decreto Lei 200/67:

> Decreto Lei 200/67 - Art. 4º - Administração Federal compreende:

> I – A Administração Direta que se constitui dos

serviços integrados na estrutura administrativa da Presidência da República e dos Ministérios.

II – A Administração Indireta que compreende as seguintes categorias de entidades, dotadas de personalidade jurídica própria:

a) Autarquias:

b) Empresas Públicas;

c) Sociedades de Economia Mista, e

d) Fundações públicas.

Nota-se que, quando se fala em Administração Pública, um grande universo de atores, instituições e contextos aflora, o que leva Odete Medauar (2015, p. 62) a afirmar que na qualidade de "objeto precípuo do Direito Administrativo encontra-se inserida no Poder Executivo".

Convém salientar que a Administração Pública agrega um grau de complexidade cada vez maior, adquirindo caráter multiforme em suas atuações, ao exercer amplo leque de atividades. Tal fato faz com que mesma autora (2015, p. 63) enfatize que daí decorre a dificuldade de sua definição e identificação de suas funções como um todo, quando não deveria sê-lo em razão da teoria clássica da separação e independência dos Poderes Executivo, Legislativo e Judiciário. Por conseguinte, ela conclui que a Administração Pública "se deixa descrever, mas não se deixa definir, sobretudo ante sua complexidade e o atributo multiforme de suas atuações." Entretanto, acrescenta que, hoje, inexiste a separação absoluta de tais funções, pois a própria Constituição Federal, dentre outras previsões, estabelece atividade legislativa para o Executivo (artigo 62), assim como determina que o Legislativo exerça função jurisdicional (artigo 86). Por isso, enfatiza que permanece a cada um dos Poderes um núcleo de atividades típicas que possibilita caracterizá-lo e diferenciá-lo dos demais, sendo que para a Administração Pública o aspecto predominantemente de sua atividade não se traduz na função jurisdicional e muito menos legislativa.

A mesma autora (2015, p. 128) enfatiza que este "complexo de órgãos e entes personalizados, conduzidos por um corpo de agentes, que forma a Administração Pública, realiza grande número de atividades". As atividades destinam-se precipuamente a atender as necessidades e aos interesses da população e fragmentam-se em inúmeras variedades, cada qual com características jurídicas e técnicas próprias. A Administração Pública desempenha, assim, amplo e diversificado leque de atividades para cumprir as tarefas que o ordenamento lhe confere, atividades essas de diferentes tipos, sob várias formas e regimes. Marçal Justen Filho (2018, p.217), concordando com isso, acrescenta que atividade administrativa é diferente de função administrativa, muito embora constitua

> dois aspectos de um mesmo fenômeno jurídico. Mais ainda, são dois aspectos indissociáveis entre si. Não teria sentido que o ordenamento jurídico criasse a função administrativa sem prever a atividade administrativa. É indispensável que a função administrativa – considerada como um conjunto de atribuições vinculadas à realização de determinadas finalidades – seja acompanhada do desenvolvimento de um conjunto ordenado de atividades.

Em outras palavras a função administrativa estatal é o conjunto de competências estatais criadas pelo ordenamento jurídico, sendo o exercício dessas competências feito por ações das pessoas jurídicas e físicas que compõem o quadro de servidores públicos. E o exercício concreto das competências administrativas constitui a atividade administrativa.

Odete Medauar (2015, p. 134), por sua vez, acrescenta que a função administrativa possui o poder vinculado, também conhecido por competência vinculada, que ocorre quando "a autoridade, ante determinada circunstância, é obrigada a tomar decisão determinada, pois sua conduta é ditada previamente pela norma jurídica". O ordenamento confere ao administrador um poder de decisão, mas predetermina as situações e condições, canalizando-o a uma só direção. Por isso, ela esclarece que há matérias de reserva legal absoluta, em que o vínculo da Administração Pública ao bloco de juridicidade é máximo. Se houver uma só solução como consequência da aplicação de uma norma, ocorre o exercício do poder vinculado. Para a mesma autora, paralelo ao poder vinculado, existe o poder discricionário, que consiste na faculdade conferida à autoridade administrativa de, ante certa circunstância, escolher uma entre várias soluções possíveis. É o poder, caracterizado essencialmente como escolha de uma entre várias soluções, conferido por normas legais, devendo atender a parâmetros no seu exercício, não se confundindo com arbitrariedade. O poder discricionário ou a escolha discricionária, segundo Sergio Guerra (2019, p. 97), verificam-se no ordenamento jurídico pátrio

> ao longo dos anos, inclusive em períodos não democráticos, essa sempre foi e continua sendo uma prática legislativa fortemente adotada no Brasil, em que abre espaço para a tomada de decisão (escolha) amparada em critérios amplos e de difícil sindicabilidade, sob o binômio competência e oportunidade.

Em paralelo a ambos os poderes, Odete Medauar (2015, p. 141-145) aponta outros, como o poder normativo, que consiste na "faculdade de emitir normas para disciplinar matérias não privativas de lei", muito utilizado em órgãos colegiados tanto da Administração direta quanto da indireta. Outro seria o poder hierárquico, baseado nas relações hierarquizadas dos órgãos públicos, configurando um instrumento para que as atividades de um órgão sejam realizadas de maneira coordenada, harmônica e eficiente, sempre observando a legalidade e o interesse público. Por derradeiro, o poder disciplinar, que é atribuído ao agente público com o objetivo de apurar e punir faltas funcionais ou atividade irregulares, incidindo, a princípio nos servidores, podendo, entretanto, abranger outras pessoas físicas ou jurídicas.

Odete Medauar (2015, p. 67-68) conclui que "a existência de uma estrutura própria em cada ente da Federação revela uma divisão vertical da Administração brasileira", existindo também a horizontal. Explica que a primeira é decorrente da forma federativa, mesmo sem qualquer conotação hierárquica entre elas, e a segunda é decorrente do grau de complexidade da própria Administração Pública, pois se subdivide em Administração Pública direta ou indireta. Selma Ferreira Lemes (2007, p 40-41) reforça esta perspectiva ao sublinhar que

> integram a Administração Direta, os órgãos que compõem as pessoas jurídicas políticas (União, Estados, Municípios e Distrito Federal), e a Administração Pública Indireta, as autarquias, empresas públicas, sociedades de economia mista e fundações públicas. Apesar desta classificação defluir do Decreto-Lei 200, de 25.02.67, com redação dada pela Lei 7.596, de 10.04.87, de alçada federal, seus conceitos e princípios, com algumas ressalvas efetuadas pela doutrina, aplicam-se nas esferas estaduais e municipais.

E Celso Bandeira de Mello[21] leciona que, "para desempenhar as

---

21. BANDEIRA DE MELLO, Celso Antônio. *Curso de Direito Administrativo*. 34ª Ed. São Paulo: Malheiros, 2019. p.345. Importante reproduzir, em complemento, que o referido autor identifica nestes tipos de atividades os: "a) unilaterais, gerais e abstratos, dentre os quais se salientam os regulamentos; b) unilaterais e concretos, frequentemente designados pura e simplesmente como atos administrativos, os quais, sendo embora atos jurídicos como quaisquer outros, possuem, entretanto, características próprias no que atina às condições de sua válida produção e força jurídica peculiar, no que se distinguem dos demais, justificando sejam estudados como uma categoria à parte; c) o atendimento pela Administração das finalidades legais que em cada caso deve prover não resulta da prática de um ato isolado, mas, pelo contrário, é o fruto de uma sucessão itinerária e encadeada de atos compostos e ordenados em vista do ato final almejado. Esta sequência inúmeras vezes se deflagra por iniciativa da própria Administração e

atividades de sua alçada a Administração Pública dispõe de meios técnico-jurídicos consistentes na expedição de atos infralegais", a saber:

a) unilaterais, subdivididos em gerais, abstratos e concretos, e

b) bilaterais, subdivididos em consensuais e nominados.

Independentemente da subdivisão acima, o referido autor deixa claro que que as atividades da Administração Pública consistem no ato administrativo, no contrato administrativo, bem como no processo administrativo. Todos eles serão objeto de breves considerações a seguir, pois hoje também refletem a tendência da consensualidade.

7.2. Ato administrativo

O mesmo autor (2019, p. 393-396), em conceito amplo, entende que o ato administrativo consiste na

> declaração do Estado (ou de quem lhe faça as vezes – como, por exemplo, um concessionário de serviço público), no exercício de prerrogativas públicas, manifestada mediante providências jurídicas complementares da lei a título de lhe dar cumprimento, é sujeita a controle de legitimidade por órgão jurisdicional.

Deve, segundo o referido autor, ser perfeito, no sentido de ter completado o ciclo necessário para sua produção, válido, quando

---

outras tantas por iniciativa de algum interessado, canaliza a atuação administrativa dentro de pautas que buscam contê-la em trilhas jurídicas corretas e arrecadar as informações necessárias para desembocar na solução mais adequada. É isto que se chama processo administrativo ou procedimentos administrativos, como preferem outros. d) afora os atos unilaterais que pratica, a Administração também se envolve em atos bilaterais, consensuais, nominados de contratos administrativos, os quais, também eles, inobstante a doutrina e a legislação pátria os aloquem no gênero contrato, apresentam um regime próprio, justificando que sejam tratados como uma figura específica do Direito Administrativo." Cf. p. 345 e 346.

expedido em absoluta conformidade com os requisitos do sistema normativo, e eficaz, quando produzir ou desencadear efeitos próprios.

Marçal Justen Filho (2018, p. 293-294), por sua vez, identifica-o como a "manifestação de vontade apta a gerar efeitos jurídicos, produzida no exercício de função administrativa", não podendo se confundir com uma declaração, produzindo efeitos jurídicos, por exemplo, uma norma jurídica que disciplina a conduta de agente público e/ou privado. Pode consistir também na execução de um comando expresso ou implícito constante de uma norma jurídica pré-existente (constitucional, legal ou infralegal) e sempre é realizado no exercício de uma função administrativa.

Odete Medauar (2015, p.169), entretanto, preleciona que o

> ato administrativo constitui, assim um dos modos de expressão das decisões tomadas por órgãos e autoridades da Administração Pública, que produz efeitos jurídicos, em especial no sentido de reconhecer, modificar, extinguir direitos ou impor restrições e obrigações com observância da legalidade.

A mesma autora acrescenta ainda seus elementos estruturantes, a saber: agente competente, isto é, emanado por aquele que possui atribuições decorrente da lei para fazê-lo; objeto ou conteúdo no sentido de se constituir o efeito prático pretendido com sua edição ou modificar o ordenamento jurídico; forma, significando a exteriorização da vontade ou da decisão para efeitos de produzir resultado no âmbito jurídico; motivo, isto é, as circunstâncias de fato ou os elementos de direito que provocam e precedem a edição do ato; e fim, indicando o objetivo de alcançar uma consequência final em função do ato, sempre de interesse público e se desdobrando em uma enorme gama de tipos.

7.3 Contrato administrativo

Ao se abordar aspectos relevantes quanto ao contrato administrativo, importa aproveitar as observações contidas no item 5 – Parte II – Mediação deste livro, quando oferece aspectos relevantes sobre o contrato, os princípios e seus instrumentos incidentes na Mediação. Vale recordar também Celso Bandeira de Mello (2019, p. 648), que sustenta:

> tradicionalmente entende-se por contrato a relação jurídica formada por um acordo de vontades, em que as partes se obrigam reciprocamente a prestações concebidas como contrapostas e de tal sorte que nenhum dos contratantes pode unilateralmente alterar ou extinguir o que resulta da avença. Daí o dizer-se que o contrato é uma forma de composição pacífica de interesses e que faz lei entre as partes. Seus traços nucleares residem na consensualidade para formação do vínculo e na autoridade de seus termos, os quais se impõem igualmente para ambos os contratantes. Nem todas as relações jurídicas travadas entre a Administração Pública e terceiros resultam de atos unilaterais. Muitas delas procedem de acordos de vontades entre o Poder Público e terceiros. A estas últimas costuma-se denominar contratos.

Para Sidney Bittencourt (2015, p. 31-32),

> sempre que a Administração Pública celebra um ajuste com um terceiro, visando à execução de um objeto pelo qual será procedida uma remuneração, estará estabelecendo um contrato. Neste caso, convencionou-se no ordenamento jurídico brasileiro a denominação contrato da Administração. Tal expressão é utilizada em sentido lato, abrangendo qualquer contrato celebrado pela Administração, que poderá reger-se tanto pelo direito público quanto pelo direito privado.

Este conceito advém do artigo 2º da Lei nº 8.666/93:

Lei 8.666/93 Artigo 2º - Para fins desta Lei, considera-se contrato todo e qualquer ajuste entre órgãos ou entidades da Administração Pública e particulares, em que haja um acordo de vontades para a formação de vínculo e a estipulação de obrigações recíprocas, seja qual for a denominação utilizada.

Celso Bandeira de Mello (2019, p. 346) esclarece que este tipo de contrato possui especificidades que

> se manifestam, sobretudo, no fato de que a Administração, por razões de interesse público, pode, por decisão unilateral, modificá-los ou prematuramente encerrá-los, nos limites e casos que a lei indica, além de dispor de amplo poder fiscalizatório sobre sua execução e possibilidade de aplicar, ela própria, sanções ao contratante faltoso". E continua, "sucede que, ao contrário dos particulares, que podem escolher livremente sua contraparte, a Administração quando se propõe a contratar necessita realizar procedimento ou processo prévio, salvo em algumas situações que a lei refere, a fim de eleger em um certame isonômico a proposta mais satisfatória. Este processo ou procedimento se chama licitação. Assim, tal como os atos administrativos cujo desenlace final deve ser precedido de um processo (ou procedimento), também os contratos administrativos são colhidos por um equivalente trâmite, seja para reconhecer-se que ocorreu uma hipótese legal em que a licitação é dispensável ou inexigível, seja para deflagrar e desenvolver o certame licitatório.

Ricardo Medina Salla (2015, p. 60), ao adicionar elementos ao instituto, observa que "para o ordenamento brasileiro, é legítimo à Administração Pública celebrar contratos regidos pelo direito privado e/ou pelo direito público". Para ele, no primeiro caso, a Administração se nivela aos particulares para estabelecer uma relação contratual e, no segundo, a Administração impõe sua supremacia contra o particular, rogando para si poderes unilaterais.

Maria Sylvia Zanella Di Pietro (2007, p. 251), por sua vez, destaca, de maneira mais ampla, que "a expressão contrato administrativo é reservada para designar tão somente os ajustes que a Administração, nessa qualidade, celebra com pessoas físicas ou jurídicas, públicas ou privadas, para a consecução de fins públicos, segundo regime jurídico de direito público". Quanto ao contrato de direito privado, concorda com o autor anterior, pontuando que o referido contrato passa a ser marcado pela horizontalidade, ao passo que, nos contratos administrativos, a Administração age como poder público, como todo o seu poder de império sobre o particular, caracterizando-se a relação pelo traço da verticalidade. Por isso, conclui Ricardo Medina Salla (2015, p. 61):

> enquanto a finalidade do contratante privado é satisfazer um interesse particular e auferir lucro, a finalidade oposta da Administração sempre corresponde ao atendimento do interesse coletivo. De fato, pouco importa se o regime jurídico aplicável ao contrato é de direito privado ou público, o objetivo da Administração jamais será outro que não o beneficiamento do interesse público.

Odete Medauar (2015, p. 261) concorda com tais observações e acrescenta que

> o módulo contratual da Administração desdobra-se em alguns tipos, que podem ser enfeixados do seguinte modo: a) contratos administrativos clássicos, regidos pelo direito público, como contrato de obras, o de compras, as concessões; b) contratos regidos parcialmente pelo direito privado, também denominados semipúblicos, como a locação, em que o poder público é o locatário; c) figuras contratuais recentes regidas precipuamente pelo direito público, como os convênios, contratos de gestão, consórcios públicos.

Por outro lado, André Rodrigues Junqueira (2019, p. 40-49), próximo a este entendimento, apresenta um outro critério para este instituto, baseado na evolução legislativa brasileira, que caminhou no sentido da

> criação abrangente de procedimentos, principalmente no bojo da licitação, e unificação de regimes jurídicos, praticamente extinguindo a distinção doutrinária entre contratos administrativos e contratos privados celebrados pela Administração,

ao positivar diversos contratos possíveis de serem celebrados com e pela Administração.

Em outras palavras, o referido autor concorda com a classificação quanto ao contrato típico, que nominou de clássico brasileiro, incluindo no geral os disciplinados pela Lei nº 8.666/93, que, segundo ele, não atendem aos novos regimes jurídicos demandados pelos contratos mais complexos.

Nesse sentido, a legislação tem propiciado sua revisitação, pois vem criando regras específicas em função das necessidades sociais recentes. O referido autor se reporta aos contratos de concessão de serviço público, contratos de parceria público-privada, assim como a todas as outras parcerias com a Administração Pública.

7.4 Processo administrativo

O processo administrativo, de acordo com Odete Medauar (2015, p. 198), justifica-se pelo fato de que "nem todos os atos administrativos são editados de imediato pelos agentes administrativos". Em muitos casos, o ordenamento impõe a precedência de uma série de fases, cujo momento final é a edição de um ato administrativo. Assim, alguns atos são emitidos como resultado de um processo administrativo. Na mesma linha destaca Celso Bandeira de Mello (2019, p. 500) ao afirmar:

> é certo que entre a lei e o ato administrativo existe um intervalo, pois o ato não surge como um passe de mágica. Ele é produto de um processo ou procedimento através do qual a possibilidade ou a exigência, supostas na lei em abstrato, passam para o plano de concreção. Nele se estrutura, se compõe, se canaliza e a final se estampa a vontade administrativa. Evidentemente, existe sempre um modus operandi para chegar-se a um ato administrativo final.

Nesse sentido, Marçal Justen Filho (2018, p. 263) realça que "salvo situações excepcionais, todo ato administrativo deve ser produzido no bojo de um procedimento. O conteúdo e a validade dos atos administrativos dependem da observância ao procedimento devido". Isso não significa o desaparecimento do instituto do ato administrativo e sua substituição por procedimentos administrativos. Mas não é cabível examinar o ato administrativo sem considerar o procedimento a ele referido. E adiciona que a finalidade da procedimentalização é múltipla, apontando: o controle do poder para evitar o exercício abusivo do poder jurídico; o exercício da democracia por intermédio da participação dos interessados na formação da vontade estatal; aperfeiçoamento técnico da atividade administrativa com a contraposição de teses; redução da litigiosidade por meio da participação dos interessados que poderá propiciar a composição de interesses.

Odete Medauar (2015, p. 200-202) acrescenta de sua parte: "garantia jurídica para todos; melhor conteúdo das decisões; correto desempenho da função, maior justiça na Administração; aproximação entre a Administração e cidadão, e sistematização da atuação administrativa".

Todas estas atividades, atos, contratos, processos etc. possuem peculiaridades próprias, as quais são constituídas a partir dos poderes atribuídos a cada uma delas e refletem a evolução por que passa a Administração. Impende recordar que todas, sem exceção, são norteadas por princípios, os quais são impactados também pelas mudanças em curso. E passam a ser maiores ainda quando se identifica a tendência em direção à consensualidade, tema impensado nos primórdios do Direito Administrativo até o advento da Constituição de 1988, como já exposto anteriormente. O mesmo vale para a Mediação, a ser debatida nos itens finais desta obra.

Este cenário é qualificado por André Bergamaschi (2019, p. 50) como o momento para a Administração de "releitura dos princípios da legalidade e da supremacia do interesse público, a introdução do princípio da eficiência e do desenvolvimento de formas consensuais de atuação administrativa". No entanto, dada a interligação entre todos os princípios do Direito Administrativo e da Administração e toda a sua atuação, pode-se acrescentar a releitura para todos eles, pois são fruto de seu próprio aperfeiçoamento, para além da introdução dos elementos consenso e eficiência. Por isso, é necessário tecer breves comentários sobre eles, a partir da evolução hoje em curso, bem como da relevância que possuem para a Administração Pública da pós-modernidade. E, claro, sobre como se adequam à tendência ao consensualismo e como podem acolher a Mediação.

8. ALGUNS PRINCÍPIOS DA ADMINISTRAÇÃO PÚBLICA

Ao se falar de princípios, convém lembrar os ensinamentos dos autores citados no item 5.1, que são somados ao que Marçal Justen Filho (2018, p. 97) leciona: "é usual a afirmativa de que o regime de direito administrativo é produzido a partir de uma pluralidade de princípios". Também é comum a doutrina produzir um elenco dos chamados princípios de direito administrativo. Esse enfoque deve ser aperfeiçoado, uma vez que o regime de direito administrativo é produzido pelos direitos fundamentais (que se manifestam por via de normas constitucionais de distinta natureza). Os princípios apresentam enorme relevância no âmbito do direito administrativo. A atividade administrativa traduz o exercício de poderes-deveres, o que significa vinculação quanto ao fim a ser atingido. Em inúmeras oportunidades, a conduta a ser adotada dependerá das circunstâncias, o que não equivalerá a consagrar a liberdade para o agente escolher o que bem entender. Nessas situações, pode haver alguma autonomia de escolha quanto ao meio a adotar, e os princípios serão o instrumento normativo apropriado para evitar escolhas inadequadas.

Como assinala Odete Medauar (2015, p. 149), "a partir da segunda metade dos anos 90 do século passado gradualmente os princípios autoritários se atenuaram ou desapareceram", pois para o Direito Administrativo assumem valor de garantia e potencial dos direitos e interesses do cidadão. E ressalta que a importância dos princípios está centrada, também, na possibilidade de promover soluções de situações não previstas, para permitir melhor compreensão dos textos esparsos e para conferir certa segurança aos cidadãos quanto à extensão dos seus direitos e deveres. Ao mesmo tempo, afirma, os princípios revestem-se de função positiva ao se considerar a influência que exercem na elaboração de normas e decisões sucessivas, na atividade de interpretação do Direito; atuam, assim, na tarefa de criação, desenvolvimento e execução do direito e de medidas para que se realize a justiça e a paz social; sua função negativa significa a rejeição de valores e normas que os contrariam. Por isso, convém oferecer, mesmo de forma genérica, alguns dos que norteiam esta área e serão úteis para a compreensão das mutações em curso diante do consensualismo e da Mediação.

8.1 Breves observações sobre alguns princípios da Administração Pública

Antes de adentrar nas breves observações sobre alguns princípios que norteiam a Administração Pública, desde aqueles constantes na Carta Magna, passando pelos incluídos na evolução do Direito Administrativo, que muitas vezes podem parecer contrários à consensualidade, ou mesmo desincentivadores da Mediação, cabe lembrar o que leciona Celso Antônio Bandeira de Mello (2019. p. 59), ao lembrar um princípio da Administração Pública não positivado, que permeia o pensamento comum da sociedade como um todo, no sentido da supremacia do interesse público em dicotomia com o interesse individual. Para ele ninguém nega a importância da noção jurídica do interesse público. E destaca:

> ao se pensar no interesse público, pensa-se, habitualmente, em uma categoria contraposta à do interesse privado, individual, isto é, ao interesse pessoal de cada um. Acerta-se em dizer que se constitui no interesse do todo, ou seja, do próprio conjunto

social, assim como acerta-se também em sublinhar que não se confunde com a somatória dos interesses individuais, peculiares de cada qual. Dizer isto, entretanto, é dizer muito pouco para compreender-se verdadeiramente o que é o interesse público.

Ao mesmo tempo, Onofre Alves Batista Junior (2007, p. 315), ao discorrer sobre o mesmo tema, lembra que "o Estado e a Administração Pública apenas existem se podem promover o bem comum". Compartilhando com a mesma perspectiva, Maurício Morais Tonin (2019, p. 56) reforça que a missão permanente da Administração é a

> busca do bem comum e, como dever inalienável a ser cumprido através do exercício do poder, a prática da justiça. Neste sentido, a ideia de interesse público por certo engloba a defesa de um interesse privado nos termos do que estiver disposto na Constituição, isto é, a proteção do interesse privado não é apenas do particular que possa vir a ser afetado, mas é de interesse de toda a coletividade que seja defendido.

Com a mesma perspectiva Celso Antônio Bandeira de Mello[22] acrescenta que "o interesse público deve ser conceituado como o interesse resultante do conjunto dos interesses que os indiví-

---

22. BANDEIRA DE MELLO, Celso Antônio. *Curso de Direito Administrativo*. 34ª Ed. São Paulo: Malheiros, 2019. p. 62. Relevante chamar a atenção para a conclusão a que o autor chega, quando reafirma a importância de bem conceituar o interesse público por residir em "duplo aspecto; a saber: a) de um lado, enseja mais facilmente desmascarar o mito que interesses qualificados como públicos são insuscetíveis de serem defendidos por particulares (salvo em ação popular ou civil pública) mesmo quando seu desatendimento produz agravo pessoalmente sofrido pelo administrado, pois aniquila o pretenso calço teórico que arrimaria: a indevida suposição de que os particulares são estranhos a tais interesses; isto é, o errôneo entendimento de que as normas que os contemplam foram editadas em atenção a interesses coletivos, que não lhes diriam respeito, por irrelatos a interesses individuais. E b) de outro lado, mitigando a falsa desvinculação absoluta entre uns e outros, adverte contra o equívoco ainda pior – e, ademais, frequente entre nós – de supor que, sendo os interesses públicos interesses do Estado, todo e qualquer interesse do Estado (e demais pessoas de Direito Público) seria ipso facto um interesse público. Trazendo à baila a circunstância de que tais sujeitos são apenas depositários de um interesse".

duos pessoalmente têm quando considerados em sua qualidade de membros da Sociedade e pelo simples fato de o serem". Tais parâmetros lançam as bases dos princípios contidos na Constituição e outros positivados em leis extravagantes. Os da Constituição constam no artigo 37:

> CONST. FED. - Artigo 37: A administração pública direta e indireta de qualquer dos Poderes da União, dos Estados, do Distrito Federal e dos Municípios obedecerá aos princípios de legalidade, impessoalidade, moralidade, publicidade e eficiência.

Por força da evolução do Direito Administrativo, esses princípios e outros que serão brevemente comentados a seguir não são tão contrários à Mediação como aparentemente podem parecer. Mesmo porque, reproduzindo Thiago Marrara (2020, p. 197), o

> movimento de consensualização do Direito Administrativo contemporâneo, que se deixa brevemente definir como o fenômeno da valorização de instrumentos dialógicos contratuais, procedimentais ou organizacionais favoráveis à edificação de consensos nas relações intra-administrativas, interadministrativas e nas relações entre Poder Público e sociedade.

8.2 Princípio da Supremacia do Interesse Público sobre o Interesse Privado

Para Celso Antônio Bandeira de Mello (2019, p. 99-100), o princípio da supremacia do interesse público sobre o privado, além de integrar o Direito Administrativo e, portanto, a Administração, constitui-se em um princípio geral do Direito, inerente a qualquer sociedade, sendo a própria condição de sua existência. Assim, asseverando

> como expressão desta supremacia, a Administra-

ção, por representar o interesse público, tem a possibilidade, nos termos da lei, de constituir terceiros em obrigações mediante atos unilaterais. Tais atos são imperativos como quaisquer atos do Estado. Demais disso, trazem consigo a decorrente exigibilidade, traduzidas na previsão legal de sanções ou providências indiretas que induzam o administrado a acatá-las. Bastas vezes ensejam, ainda, que a própria Administração possa, por si mesma, executar a pretensão traduzida no ato, sem necessidade de recorrer previamente às vias judiciais para obtê-lo. É a chamada autoexecutoriedade dos atos administrativos. Esta, contudo, não ocorre sempre, mas apenas nas seguintes duas hipóteses: a) quando a lei expressamente preveja tal comportamento; b) quando a providência for urgente ao ponto de demandá-la de imediato, por não haver outra via de igual eficácia e existir sério risco de perecimento do interesse público se não for adotada.

E pondera, por outro lado, que este princípio possui a extensão e compostura que a ordem jurídica lhe houver atribuído na Constituição e nas leis com ela consonantes. Portanto, jamais caberia invocá-lo abstratamente, com precedência do perfil constitucional que lhe haja sido derrogado. Não caberia recorrer a ele contra a Constituição ou as leis. Juridicamente, sua dimensão, intensidade e tônica são fornecidas pelo Direito posto, e só por este ângulo é que pode ser considerado e invocado.

Odete Medauar (2015, p.162), por seu turno, nega a existência de tal princípio pelo fato de ir contra o interesse da coletividade, automaticamente contra o interesse público, além de se constituir em um desvio de finalidade da Administração. E argumenta que,

> se um dia existiu, enfatiza, está ultrapassado por várias razões, a seguir expostas de modo sucinto:
>
> a) Ante a Constituição Federal de 1988, que prioriza os direitos fundamentais, direitos estes essencial-

mente dos particulares, soa ilógico e incoerente à diretriz constitucional invocá-lo como princípio do Direito Administrativo;

b) Mostra-se pertinente à Constituição de 1988 e à doutrina administrativa contemporânea a ideia de que à Administração cabe realizar a ponderação de interesses presentes numa determinada situação para que não ocorra sacrifício a priori de nenhum interesse; o objetivo desta função está na busca de compatibilidade ou conciliação dos interesses, com a minimização dos sacrifícios. Até autores que se aferram a este princípio reconhecem a necessidade de sua reconstrução, de sua adequação à dinâmica social, de sai adaptação visando à harmonização dos interesses.

c) O princípio da proporcionalidade também matiza o sentido absoluto do preceito pois implica, entre outras decorrências, a busca da providência menos gravosa, na obtenção de um resultado.

d) Tal princípio não vem indicado na maioria maciça das obras doutrinárias contemporâneas.

Sergio Guerra[23], com a mesma ótica da autora acima citada, ensina que "há por certo um enriquecimento do direito administrativo no século XXI com o intercâmbio de questões com suas ramificações com o direito privado e com o direito administrativo alienígena, este em um ambiente de internacionalização do próprio direito". Acrescenta ainda que a supremacia do interesse público e, indiretamente, da Administração Pública, nesta fase, deve deixar de ser um atributo permanente e prevalente e se converter em um privilégio que deve ser concedido caso a caso pela lei. Con-

---

23. GUERRA, Sérgio. *Discricionariedade, Regulação e Reflexibilidade* - Uma Nova Teoria sobre as Escolhas Administrativas. Belo Horizonte: Fórum, 2019. p. 136-137. Deve-se observar que as duas últimas frases são a tradução livre do espanhol para o português, extraídas do livro *La globalización jurídica*, de autoria do italiano Sabino Cassese (traduzido para o espanhol por Luis Ortega, Isaac Martin Delgado e Isabel Gallego. Madrid: Marcial Pons, 2006. p. 185). A edição original tem o título de *Lo spazio giuridico globale* (Roma- Bari: Laterza, 2003).

sequentemente, supremacia e unilateralidade se substituem por consenso e bilateralidade.

Deve-se, dessa forma, enfatizar que este princípio caiu em desuso a partir dos postulados constitucionais e na atualidade não se constitui em óbice para o consensualismo ou mesmo para a Mediação. Nesse sentido, reforça a perspectiva de releitura a partir do momento atual, sobretudo nas palavras de Juliana de Palma (2019, p. 153), que assim destaca, ao assinalar a insuficiência deste princípio para a fundamentação do provimento administrativo:

> ainda que se admita o princípio da supremacia, o ato consensual pode ser considerado o próprio interesse público, de forma que a atuação administrativa consensual não determina a prevalência do interesse privado em detrimento do interesse público, pelo contrário, segundo esse argumento a consensualidade corresponderia ao processo de satisfação do interesse público concretizado no acordo administrativo. O ponto está em considerar não apenas o ato administrativo como expressão do interesse público, mas também o acordo firmado entre Administração e administrado no âmbito do processo no qual não haja negociação da prerrogativa pública. Tendo em vista os possíveis efeitos positivos da consensualidade – como a efetividade da decisão bilateral, a economia de tempo e de custos, bem como a maior adequação da solução negociada em relação às particularidades da situação concreta – é importante que se reconheça o ato consensual como a própria expressão do interesse público.

Nesse sentido, em uso ou desuso, superado ou não superado, não significa obstáculo para a Mediação. Por isso, nem será mencionado a partir de agora.

8.3 Princípio da Legalidade

Segundo Marçal Justen Filho (2018, p. 104 e 114), "a legalidade está abrangida na concepção da democracia republicana. Significa a supremacia da lei (expressão que abrange a Constituição), de modo que a atividade administrativa encontra na lei seu fundamento e seu limite de validade". O autor o considera como uma garantia fundamental a toda a sociedade, em especial ao cidadão e, como tal, norteia a atividade administrativa do Estado, sendo traduzida na participação do povo ou de seus representantes eleitos na produção de normas que introduzam inovação na ordem jurídica. Celso Antônio Bandeira de Mello (2019, p. 103), por sua vez, adiciona

> para avaliar corretamente o princípio da legalidade e captar-lhe o sentido profundo, cumpre atentar para o fato de que ele é a tradução jurídica de um propósito político: o de submeter os exercentes do poder em concreto – o administrativo – um quadro normativo que embargue favoritismos, perseguições ou desmandos. Contrapõe-se, portanto, e visceralmente, a quaisquer tendências de exacerbação personalista dos governantes. Opõe-se a todas as formas de poder autoritário", sendo um antídoto natural do poder monocrático ou oligárquico,

instaurando com ele o princípio de que todo governo emana do povo, de tal sorte que os cidadãos é que são proclamados como os detentores do poder. Os governantes nada mais são, pois, que representantes da sociedade.

Odete Medauar (2015, p. 150), sob perspectiva, por ela identificada como mais simplista, leciona que "o princípio da legalidade traduz-se, de modo simples, na seguinte fórmula: a Administração deve sujeitar-se às normas legais". Essa aparente simplicidade oculta questões relevantes quanto ao modo de aplicar, na prática, esse princípio. Por isso, endossando os ensinamentos de Charles Eisenmann[24], a referida autora pontua que pressupõe quatro aspectos:

> a) a Administração pode realizar todo os atos e medidas que não sejam contrários à lei;
>
> b) a Administração só pode editar atos ou medidas que não sejam contrários à lei;
>
> c) somente são permitidos atos cujo conteúdo seja conforme a um esquema abstrato fixado por norma legislativa; e
>
> d) a Administração só pode realizar atos ou medidas que a lei ordena fazer.

E conclui: nota-se que, na ordem dessa enumeração, o vínculo da Administração com a norma vai aumentando, de tal modo que o segundo significado implica limitação mais acentuada que o primeiro, o terceiro agrava mais que o segundo, o quarto fixa maior restrição.

Como lembra Carlos Alberto de Salles (2011, p. 237), "o chamado princípio da legalidade ocupa um papel central na estruturação conceitual do Direito Administrativo. De maneira geral, ele vem expresso pela assertiva de que a Administração só pode fazer o que a lei permite". Por isso, preleciona o referido autor, o espaço de liberdade da atuação administrativa é circunscrito à lei, na forma de discricionariedade. Diversamente do que ocorre em relação ao particular, esse espaço de liberdade não se estende àquela zona de possibilidade decorrente da falta de regulamentação pelo ordenamento jurídico. É necessário para a Administração a existência de um comando legal específico, consistente em um

---

24. Charles Eisenmann é conhecido administrativista, foi professor na Sorbonne e escreveu um célebre tratado do direito administrativo, chamado Curso de Direito Administrativo, ao qual a autora faz alusão, adotando seu critério. (EISENMANN, Charles. *Cours de droit administratif*. Paris: LGDJ, 1982. V.1).

permissivo para a prática de determinada modalidade de ato ou atividade.

Celso Antônio Bandeira de Mello (2019, p. 103 e 108) leciona que

> no Brasil o princípio da legalidade, além de assentar-se na própria estrutura do Estado de Direito e, pois, do sistema constitucional como um todo, está radicado especificamente nos artigos 5º, I, 37, caput e 84, IV da Constituição Federal. Estes dispositivos atribuem ao princípio em causa uma compostura muito estrita e rigorosa", o que significa dizer que a Administração nada pode fazer senão o que a lei determina. Ao contrário dos particulares, os quais podem fazer tudo o que a lei não proíbe. Donde administrar é prover aos interesses públicos, assim caracterizados em lei, fazendo-o na conformidade dos meios e formas nela estabelecidos ou particularizados segundo suas disposições. Segue-se que a atividade administrativa consiste na produção de decisões e comportamentos que, na formação escalonada do Direito, agregam níveis maiores de concreção ao que já se contêm abstratamente nas leis.

Dentro dos aspectos acima apontados, Onofre Alves Batista Junior (2007, p. 102-109) revela, por outro lado, que, com o advento do Estado Liberal, seguido do Estado Social e do Estado Democrático de Direito, acompanhados da crescente complexidade da sociedade e permanente evolução das instituições, este princípio foi perdendo sua absoluta pujança, deixando de ser visto como um super-princípio com relação aos demais. E lembra que "a realidade moderna provou que uma atuação administrativa formalmente perfeita, ajustada minuciosa e rigidamente em todos os seus elementos e momentos procedimentais, à prévia regra legal, pode não garantir a obtenção de um resultado ótimo, pode ser ineficiente". O princípio da legalidade, segundo o autor, ainda que observado na íntegra, não é suficiente, sempre, para garantir situações jurídicas subjetivas de maior vantagem para o cidadão. Perante o dinamismo da realidade deste início de século, o princípio da eficiência faz-se presente para atenuar a rigidez e o formalismo exacerbado que, tendencialmente, não favorecem a eficiência, mas, como diretriz constitucional autônoma, não se contrapõe aos ditames da legalidade. Diante do dinamismo da sociedade eletrônica pluralista e democrática, a Constituição não apenas exige uma atuação administrativa correta, legal, mas também eficiente, que se desenvolva segundo regras que possibilitem a desburocratização, a economicidade, a eficácia, o rendimento, a simplicidade, a perfeição, a celeridade etc. Em síntese, no moderno Estado Democrático de Direito (eficiente e pluralista), perante as exigências postas pelo princípio da legalidade, não se admite entregar à burocracia, desprovida de legitimidade democrática, liberdade decisória, ou seja, não se pode pagar com a legalidade um tributo à eficiência.

No mesmo sentido, Odete Medauar (2017, p.174) esclarece que a compreensão desse princípio hoje

> deve abranger não somente a lei formal, mas também os preceitos decorrentes de um Estado democrático de direito, que é o modo de ser do Estado brasileiro, conforme prevê o artigo 1º caput da Constituição; e ainda, deve incluir os demais fundamentos e princípios de base constitucional. Desse modo vincula-se a atividade administrativa aos valores que informam o ordenamento como um todo.

E lembra que a multiplicidade de fontes existente no ordenamento jurídico brasileiro dificulta a determinação de um modelo que, recomenda, seja em rede. Por isso, Geisa Neiva (2019, p.84) enaltece que o "constitucionalismo contemporâneo, fundado na valorização dos direitos do homem, deixa de lado a legalidade estrita, apoiada apenas nas razões do Estado e na supremacia do interesse público, com elevado formalismo procedimental para prestigiar a democracia participativa".

Com base nas observações acima, André Bergamaschi conclui (2019, p. 53):

> esta nova visão sobre a legalidade administrativa altera diretamente o sentido da norma constitucional, a qual se sobrepõe como norma superior, mas também se aplica diretamente ao caso concreto pela autoexecutoriedade de seu mandamento e efetiva aplicabilidade direta dos princípios constitucionais. A compreensão desses sentidos da legalidade administrativa é importante porque repercute na discussão sobre a possibilidade ou não de adoção de meios consensuais independentemente de previsão legal específica.

Depreende-se claramente que o princípio da legalidade não pode ser considerado como elemento de resistência para o emprego do consensualismo ou mesmo da Mediação, já que se agrupa naqueles em que está sendo objeto de releitura a partir da evolução por que passa a Administração Pública. Em outras palavras, a Administração da atualidade abandona o perfil de simples aplicadora da lei para participar de um processo de construção normativo, pois continua a depender de autorização legal, mas não necessariamente expressa, podendo ser implícita, decorrente de um bloco normativo ou mesmo de valores do ordenamento jurídico.

8.4 Princípio da Impessoalidade

Segundo Marçal Justen Filho (2018, p. 105), "a impessoalidade é uma faceta da isonomia, tendo em vista especificamente a aplicação da lei pelo Estado. Todos são iguais perante o Estado". A impessoalidade não afasta a exigência de tratamento igualitário para os iguais e não igualitário para os desiguais. Reside em impedir que algum sujeito receba tratamento mais vantajoso ou prejudicial do que o reservado para o conjunto da população. Em outras palavras, como sublinha Celso Antônio Bandeira de Mello (2019, p. 117), neste princípio

> se traduz a ideia de que a Administração tem que tratar a todos os administrados sem discriminações, benéficas ou detrimentosas. Nem favoritismo, nem perseguições são toleráveis. Simpatias ou animosidades pessoais, políticas ou ideológicas não podem interferir na atuação administrativa e muito menos interesses sectários de facções ou grupos de qualquer espécie.

O autor considera que este princípio se confunde com o da igualdade e o da isonomia. Odete Medauar (2015, p. 151), com outra perspectiva, observa que este princípio "recebe várias interpretações da doutrina e, nelas inspiradas, defende que visa impedir que fatores pessoais, subjetivos, sejam os verdadeiros móveis e fins das atividades administrativas". Com o princípio da impessoalidade, a Constituição busca que predomine o sentido função, isto é, a ideia de que os poderes atribuídos se finalizem ao interesse de toda a coletividade, portanto a resultados desconectados de razões pessoais. Em situações que dizem respeito a interesses coletivos ou difusos, a impessoalidade significa a exigência de ponderação equilibrada de todos os interesses envolvidos, para que não se editem decisões movidas por preconceitos ou radicalismos de qualquer tipo. Para ela, este princípio está interligado ao da moralidade e da publicidade, que serão objetos de análise nos próximos itens.

Com este princípio não se constata também eventual dificuldade com a consensualidade e muito menos com a Mediação, pois poderá promover soluções possíveis e adequadas ao atendimento das demandas da sociedade e à abertura de certa margem de discricionariedade decisória ao agente público, o que permite à Administração uma tomada de decisão mais eficiente em casos excepcionais, que exigem diretrizes diferenciadas. Além disso, a possibilidade de tratamento diferenciado em situações especiais permite àqueles que estiverem em situações semelhantes tratamento similar, o que certamente coincide com a necessária isonomia na tomada de decisão. Esses conceitos possibilitam a abertura de certa margem de liberdade ao agente público, uma vez que não apresentam uma descrição rígida e fechada da atuação da Administração e, em contrapartida, direcionam sua atuação em prol do interesse público, pautado pela busca do bem comum. Nesse sentido, bem conclui Fabrizio Pieroni (2020, p.110) ao declarar que este princípio deve ser entendido como importante atenção à discricionariedade, pois impede "atuação caprichosa do agente público, fora dos padrões estabelecidos".

8.5 Princípio da Moralidade

Marçal Justen Filho (2018, p. 105-106) esclarece que o princípio da moralidade "exige que a Administração Pública seja desenvolvida de modo leal e que assegure a toda a comunidade a obtenção de vantagens justas".

O autor exclui a aplicação do provérbio "os fins justificam os meios". Nem mesmo a invocação do bem comum ou do interesse público abstrato legitima a expropriação ardilosa de bens ou a destruição de interesse de um particular. Para ele, a moralidade consiste na exigência de compatibilidade da atividade administrativa com os valores éticos genericamente considerados. Reside no respeito à identidade, à autonomia e aos interesses dos terceiros e interdita a obtenção de vantagens não respaldadas pela boa-fé, excluindo a legitimidade de conduta fundada em subterfúgios, no aproveitamento da ausência de conhecimento ou de condições de defesa do próximo.

Segundo Odete Medauar (2015, p. 152), este princípio

> é de difícil expressão verbal. A doutrina busca apreendê-lo, ligando-o a termos e noções que propiciem seu entendimento e aplicação. Talvez porque seja impossível enquadrar em ou dois vocábulos a ampla gama de condutas e práticas desvirtuadoras das verdadeiras finalidades da Administração. Em geral, a percepção da moralidade administrativa ocorre no enfoque contextual, ou melhor, ao se considerar o contexto em que a decisão foi ou será tomada. A decisão, de regra, destoa do contexto, e do conjunto de regras de conduta extraídas da disciplina geral norteadora da Administração.

Onofre Alves Batista Júnior (2007, p. 119-121), entretanto, esclarece que este princípio hoje

> ultrapassa a ideia de regras de conduta tiradas da disciplina interior da Administração, para se tornar um vetor para a função administrativa, que exige uma atuação pautada por conduta ética, em conformidade com os valores sociais prevalentes, voltada para a justa realização dos fins estatais.

Por outro lado, sustenta o autor, não carrega a ilusão de poder expurgar todos os vícios e assentar todas a virtudes da atuação administrativa, mas se volta apenas para alguns aspectos determinados da conduta da Administração, de grande relevância social. Dentre eles, destaca a probidade administrativa, a boa-fé, a proteção da confiança dos administrados na Administração e a veracidade.

Mais um princípio que não obstaculiza a consensualidade ou mesmo a Mediação, já que pressupõe a tomada de decisão por instâncias de deliberação e controle procedimental, os quais devem levar a ganhos de eficiência, uma vez que a decisão consensual com a participação e contribuição de vários atores os torna corresponsáveis pela medida tomada. Dispensam comentários os ganhos que poderão advir com a Administração em rede e a gestão compartilhada, em que são vários os atores que participam e contribuem com experiências e conhecimentos diversos. Dessa forma, todas as instâncias de deliberação funcionam com corresponsabilidade, visando à tomada de decisão consensual.

8.6 Princípio da Publicidade

Odete Medauar (2015, p. 159-160), ao analisar o princípio da publicidade, recorda que está ligado à transparência ou visibilidade,

> também tratado como publicidade da atuação administrativa, encontrando-se associado a reivindicação geral de democracia administrativa, vigorando para todos os setores e todos os âmbitos da atividade administrativa.

No mesmo sentido, preleciona Celso Antônio Bandeira de Mello (2019, p. 117), enfatizando que, com ele, "consagra-se o dever administrativo de manter plena transparência em seus comportamentos".

Marçal Justen Filho (2018, p. 106) explica que este princípio "exige que os atos estatais sejam levados ao conhecimento de todos, ressalvadas as hipóteses em que se justificar o sigilo". Para ele, a publicidade desempenha duas funções complementares. Por um lado, assegura a todos o poder de obter informações relativamente às ações e omissões praticadas por agentes estatais e mesmo não estatais, quando na gestão de recursos públicos. Por outro lado, a garantia do conhecimento por quaisquer terceiros é um fato de desincentivo à prática de atos reprováveis, eis que eleva a possibilidade de que as práticas reprováveis sejam reveladas, envolvendo a divulgação ao público em geral da informação de um modo impessoal e generalizado.

Ao se tratar deste princípio, de imediato vem à mente uma característica da Mediação e que, em seu Marco Legal, passou a ter o *status* de princípio: a Confidencialidade. Para se responder a este quesito, é necessário reforçar a validade das considerações disponibilizadas no item 4.1.4, relativo à Confidencialidade, contida no item 4.1 sobre as Considerações Gerais quanto à Lei nº 13.140/15, da Parte II – Mediação. Além de acolhê-las sem exceção nas presentes observações, bem demonstra que não se trata de elemento que possa oferecer alguma dificuldade tanto para o consensualismo, quanto para a Mediação. Muito ao contrário, face ao pressuposto de ambos, isto é, ao fato de que a estruturação de suas metodologias é baseada na autonomia plena de seus participantes, a flexibilidade se constitui em outro componente de excelente adequação.

Nesta perspectiva, Fabrizio Pieroni[25] agrega com ênfase:

---

25. PIERONI, Fabrizio de Lima. *A Consensualidade e a Administração Pública: a autocomposição como método adequado para a solução de conflitos concernentes aos entes públicos*. Dissertação de Mestrado; Disponível em: www.tede2.pucsp.br. Acesso em 30 jan. 2020. p. 112. O referido autor explica na sequência as exceções ao limite da duplicidade contidas na "Lei de Acesso à informação (Lei 12.527/2011). Assim, na Mediação e na Conciliação, a publicidade é a regra e a confidencialidade deve ceder espaço, salvo nas situações excepcionais previstas na Lei, como no caso de informações que ponham em risco a defesa e a soberania nacionais ou a integridade do território nacional (art. 23, I); que possam prejudicar ou pôr em risco a condução de negociações ou as relações internacionais do País, ou as que tenham sido fornecidas em caráter sigiloso por outros Estados e organismos internacionais(art. 23, II); que ponham em risco a vida, a segurança ou a saúde da população (art. 23, III); que ofereçam elevado risco à estabilidade financeira, econômica ou monetária do País (art. 23, IV); que prejudiquem ou possam causar risco a planos ou operações estratégicos das Forças Armadas (art. 23, V); que possam prejudicar ou causar risco a projetos de pesquisa e desenvolvimento científico ou tecnológico, assim como a sistemas, bens, instalações ou áreas de interesse estratégico nacional (art. 23, VI); que possam pôr em risco a segurança de instituições ou de altas autoridades nacionais e estrangeiras e seus familiares (art. 23, VII); ou que possam comprometer atividades de inteligência, bem como de investigação ou fiscalização em andamento, relacionadas com a prevenção ou repressão de infrações (art. 23, VIII)". Cf. p. 113.

> não há dúvidas de que, pela índole infraconstitucional, a confidencialidade se submete ao princípio constitucional da publicidade. Ainda que a divulgação dos atos e das informações produzidas durante o procedimento da Mediação ou da Conciliação possa ser desestímulo, prevalece o interesse público na transferência e na publicidade das informações em detrimento do relativo ao acordo. É inadmissível, portanto, pensar em confidencialidade do procedimento de Mediação ou de Conciliação envolvendo a Administração Pública quanto aos termos do acordo, documentos ou informações que permearam a discussão das propostas de solução.

E conclui o referido autor que, em se tratando de conflitos envolvendo entes públicos, a publicidade é a regra e a confidencialidade é exceção prevista no ordenamento jurídico brasileiro, em especial a Lei nº 12.527/2011.

Importante ressaltar que este princípio poderá se chocar com um dos princípios da Mediação, criada e inspirada no ambiente privado, constituindo-se também em um elemento atrativo para seu uso. Trata-se da confidencialidade. Dada a importância de que ambos os componentes se revestem, será objeto de considerações quando esta obra adentrar na Mediação e a Administração Pública. De maneira pontual e antecipatória, poderão ambos se acomodar, dependendo dos eixos estruturantes da Mediação, de que tema conflituoso se trata e de onde parte sua aplicação.

8.7 Princípio da Eficiência

Segundo André Bergamaschi (2019, p. 59), "o princípio da eficiência administrativa foi introduzido no art. 31 da Constituição Federal pela Emenda Constitucional nº 19/98. É naturalmente um conceito aberto, de desdobramentos que não foram dados pelo texto constitucional." Silvia Johonsom di Salvo (2018, p.99), sobre este princípio, salienta que a "nova postura da Administração Pública consciente de sua instrumentalidade para consecução de sua finalidade foi bem pontuada com o advento da referida emenda, que consagrou a eficiência como um dos vetores da atuação da Administração Pública".

Na mesma linha, Odete Medauar (2015, p. 161) enfatiza que "a eficiência é princípio que norteia toda a atuação da Administração Pública. Determina a ela o dever agir, de modo rápido e preciso, para produzir resultados que satisfaçam as necessidades da população", contrapondo-se à lentidão, ao descaso, à negligência e à omissão. E conclui que tem sido suscitado entendimento equivocado de que, em nome da eficiência, a legalidade seria sacrificada. Ambos devem ser compatíveis entre si, fazendo com que a Administração atue com eficiência dentro da legalidade.

Marçal Justen Filho (2018, p. 108-110) de sua parte, explica que

> quando se afirma que atividade estatal é norteada pela eficiência, não se impõe a subordinação da atividade administrativa à pura e exclusiva racionalidade econômica. Eficiência administrativa não é sinônimo de eficiência econômica. Ao contrário, a atividade estatal deverá traduzir valores de diversas ordens e não apenas de cunho econômico.

Para ele, este princípio impõe como primeiro dever à Administração evitar o desperdício e a falha, pois a otimização do uso dos recursos permite a realização mais rápida e mais ampla dos encargos estatais. Impõe também que o fim buscado pela Administração deva ser realizado segundo o menor custo econômico possível, o que não é a obtenção de maior lucro.

Onofre Alves Batista Junior (2007, p. 101-103), por sua vez, lembra que este princípio é a expressão da ideia da boa administração, traduzindo "a necessidade de atendimento abrangente, célere, completo, de determinado fim, incondicionalmente, porque os fins estatais são múltiplos, devendo dispor de novas estratégias, utilizar práticas gerenciais modernas, preparar-se para atender às novas necessidades dos administrados, sem abdicar de sua visão pública". E determina também para a Administração o dever positivo de atuação otimizada, considerando-se os resultados da atividade exercida, bem como a adequação da relação entre os meios e os fins que se pretende alcançar. Na mesma linha, Humberto Ávila (2019, p. 15) considera que:

> eficiente é a atuação administrativa que promove e forma satisfatória os fins em termos quantitativos, qualitativos e probabilísticos. Para que a administração esteja de acordo com o dever de eficiência, não basta escolher meios adequados para promover seus fins. A eficiência exige mais do que mera adequação. Ela exige satisfatoriedade na promoção dos fins atribuídos à administração. Escolher um meio adequado para promover um fim, mas que promove o fim de modo insignificante, com muitos efeitos negativos paralelos ou com pouca certeza, é violar o dever de eficiência administrativa. O dever de eficiência traduz-se, pois, na exigência de promoção satisfatória dos fins atribuídos à Administração Pública, considerando promoção satisfatória, para esse propósito, a promoção minimamente intensa e certo do fim.

Juliana de Palma (2019, p. 91), por seu turno, leciona que

> tendo em vista a natureza de conceito jurídico indeterminado de eficiência corroborada pelo seu viés principiológico, o preceito é caracterizado pela multiplicidade de significados que decorrem da textura semântica aberta. A concretização do comando exige, assim, a adoção de uma linha de entendimento.

Por isso, defende que este princípio deve ser compreendido com as seguintes vertentes: (i) a eficiência como sinônimo de boa administração; (ii) a eficiência como comando de otimização das decisões administrativas; e (iii) eficiência como dever de escolha do meio mais adequado para determinar decisões eficientes ao caso concreto.

Denota-se, ante as considerações dos autores acima e, sobretudo, as de Juliana de Palma, que este princípio em nada poderá criar impedimentos quer à consensualidade quer à Mediação. Muito pelo contrário, pode ser considerado um verdadeiro incentivador de ambos. Luciane Moessa de Souza até atribui a este princípio o fundamento para a adoção da consensualidade e, em especial, da Mediação, já que pressupõem que os conflitos envolvendo entes públicos "sejam resolvidos da forma que melhor apresente a relação custo-benefício, o que se mede segundo o menor custo, no menor tempo, menor desgaste" para os participantes, sem dizer resultados de benefícios mútuos para os que dele participam. André Bergamaschi (2019, p. 62), entretanto, adverte que

> é necessário evitar o entendimento errôneo de que a eficiência deve ser levada ao cabo com sacrifício da legalidade. O princípio da legalidade dos atos da Administração Pública tem como objetivo fazer valer a finalidade pública, veiculado pela vontade estatal como representativa da sociedade. Sendo assim, a busca pela eficiência deve ser canalizada conforme as permissões legais dadas à atuação no caso, não podendo a Administração valer-se de expedientes que, apesar de atingir a finalidade de maneira eficiente, desconsideram as margens de sua atuação e violam a própria segurança do ato.

Dentre os princípios em comento, este parece ser o mais adequado à possibilidade da Mediação face à Administração Pública, pois, como mencionado pelos autores acima, demanda elementos mais atuais e adequados à Administração da pós-modernidade, e a Mediação, sem dúvida, pode proporcionar esta eficiência.

8.8 Princípio da Indisponibilidade do Interesse Público

Nas palavras de Celso Antônio Bandeira de Mello (2019, p. 77),

> a indisponibilidade dos interesses públicos significa que sendo interesses qualificados como próprios da coletividade – internos ao setor público – não se encontram à livre disposição de quem quer que seja, por inapropriáveis. O próprio órgão administrativo que os representa não tem disponibilidade sobre eles, no sentido de que lhe incumbe apenas curá-los – o que é também um dever – na estrita conformidade do que predispuser o intentio legis. Na Administração os bens e os interesses não se acham entregues à livre disposição da vontade do administrador. Antes, para este, coloca-se a obrigação, o dever de curá-los em termos de finalidade a que estão adstritos. É a ordem legal que dispõe sobre ela. Relembre-se que a Administração não titulariza interesses públicos. O titular deles é o Estado, que, em certa esfera, os protege e exercita através da função administrativa, mediante o conjunto de órgãos veículos da vontade estatal consagrada em lei.

Odete Medauar (2015, p. 163), leciona que,

> segundo tal princípio, é vedado à autoridade administrativa deixar de tomar providências ou retardar providências que são relevantes ao atendimento do interesse público, em virtude de qualquer outro motivo. Por exemplo: desatender ao princípio a autoridade que deixar de apurar a responsabilidade por irregularidade de quem tem ciência; desatender ao princípio a autoridade que deixar de cobrar débitos para com a Fazenda Pública, embora a Administração, por vezes, deixe de cobrar débitos de pequeno valor, ante a desproporção entre o elevado custo da cobrança e a pequena quantia a ser auferida.

Carlos Alberto de Salles (2014, p. 225-226), por seu turno, enfatiza que hoje este princípio, "inicialmente é um limitador para soluções consensuais, a partir do momento que a indisponibilidade seja objeto do conflito. Ressalta a necessidade de tratar o tema com maior atenção, pois deve possuir um significado específico, considerando sua finalidade e função no sistema jurídico". Afirma que a característica de indisponibilidade, a esse propósito, deve ser distinguida de outras situações jurídicas na quais existam condicionamentos específicos para disposição de determinados bens, como ocorre em muitas situações envolvendo o Poder Público. Para tanto, propõe a separação entre indisponibilidade material e indisponibilidade normativa e a diferenciação entre indisponibilidade e reserva de jurisdição. Odete Medauar (2015. p. 164), com base na perspectiva da contemporaneidade, ressalta que

> não se mostra adequado invocar tal princípio como impedimento à realização de acordos, à utilização de práticas consensuais e da arbitragem pela Administração. Na verdade, o interesse público realiza-se plenamente, sem ter sido deixado de lado, rápida solução de controvérsias, na conciliação de interesses, na adesão de particularidades à suas diretrizes, sem ônus e a lentidão da via jurisdicional.

E Silvia Johonsom di Salvo (2018, p. 98), por seu turno, agrega a nova visão de seus norteadores, ao explicar que

> admitir-se que todo interesse público é indisponível é negar a própria existência da contratualização administrativa e assumir a predominância de uma vertente autoritária e centralizadora da Administração Pública. A partir do fenômeno da globalização, as sociedades perderam as amarras impostas pelos limites geográficos de seus Estados-nação. As relações econômico-sociais se intensificaram, requisitando novos modelos de gestão para esta nova sociedade a aldeia global. As transformações no modelo de Estado, impingidas por uma nova ideia de função estatal inspirada na consensualidade e flexibilidade, deman-

dam releitura da concepção tradicional da indisponibilidade do interesse públicos.

Este é mais um princípio que poderá oferecer obstáculos para o emprego da Mediação no contexto público. Como todos os demais, muito dependerá de onde for oferecida a atividade, o conflito em que os possíveis participantes estejam envolvidos e a existência ou não de todos os elementos estruturantes da Mediação. O tema será debatido na Parte IV deste livro.

8.9 Outros princípios

Outros princípios que acabam por não impedir a consensualidade ou mesmo a Mediação poderiam ser citados. Por exemplo, o da proporcionalidade, que, segundo Celso Antônio Bandeira de Mello (2019, p. 113), "enuncia a ideia de que as competências administrativas só podem ser validamente exercidas na extensão e intensidade correspondentes ao que seja realmente demandado para cumprimento da finalidade de interesse público a que estão atreladas".

Concordando em parte com o autor acima, Odete Medauar (2015, p. 163) explica que este princípio consiste, principalmente, "no dever de não serem impostas, aos indivíduos em geral, obrigações, restrições ou sanções em medida superior àquela estritamente necessária ao atendimento do interesse público, segundo critério de razoável adequação dos meios aos fins". Para ela, autores pátrios separam este princípio do da razoabilidade, que ela considera possuírem o mesmo sentido.

Além do citado no parágrafo anterior, o princípio da motivação deve ser mencionado. Celso Bandeira de Mello (2019, p. 115) esclarece que é dever da Administração "justificar seus atos, apontando-lhes os fundamentos de direito e de fato, assim como a correlação lógica entre os eventos e situações que deu por existentes e a providência tomada, nos casos em que este último aclaramento seja necessário para aferir-se a consonância da conduta administrativa com a lei que lhe serviu de arrimo".

Interessante chamar a atenção para o fato de que este princípio, além de não se constituir em entrave para o consensualismo ou mesmo para a Mediação – pois é elemento pressuposto de eventual entendimento entre e com entes públicos –, também é fator de convencimento para o melhor tratamento do conflito para os que não integraram o processo de atingimento da solução, sem mencionar o atendimento aos requisitos de legitimidade e validade dos atos da Administração.

Outros princípios, como os da segurança jurídica, continuidade, presunção de legalidade e veracidade, autoexecutoriedade, autotutela administrativa, ou mesmo da finalidade, poderiam ser pontualmente trazidos a breve análise.

Isso não significa afirmar que sejam menos importantes; significa, sim, fugir ao critério adotado por Celso Antônio Bandeira de Mello (2019, p. 132), que separa aqueles eminentemente estruturantes da Administração e aqueles que se constituem na "essência do próprio Direito, notadamente de um Estado Democrático de Direito, de tal sorte que faz parte do sistema constitucional como um todo". Esses outros princípios enquadram-se entre os princípios gerais do Direito Administrativo ou os da própria Administração Pública de forma estrita, e ao mesmo tempo não criam obstáculos para o uso da Mediação no contexto da Administração Pública.

Por outro lado, Luciane Moessa de Souza (2015, p. 332) destaca que a própria Constituição Federal aponta os fundamentos para que a Administração Pública possa adotar a consensualidade na resolução de conflitos, a saber:

> 1) o princípio do acesso à Justiça, previsto no artigo 5º, XXXV, que exige a disponibilização de métodos adequados sob os aspectos temporal, econômico e de resultados não se limitando ao acesso ao Poder Judiciário, sendo dele decorrente o princípio da razoabilidade na duração do processo administrativo;
>
> 2) o princípio da eficiência, estabelecido no caput do artigo 37 que determina os conflitos sejam resolvidos de maneira a equilibrar custo e benefício, menores custos, menos tempo, menos desgastes entre os atores, e
>
> 3) o princípio de democrático, que preceitua não ser o Estado um fim em si mesmo e reclama, portanto, que, "quando o Poder Público se veja envolvido em conflitos com particulares, ele se disponha, em primeiro ligar, a dialogar com estes para encontrar uma solução adequada.

Como enfatizado, com a evolução da sociedade, os princípios do Direito Administrativo passaram a evoluir também, assim como outros princípios passam a ser incorporados em função da permanente necessidade de atualização e adequação da Administração, como já ressaltado neste texto em relação a distintos aspectos. Por isso, Odete Medauar (2017, p. 314) salienta que, a partir de 1990,

> novos itens foram se inserindo na temática do Direito Administrativo. Tais assuntos não figuravam quer na sua elaboração clássica, quer no rol de matérias acrescentadas nas décadas de 70 e 80 do século passado. Passaram a ser estudados e incluídos nos manuais, teses, dissertações, artigos a contar de 1990. Alguns desses itens emergiram anteriormente, mas se expandiram no Direito Administrativo na referida época.

Com base nos elementos acima destacados, Diogo de Figueiredo Moreira Neto (2008, p. 79) sublinha que

> o conceito pós-moderno do Direito Administrativo, que se delineia nesta abertura do século XXI, já passa a se apresentar com características bastantes diferenciadas em relação ao conceito anterior, tais como:
>
> 1º. a de ser mais um direito dos administrados do que um direito do Estado;
>
> 2º. a de servir a cidadãos e não mais a súditos;
>
> 3º. a de mostrar-se muito mais um direito de proteção e de prestação do que um direito de imposição;
>
> 4º. a de atuar preponderantemente como um direito de distribuição do que um direito para solucionar conflitos, e
>
> 5º. A de tornar-se, cada vez mais, um direito da consensualidade, em vez de um direito da imperatividade.

Dentre eles, destaca-se o tema da consensualidade, que Gustavo Justino de Oliveira (2017, p. 523) considera representar novo eixo dogmático, ao salientar que

> tradicionalmente orientado pela lógica da autoridade, imposição e unilateralidade, o direito administrativo contemporâneo passa a ser permeado e combinado com a lógica do consenso, da negociação e da multilateralidade. O modelo burocrático – baseado na hierarquia e racionalização legal das competências – passa a coexistir com outros modelos que prestigiam de modo mais acentuado a eficácia e resultados (gerencialismo) e também a democraticidade e legitimidade das relações jurídico-administrativas (nova governança pública e Administração Pública paritária).

Este eixo dogmático, para Vivian Valle (2020, p. 87), significa que a Administração, ao optar pelos métodos dialógicos, está fazendo uma escolha "pelo consenso e não pela autoridade, adotando um princípio da preferência ao consenso". Convém destacar este último aspecto, o qual reforça a grande evolução do Direito Administrativo pátrio e, consequentemente, da Administração Pública na direção da consensualidade, com a construção de um cenário pródigo para implementação efetiva da Mediação. Daí a importância de analisar a Administração Pública e a consensualidade.

9. A ADMINISTRAÇÃO PÚBLICA E A CONSENSUALIDADE

Segundo Odete Medauar (2009, p. 16), a Administração Pública da pós-modernidade é marcada por duas grandes tendências: a constitucionalização, através de seus princípios, regras de licitações e contratos nela elencados, e a consensualidade. Por isso, identifica o momento como a

> era da Administração Consensual, para o estabelecimento de amplas negociações, antes que imposições, visando a colaboração entre a Administração e entidades privadas, mediante acordos e parcerias, e até mesmo à cooperação entre as próprias pessoas de direito público de diferentes esferas.

Diogo de Figueiredo Moreira Neto (2008, p. 29-31), por sua vez, acrescenta:

> na pós-modernidade a Administração Pública mais do que se conformar-se com os velhos atributos do ato administrativo, que se encerravam na verificação da sua existência, do atingimento à sua finalidade e da eficácia, precisa também revesti-los de legitimidade. Essa somente será alcançada se houver uma certa concordância, ainda que tácita, da sociedade em relação às escolhas públicas, o que leva à conclusão de que o consenso é uma medida eficaz de realização das finalidades constitucionais reservadas aos Estado.

Para Silvia Johonsom di Salvo (2018, p. 34),

> é inegável que, pela mutação das funções administrativas como forma de promoção do bem comum, a Administração Pública necessita contar com uma postura colaborativa dos particulares, sendo bem verdade que o consenso entre Administração Pública

e sociedade civil representa forma de legitimação da atuação estatal, uma vez que representa participação dos interesses, poderes e humores privados dentro do exercício da função pública, em um inter-relacionamento harmônico. Dessa forma, o consenso instrumentaliza o atingimento do bem comum, em nova forma de se estabelecer o interesse público.

Como afirma Juliana de Palma (2014, p. 143),

assiste-se hoje, no âmbito da Administração Pública, ao desenvolvimento de uma das mais promissoras – e desafiadoras – técnicas de ação administrativa: a atuação administrativa consensual. Acompanhando um cenário mais abrangente, que tem como principal protagonista o Judiciário, a partir da década de 1990 a Administração Pública passou a fazer uso da consensualidade para exercício de suas competências administrativas, fazendo do acordo administrativo um instrumento juridicamente viável e à disposição do gestor público ao lado do ato administrativo. Primeiramente tímido, pois que restrito a técnicas de participação administrativa como audiências e consultas públicas, o movimento de abertura á consensualidade expandiu-se significativamente nos últimos 15 anos e, hoje, a consensualidade adquire importância inquestionável na gestão pública, podendo-se recolher cada vez mais exemplos de técnicas que prezam pelo diálogo na esfera administrativa.

Conclui a mesma autora que a projeção da consensualidade na Administração Pública desafia o modelo da ação administrativa tradicionalmente utilizado pelo Poder Público visando à satisfação de finalidades públicas e, consequentemente, finalidades sociais. Nota-se, portanto, que a consensualidade abarca diversos elementos, transpondo barreiras até então impensadas, adequando seus princípios à evolução da sociedade como um todo, promovendo ações inovadoras e, muitas vezes, inéditas, ampliando com isso o seu aperfeiçoamento como instituição do Estado voltada para atender seus cidadãos, oferecendo nova perspectiva não somente para a Administração em todas as suas atividades, mas também ao seu usuário.

Tudo isso resulta no que Diogo de Figueiredo Moreira Neto (2003, p. 129-156) destaca como vantagens, pois para ele

> é inegável que o consenso como forma alternativa de ação estatal representa para Política e para o Direito uma benéfica renovação, pois contribui para aprimorar a governabilidade (eficiência), propicia mais freios contra os abusos (legalidade), garante a atenção de todos os interesses (Justiça), proporciona decisão mais sábia e prudente (legitimidade), evitam os desvios morais (licitude), desenvolve a responsabilidade das pessoas (civismo) e torna os comandos estatais mais aceitáveis e facilmente obedecidos (ordem). Ocorre, assim, uma interdependência sempre mais forte entre atuação administrativa e as necessidades da população.

André Bergamaschi (2019, p. 59) reforça as vantagens da adoção do consensualismo por outros aspectos, o que não significa

> privilegiar o particular em detrimento do público. O interesse público (aquele obtido após a ponderação dos diversos interesses existentes) pode ser veiculado também pelo ato consensual. Basta notar os Termos de Compromisso firmados no âmbito das Ações Civis Públicas, as quais em tese, mesmo sendo frutos de consenso, procuram veicular a própria proteção do interesse público. Além disso, as vantagens que podem decorrer de um método consensual, como a economia de tempo e recursos, o grau de legitimidade proporcionado pela participação do particular na construção da solução, podem atender a um outro aspecto do interesse público.

Neste cenário de mutação e maior aproximação entre público e privado, levando a confundir fronteiras, a legislação tem buscado acompanhar esta evolução, por isso o estímulo ao uso de métodos extrajudiciais de resolução de conflitos e, consequentemente, uma importância cada vez maior para a consensualidade. Nessa mesma linha, Vivian López Valle (2020, p. 65) concorda que Administração Pública na pós-modernidade reflete a reformulação de sua dogmática em diversos espaços jurídicos, tratando-se de uma realidade de interpenetração público-privada. Para ela, tal fato é resultante de

> um direito que se desenvolve a partir da necessidade de satisfação de direitos num ambiente de incremento quantitativo e qualitativo das demandas sociais e de uma proposta de Administração Pública contratualizada. Nesse espaço o consensualismo administrativo apresenta-se como fundamento de legitimidade de alternativa ao regime jurídico administrativo da unilateralidade e verticalidade.

Silvia Johonsom di Salvo (2018, p. 23), por sua vez, considera o consensualismo um dos grandes marcos de evolução da gestão administrativa no século XIX. Em suas palavras,

> em contraposição à Administração Pública burocrática, a consensualidade rompe com a concepção clássica de verticalização da relação entre Administração e administrados, incutida na doutrina e transplantada para a realidade gerencial do Poder Público.

Juliana de Palma[26], por seu turno, atribui o surgimento do interes-

---

26. PALMA, Juliana Bonacorsi de. *Atuação Administrativa Consensual – Estudo dos acordos substitutivos no processo administrativo sancionador*. Dissertação de Mestrado. Disponível em: www.tesesusp.br. Acesso em 30 dez. 2019. Por oportuno, vale reproduzir os três fatores identificados pela autora: "além de fundamentar a consensualidade, a democracia substantiva é também considerada fator que enseja a participação administrativa. Este eixo de desenvolvimento comum ao lado do fato de a participação administrativa ser o pressuposto prático da celebração de acordos administrativos faz com que a consensualidade seja muitas vezes compreendida no tema da participação administrativa. Nessa linha, também é comum que a participação administrativa seja mencionada nos textos sobre consensualidade e até mesmo seja considerada como um instrumento consensual. Outro fator de ascensão da consensualidade no Direito Administrativo brasileiro debatido corresponde à contratualização, fenômeno que corresponde ao crescente recurso à módulos contratuais pela Administração Pública para

se pelo consensualismo às mudanças anteriormente mencionadas e a uma postura mais instrumental do Direito Administrativo, baseada na

> democracia substantiva, como fator de participação administrativa, a contratualização, como fenômeno crescente da atuação da Administração para satisfazer suas competências, privilegiando a figura do contrato administrativo em detrimento da intervenção direta estatal e abrangendo a concertação administrativa, e, por derradeiro a eficácia como diretriz de sua atuação.

André Bergamaschi (2019. p. 64) acrescenta que

> a consensualidade emerge como um novo paradigma do Direito Administrativo, com a promessa de atender às demandas do Estado garante de direitos fundamentais, sobretudo em cenários de pluralidade de interesse. A ideia é não somente arbitrar interesses, mas também, compô-los, sejam dois ou mais particulares, sejam entre particulares e o Poder Público e entre o próprio Poder Público.

Em concordância com esse autor, Nathalia Mazzonetto (2014, p. 277) destaca:

> tal novo papel da Administração Pública inaugura novo paradigma em que o Estado emana não apenas atos de império, orientados pelo Direito Administrativo e seus princípios fundamentais norteadores, mas também e, sobretudo, atos de gestão, por

---

satisfazer suas competências, privilegiando a figura do contrato administrativo em detrimento da intervenção direta estatal ou, ainda, das manifestações de autoridade do Poder Público. A contratualização corresponde a um termo amplo que abrange os contratos administrativos ao lado da concertação administrativa. Por fim, a eficiência consiste no terceiro fator indicado pela doutrina. No entanto, na maior parte das vezes a eficiência não é explicitada nos textos, que, ao invés, expõem genericamente as potencialidades dos instrumentos consensuais no que se convencionou denominar de elogio ao consenso. Com o elogio ao consenso, as externalidades positivas dos acordos administrativos são enaltecidas e apresentadas abstratamente, sem atentar às especificidades atinentes a cada tipo de instrumento consensual e sem respaldo de estudos de caso." (op. cit., p. 83)

> via dos quais a Administração Pública desce de seu patamar hierárquico para se posicionar ao lado do particular, em condições iguais(mas nem tanto – o que não deixa de ser natural, afinal, fala em nome de uma coletividade complexa), dando vida a atos ordinários de negócios jurídicos ou mesmo a contratos.

Ao recordar alguns aspectos, Odete Medauar (2017, p. 352), de sua parte, salienta que,

> muito embora se realizassem anteriormente práticas consensuais na Administração Pública, o tema, seu estudo e aplicação se divulgaram e expandiram, com intensidade, desde os primórdios do século XXI. Autores nacionais e estrangeiros passaram a discorrer sobre consensualidade em trabalhos específicos ou destinados a apontar transformações na Administração Pública e no Direito Administrativo.

Juliana de Palma (2019, p. 170-189) destaca, ainda, que a consensualidade se encontra dispersa no ordenamento jurídico, pois é

> disciplinada em diversas normas que versam sobre os diferentes instrumentos consensuais à disposição da Administração, assim como nos casos em que estaria autorizada a atuar de forma concertada ou, ainda, o modo de atuação consensual. Trata-se de um modelo de previsão normativa difusa da atuação administrativa consensual, marcada pela pontualidade de suas prescrições.

Nesse sentido, esclarece que o primeiro diploma legal no ordenamento jurídico brasileiro remonta ao Decreto-Lei nº 3.365/41, que disciplina o processo de desapropriação. Posteriormente, vieram as Leis nº 6.902 e nº 6.938, ambas de 1981, cujas modificações foram introduzidas pelo Decreto-Lei nº 94.764/87, recebendo na década de 1990 mais impulso ainda com as normativas das Agências Reguladoras, a Lei nº 9.099/95 dos Juizados Especiais Civis e Criminais, algumas já mencionadas anteriormente, a Lei nº 10.259/01 do Juizados Especiais Cíveis e Criminais da Justiça Federal, a Lei nº 8.197/91, que trata da transação judicial envolvendo a Administração federal direta e indireta, a Lei nº 9.307/96, a Lei nº 9.469/97, que regulamenta a Lei Complementar nº 73/93 sobre a Advocacia Geral da União, a Lei nº 11.941/09 e as Leis nº 13.105/15, nº 13.129/15 e nº 13.140/15.

Impende observar, portanto, que a tendência da Administração Pública em direção ao consensualismo é fruto da evolução da legislação brasileira, que buscou se adequar aos acordos realizados na prática, proporcionando maior segurança jurídica. Tal fato levou Juliana de Palma (2019, p. 190-200) a afirmar que este é o modelo seguido pelo País, sendo decorrente da determinação de que os atos administrativos devem ser baseados na legalidade. Ao analisar a legislação, a autora identifica duas categorias que instrumentam a consensualidade: acordos substitutivos e acordos integrativos. O primeiro consiste em um ato bilateral resultante do encontro de vontades, substituindo eventual decisão unilateral e imperativa da Administração ou findando um processo por ela instaurado. Um exemplo é a Resolução nº 63/04 da ANEEL, cujo art. 21 determina: poderá a ANEEL, alternativamente à imposição da penalidade, firmar com a concessionária permissionária termo de ajuste de conduta, visando à adequação aos dispositivos contratuais aplicáveis. Já o segundo trata de acordo integrado a um processo voltado à emissão de um ato imperativo e unilateral pela Administração, caracterizado pelo delineamento do exercício de sua prerrogativa imperativa estatal. O exemplo seria o artigo 42 do Decreto nº 99.274/90, que permite termo de compromisso, não substituindo a multa, mas pode determinar a redução do seu valor em até 90%. Todos eles foram amparados na legislação, que, por sua vez, impulsionou outros que, posteriormente, constituíram novos marcos legislativos.

Diogo de Figueiredo Moreira Neto (2003, p. 45), ao se referir ao consensualismo no contexto da Administração Pública, por ele identificado como Administração concertada, definiu-o como "uma fórmula sintética designativa para os novos modelos de ação administrativa, ou seja, aquele módulos organizativos e funcionais caracterizados por uma atividade consensual e negocial", que em pouco tempo passou a ser empregada não apenas para o desempenho da Administração corrente como – e principalmente – para o desenvolvimento de projetos conjuntos entre a iniciativa privada e as entidades administrativas públicas, e até para a solução de conflitos. O referido autor atribui tamanha importância ao tema para a Administração que apresentou uma classificação das inúmeras modalidades consensuais da Administração segundo a natureza da função e o resultado administrativo visado, face aos interesses públicos. Nesse sentido, leciona que

> a promoção do interesse público se dá pela função decisória administrativa, em abstrato ou em concreto; a função de satisfação do interesse público se dá pela função executiva das decisões abstratas ou concretamente tomadas e a função de recuperação do interesse público, se dá pela função judicativa administrativa, em que se reaprecia a juridicidade das decisões administrativas, das execuções e mesmo das decisões judicativas de que caibam recursos. São em suma: a função decisória administrativa abstrata ou concreta, como manifestação de vontade primária da Administração Pública: a função executiva administrativa, como transformação do ato em fato, e a função judicativa administrativa, como técnica de superação de conflitos.

Além disso, há que se ter clara uma perspectiva de realidade, pois Janaína Castelo Branco (2018, p. 25) destaca a importância de buscar as soluções pacíficas para as controvérsias para a atuação estatal interna, atendendo ao preâmbulo da Carta Magna. E reforça que tal entendimento, apesar de não ter caráter normativo, serve como "vetor de interpretação do texto constitucional". Por isso, Geisa Rosignoli Neiva (2019, p. 3) destaca que

> enquanto esses ideais vão se desenvolvendo, o excesso de judicialização começa a preocupar o legislador que, por anos a fio, incentivou o ingresso no Judiciário e agora percebeu que esse caminho está cada vez mais congestionado. Com isso iniciou um movimento inverso no qual se busca a resolução de conflitos por outras vias, que igualmente asseguram o acesso à ordem jurídica justa.

Juliana de Palma (2019, p. 138-139), em concordância, lembra que a arbitragem, "considerada como um acordo consensual em sentido amplo, é reconhecida como uma das principais exteriorizações da consensualidade na prática do Direito Administrativo". Ela defende que, em razão de vantagens como flexibilidade, tecnicidade e celeridade – largamente considerada inerentes ao instituto da arbitragem –, este é de longa data um relevante mecanismo de gestão pública, tendo a Administração colecionado relevante experiência no emprego do instituto para dirimir seus conflitos. Nathalia Mazzonetto[27], da mesma maneira, ressalta que com este instituto se abrem outras "vias à Administração Pública para resolução de conflitos que a envolvem, tão adequadas quanto a via judicial pode se apresentar em determinados casos,

---

27. MAZZONETTO, Nathalia. *Novos (e adequados) rumos da Administração Pública na resolução de conflitos*. In: GABBAY, Daniela Monteiro; TAKAHASHI, Bruno (org.). *Justiça Federal: inovações nos mecanismos consensuais de solução de conflitos*. Brasília: Gazeta Jurídica, 2014. p. 277. Relevante trazer à luz as palavras esclarecedoras da autora em notas de rodapé no mesmo artigo: "arbitragem, conforme a doutrina majoritária, constitui mecanismo jurisdicional de solução de conflitos. Muito embora seja qualificada como um meio heterocompositivo, à diferença da mediação, não é se desconsiderar a sua natureza consensual também quando nos voltamos para sua fonte: a convenção arbitral. Em assim sendo, muito embora um terceiro faça valer com força de título judicial, sua decisão sobre as partes, tal procedimento não deixa de ser decorrência de um consenso prévio das partes, daí nossa compreensão de integrar também a arbitragem os mecanismos chamados de consensuais de resolução de conflitos".

porém fundadas num elemento singular o consenso." Importante destacar que, a partir de 2015, a Lei nº 13.129, como salienta Odete Medauar (2017, p. 357),

> alterou a Lei de Arbitragem – Lei 9.307/996, para no artigo 1º, § 1º, possibilitar que a Administração Pública direta e indireta utilize a arbitragem para dirimir conflitos referentes a direitos patrimoniais disponíveis (e introduziu outros preceitos para a arbitragem envolvendo a Administração Pública), não mais revelando pertinentes quaisquer dúvidas sobre sua incidência na solução de litígios envolvendo a Administração.

A propósito da perspectiva de que o modelo do consensualismo brasileiro está estruturado na legislação, André Bergamaschi (2019, p. 141-146) aponta que, mesmo antes das sanções dos diplomas legais mencionados, outras leis já previam de forma direta a utilização de mecanismos privados de resolução de controvérsias. Cita cronologicamente e nominalmente a Lei de Licitações – Lei nº 8.666/93, a Lei Geral de Concessões – Lei nº 8.987/95, Lei Geral de Telecomunicações – Lei nº 9.472/97, Lei de Política Energética Nacional – Lei nº 9.478/97, Lei dos Transportes Aquaviário e Terrestre – Lei nº 9.432/97, Lei de Comercialização de Energia Elétrica – Lei nº 10.848/04 e Lei das Parcerias Público-Privadas – Lei nº 11.079/04. Importante chamar a atenção de que, com este componente, nota-se outra tendência oferecida pela legislação: a da inserção de maneira mais direta com foco direcionado abertamente para métodos de resolução de conflitos estruturados para atender às peculiaridades e especificidades da área pública.

Nesse sentido, vale lembrar Gustavo Justino de Oliveira (2019, p. 17), que esclarece:

> apesar de ainda envolta por críticas e preconceitos, a temática dos ADRs como a Arbitragem, a Media-

ção, a Conciliação e os Dispute Boards pela Administração Pública brasileira vem encontrando o seu espaço e o seu caminho no direito pátrio e no sistema administrativo. Da década de 90 do século passado para cá, há um intenso crescimento do interesse e da aplicação desses institutos originalmente tidos como alternativos à resolução de disputas e que hoje em virtude não somente da prática, mas também de um novo marco regulador material e processual – Leis Federais 13.105/15 (CPC) 13.129 (Reforma da Lei de Arbitragem) e 13.140/15 (Lei Geral de Mediação e Autocomposição Administrativa), entre muitas outras – deixam para trás esta marca de alternatividade: a depender da modelagem contratual do negócio, do tipo de litígio e dos interesses em jogo, tais institutos deixam de ser mera alternativa à solução jurisdicional ordinária, passando a ser considerados como adequado ou até preferenciais.

Assim é que a doutrina considera a arbitragem um caso paradigmático na Administração Pública, em termos de consensualidade, por diversas razões, em especial pelo fato de que a legislação afeta à Administração Pública, pela primeira vez, consagra a utilização de um método de resolução de conflitos que não a negociação direta ou mesmo o acordo como seu produto final. Por isso, a Lei nº 13.140, do mesmo ano, ao criar um Capítulo inteiro dedicado à Administração, e o Código de Processo Civil, que determina a criação da Câmaras no mesmo âmbito, passam a ser então a consagração da tendência pela consensualidade na área, promovendo, como mencionado anteriormente, novo eixo dogmático e empreendendo grandes mudanças no Direito Administrativo, sobretudo pelo estímulo à utilização de um método em que os participantes decidem a partir de suas próprias especificidades. Nesta mesma linha concorda Silvia Johonsom di Salvo (2018, p. 59), ao afirmar que

> a adoção da mediação pela Administração Pública

> para a resolução de seus conflitos revela importante passo para a efetivação do consensualismo na atividade administrativa. A resolução de conflitos da Administração Pública por meio da Mediação indica cumprimento da eficiência administrativa por meio de uma resolução de disputas versátil e menos onerosa, ao passo que contribui para legitimação da decisão do conflito, ao viabilizar maior participação colaborativa dos players na chegada de um acordo.

E, em consonância com a visão acima, Sérgio Guerra (2019, p. 265 e 266), afirma que

> pode configurar o meio capaz de produzir um ordenamento apto a substituir, em determinadas situações, a coerção pelo consenso, o comando pela negociação, a decisão imperativa pela persuasão, a imposição pelo acordo, a subordinação pela coordenação, a intervenção controladora por mecanismos descentralizados de autodireção.

Importante lembrar que o referido Capítulo possui o título "Da Autocomposição de Conflitos em que for parte pessoa jurídica de Direito Público". Portanto, propõe claramente a utilização de metodologias que resultem em acordo, não se restringindo à Mediação, incluindo assim a negociação ou a negociação assistida por um terceiro não necessariamente imparcial e independente, bem como a conciliação. Todos estes métodos, já comentados no item 2 da Parte I – Acesso à Justiça ou à Ordem Jurídica Justa e os Métodos de Resolução de Conflitos deste livro, serão objeto de outras observações ao tratar da Administração e como estão sendo empregados na prática.

Importa salientar que o objetivo almejado não é repetir o que já foi objeto de análise, mas, sim, esclarecer com maior exatidão o emprego adequado de cada método, pois assim determina o momento atual. Dessa forma procedendo, reforça-se o que Bruno

Megna (2015, p. 1) identificou como "um microssistema que trata do poder-dever da Administração Pública em praticar a tentativa de solução consensual de seus conflitos", a partir de suas respectivas especificidades, muito embora Luciane Moessa de Souza (2015, p. 332) considere que este capítulo tenha oferecido

> poucos avanços ao que já estava previsto na Lei 9.469, de 1997, sobretudo pela excessiva remissão à necessidade de regulamentação, já que não são estabelecidos quaisquer parâmetros ou diretrizes para nortear a celebração de acordos ou transações nos conflitos envolvendo o Poder Público, sob o aspecto dos critérios materiais.

Convém lembrar que o referido diploma legal já em 1997 permitia tanto à Advocacia Geral da União, diretamente ou por delegação, como aos dirigentes máximos das empresas públicas federais, em conjunto com o dirigente estatutário da área afeta ao assunto, autorização para realizar acordo ou transações a fim de prevenir ou terminar litígios, inclusive os judiciais. Permitia também a composição de câmaras especializadas compostas por servidores públicos ou empregados públicos efetivos com o objetivo de analisar e formular propostas de acordos ou transações. Ao mesmo tempo, estendeu para o Poder Executivo a possibilidade de se valer do instrumento legal chamado de Termo de Ajustamento de Conduta, atribuição criada pelo artigo 211 do ECA – Estatuto da Criança e do Adolescente (Lei nº 8.069/90), do artigo 113 do Código de Defesa do Consumidor (Lei nº 8.078/90), ao Ministério Público, assim como seus titulares, com o objetivo de alcançar acordos e desenvolver tentativas de transações.

Apesar das críticas citadas pela referida autora, o fato é que o Marco Legal da Mediação e o Código de Processo Civil servem como mola propulsora das atividades da Mediação no contexto do Poder Público, pois cada vez mais o tema é motivo de debates, porém com perspectivas diversas entre os debatedores. Por isso, Juliana de Palma (2019, p. 89), preconiza que

> a descrição das linhas de entendimento obre a consensualidade no plano do Direito Administrativo nacional, que necessariamente remete à consideração de seus instrumentos jurídicos de efetivação, aponta para a imprecisão teórica do tema, o que é demonstrada pela disparidade de tratamento conceitual a respeito da atuação administrativa consensual, bem como de seus instrumentos.

Por isso, é importante lembrar o que destaca Bruno Megna (2015, p. 24): que estas leis não vieram apenas para "inovar textos jurídicos, mas, principalmente, para renovar a mentalidade que se tem sobre o Direito. Dentre os principais fatores de renovação, está a introdução do microssistema de solução consensual de conflitos", devendo a Administração Pública participar desta renovação, por se tratar de exigência da atual conjuntura social, econômica e política. Nesse sentido, deverão ser levados em consideração o contexto e os eixos em que a Mediação é proposta.

Mauricio Tonin (2019, p. 23), em consonância, complementa que a interpretação de ambos os diplomas legais deve ser "sistemática", como mencionado anteriormente.

Com os comentários acima, convém lembrar que, ao se observar a trajetória da Mediação em território brasileiro, desde os seus primeiros passos, notam-se poucas experiências em que a Administração Pública esteve envolvida com o tema. Por algum tempo, noticiou-se a adoção de políticas públicas por algum órgão da Federação, dos estados ou dos municípios, em que a proposta consistia em empregar a Mediação para conflitos entre particulares, numa intenção clara de ampliar o acesso à Justiça do cidadão brasileiro, sobretudo o de menor poder aquisitivo. É digno de nota que tais iniciativas tenham partido do Poder Executivo dos três níveis: federativo, estadual e municipal. Acabaram por enfrentar dificuldades em sua continuidade, por diversas razões, dentre elas a mudança de cadeiras de autoridades responsáveis pelos mesmos a cada final do mandato e a falta de mecanismos para sua sustentabilidade como política pública. Vários são os exemplos de iniciativas que podem ser citadas, cujo programa aponta para este objetivo. Dentre elas, as Câmaras de Mediação dos Centros de Integração da Cidadania das Secretaria da Justiça do Estado de São Paulo, existentes desde 2004, ou mesmo o Programa Justiça Comunitária do Tribunal de Justiça do Distrito Federal, que se tornou um programa público do Ministério da Justiça, replicado em várias cidades brasileiras em parcerias com o poder executivo local.

Por outro lado, em momentos não tão longínquos, agentes públicos passaram a estudar o tema, pois recebiam determinações expressas de agentes financeiros internacionais que, ao investirem com seus capitais em obras e iniciativas governamentais, exigiam a inclusão nos contratos administrativos de cláusulas de Mediação/conciliação e arbitragem. Tal fato exigiu de agentes públicos o estudo dos métodos alternativos de resolução de disputas, passando a ser eventualmente entusiastas e defensores do tema, o que na verdade ajudou a afastar resistências a seu uso. Ao mesmo tempo, propiciou, como ressalta Gustavo Justino de Oliveira (2020, p. 29), a ampliação do emprego dos Termos de Ajustamento de Conduta, "Protocolos de Intenções, Contratos de Gestão, Termos de Parcerias, Acordos Concorrenciais no âmbito do CADE – Conselho de Defesa Econômica, Acordos no âmbito de Agências Reguladoras, Acordos de Leniência, Termos de fomento e de colaboração".

As iniciativas acima mencionadas, dentre outras, inspiraram Mara de Souza e Flávia Bueno (2020, p. 636) a afirmar que

> levando-se em consideração todos os princípios da Administração Pública, especialmente os da eficiência e da finalidade pública, verifica-se não haver qualquer resquício de dúvidas sobre a Mediação ser possível ou não de ser empregada na esfera administrativa.

Outras iniciativas poderiam ser citadas, dentre elas a da Prefeitura Municipal de Porto Alegre com a Câmara de Conciliação e Mediação e a de São Paulo com as Casas de Mediação, que contam com 17 unidades para atender os residentes de suas respectivas cidades com qualquer conflito, com o objetivo de auxiliá-los a resolvê-los de maneira mais informal, evitando o Judiciário. Ou mesmo a CCAF – Câmara de Conciliação e Arbitragem da Administração Federal da Advocacia Geral da União (AGU), cujos componentes transcendem os parâmetros metodológicos referendados no início da presente obra.

Nota-se claramente que são iniciativas diferentes e que se desenvolvem com elementos distintos ao se observar os eixos estruturantes da Mediação já percorridos anteriormente, a saber: processo, participantes, mediador. Também incluem o conflito, matéria-prima do método. Ao mesmo tempo, obedecem a uma variada gama de elementos, muito em função do desenvolvimento de seus objetivos. Importante notar em todos eles a forte tendência de buscar identificação com a Mediação, muito embora em alguns casos sejam utilizadas a negociação e a negociação assistida, ou mesmo a conciliação identificada por seus agentes em função do resultado. Além disso, em todos eles se percebem os componentes contratuais da Mediação, ainda que com as características mencionadas anteriormente, no sentido de que em alguns casos inexiste um instrumento expresso, que permita maior visibilidade a este componente contratual.

Daí decorre a necessidade de se fazer uma sistematização, como Juliana de Palma (2019, p. 87) recomenda. Para ela, a listagem dos instrumentos consensuais varia conforme a leitura da consensualidade, que uma vez

> concebida como qualquer forma de acordo de vontades envolvendo a Administração Pública, abrange: contratos intragovernamentais (caracterizados pelos ajustes celebrados exclusivamente por partes estatais); contratos administrativos para prestação de serviço público ou social (contratos de concessão comum e de parceria público privada); acordos mediados, e ajustes de conduta.

Em outras palavras, com base nessas observações e tendo como referência as experiências acima comentadas, que merecem uma análise mais acurada, é necessário pensar a Mediação *na* Administração Pública, a Mediação *com a* Administração Pública e a Mediação *da* Administração Pública. Nesse sentido, faz-se necessário apontar as diferenças em cada uma delas, lembrando que, quando se trata de Administração Pública, faz-se referência exclusivamente ao Poder Executivo em qualquer nível, incluindo todos os seus órgãos. Tais características exigem encaminhamento específico e poderão sofrer tratamento distinto a partir do conflito existente e do método mais adequado para geri-lo, escolhido por seus participantes. Ademais, conforme se apresenta o conflito e se desenvolve o processo de sua solução, poderá também configurar-se outro método distinto da Mediação. Silvia Johonsom di Salvo (2018, p. 60), ao fazer referência a esta questão, enfatiza

> a administração da Justiça, no âmbito da Administração Pública passa também pelo valor da boa Administração, aplicado aos órgãos que ocupam da

distribuição da Justiça. Construindo-se standards de boa Administração para a resolução de conflitos, chega-se a modelos de qualidade que garantem direitos procedimentais e do processo de tomada de decisão da Administração Pública. Dentro desse padrão de qualidade gerado pela aplicação do consensualismo e da boa Administração a resolução de disputas, a Mediação insere-se como um método possível.

Acrescente-se a isso a existência, hoje, da devida segurança jurídica constituída por lei e sobretudo pelas Leis em comento, a saber: a Lei nº 13.105 e a Lei nº 13.140. Por oportuno, antes de se adentrar ao tema da Mediação e a Administração Pública, cumpre reforçar que ambas as leis inauguram uma nova perspectiva para a consensualidade, pois antes de seus adventos a visão era a de se atingir um acordo entre os protagonistas sem qualquer inclusão metodológica. Após o seu advento, fica devidamente definida a oportunidade de opção por metodologias, as quais serão objeto de escolha pela Administração Pública, podendo, conforme a relação contratual existente, levar à solução mais adequada para o conflito instalado. Outro aspecto que vale lembrar, já mencionado anteriormente, no qual a sistematização parece ser pertinente, é a interpretação das referidas opções no universo da linguagem empregada, que também será objeto de análise.

PARTE IV

A MEDIAÇÃO E A ADMINISTRAÇÃO PÚBLICA

Segundo Sergio Guerra (2019, p. 266), a Administração Pública hoje deve pautar sua atuação por uma nova fórmula, por ele chamada de reflexividade administrativa, que pressupõe a observância de mecanismos de prevenção de riscos, assim como a articulação e a mediação de interesses, que consiste em conjugar

> a ideia de que, subjacente ao modo de atuar contemporâneo da Administração Pública, encontra-se a ideia de troca de pontos de vista, de elaboração em comum de soluções. Ainda que surjam situações em que não será possível substituir indiscriminadamente a atuação unilateral da Administração, o consenso entre vários sujeitos possibilita mais facilmente a compatibilização de interesses todos públicos ou em parte públicos e em parte privados, trocando-se a decisão pela discussão, o comando pela negociação, evitando-se decisões unilateralmente impostas.

Abre-se, assim, para os entes públicos uma nova proposta para a gestão de conflitos, para os quais Mauricio Tonin (2019, p. 172) acentua que,

> quando se analisa o tema da Mediação e a Administração Pública, é possível vislumbrar duas abordagens de interesse. Isso porque a Administração não apenas figura como parte em conflitos submetidos

à autocomposição, mas também como a promotora da tentativa de composição entre partes em conflito.

Convém acrescentar que, além das duas abordagens apontadas pelo referido autor, existe a possibilidade de a Administração Pública se constituir como parte em um processo de Mediação. Como toda e qualquer organização constituída por órgãos, departamentos e pessoas, ao desenvolver suas atividades, está sujeita a enfrentar conflitos em relação aos demais órgãos públicos. Nesse sentido, impende destacar que a Administração Pública poderá ser participante como um mediado ou mais mediados e, ainda, constituir-se em um órgão para administrar conflitos. Além disso, outro aspecto não pode ser esquecido: a perspectiva da promoção de uma política estimuladora da atividade da Mediação. Para tanto, há que se ter claro o que efetivamente o ente público se propõe ao adotar a Mediação, pois deverá estar alerta quanto aos parâmetros preconizados pelo método a partir de todo o exposto anteriormente, incluindo todos os seus componentes e os seus três eixos: processo, participantes e mediador. Ao mesmo tempo, não se pode olvidar de suas características contratuais, a partir de sua linguagem.

Por outro lado, é relevante lembrar os cuidados levantados por Nathalia Mazzonetto (2014, p. 283), que destaca não poderem ser negligenciados quando da participação da Administração Pública numa Mediação, pois

> imperioso observar os nortes que direcionam as suas atividades, que terão impacto direto no procedimento da Mediação, tais como a publicidade, esferas e alçadas de decisões, limitação de atuação e indisponibilidade de interesses, dentre outros. Estes últimos, sobretudo, se a conclusão da Mediação resultar num acordo, aí sim necessário observar seu objeto e eventuais limites decorrentes.

Tais abordagens, portanto, estruturam-se a partir de três perspectivas: a Mediação *na, com a* e *da* Administração Pública. A primeira toma como referência a Administração sendo o órgão incentivador de um acordo, antes de proferir uma decisão que é da sua alçada. O papel do terceiro neste caso é assistir aos participantes na negociação para se chegar a um resultado adequado aos parâmetros dos participantes. Neste aspecto, a imparcialidade e a independência inexistem, tendo como pressuposto a possibilidade da concertação, como mencionado por Diogo Figueiredo Moreira Neto (2003, p. 46), ou ainda ajustes de dificuldades na concretização de alguma empreitada ou outra hipótese a ser comentada mais adiante. Já a segunda possui como pressuposto estar a Administração envolvida em conflito, isto é, ela se encontra em um dos polos do conflito e optou pelo método para tentar alcançar uma solução, baseada em bom senso, razoabilidade, boa-fé e/ou redução de custos, visando à maior eficiência em suas ações, podendo ser compreendida com o que Gustavo Justino de Oliveira (2020, p. 29) identifica como contratualização da Administração Pública. Na terceira perspectiva, a Administração propõe o serviço da Mediação para toda e qualquer pessoa, seja física ou jurídica, como forma de acesso à ordem jurídica justa. A referência neste diapasão são o mediador e seu serviço, que Maurício Tonin (2019, p. 172) denomina a "Administração como mediadora de conflitos".

Estas três perspectivas ligadas diretamente ao processo – participantes, mediador e conectados pela perspectiva contratual – serão objeto dos três últimos tópicos contidos nesta obra, delineando assim, de forma talvez ambiciosa, o que se denomina a Mediação e a Administração Pública.

10. A MEDIAÇÃO NA ADMINISTRAÇÃO PÚBLICA

A referida sistematização e este título remetem imediatamente à polêmica apontada no item 4.3 da Parte II – Mediação deste livro, que tratou dos conflitos entre o Código de Processo Civil e o Marco Legal da Mediação, mais especificamente os artigos que criam o dever ou a possibilidade de os órgãos públicos criarem instituições de prevenção e resolução de conflitos entre órgãos públicos. Interessante apontar que, na redação do primeiro diploma legal mencionado na frase anterior, há obrigatoriedade de criação de câmaras de conciliação e Mediação com atribuições de soluções consensuais para os conflitos administrativos. Já no segundo, a opção é pela criação de câmaras de prevenção e resolução administrativa de conflitos no âmbito dos respectivos órgãos da advocacia pública. Depreende-se uma diferença pela linguagem empregada por ambos os textos legais, pois a obrigatoriedade de criação de instituições de conciliação e Mediação é ordenada pelo Código de Processo Civil e a possibilidade de criação de câmaras de prevenção e resolução de conflitos restritamente para órgãos da advocacia pública é recomendada pelo Marco Legal da Mediação, que no âmbito da Administração Pública insere outros métodos, além da Mediação. Além disso, conclui-se que a obrigatoriedade vale para os institutos da conciliação e da Mediação, não incluindo a prevenção, que permite outros métodos de resolução de conflitos. Independentemente do valer o dever ou do valer a faculdade, os dispositivos constituem-se em verdadeiro incentivo dos métodos dialógicos de solução de conflitos para a Administração Pública, como mencionado anteriormente.

Ao se pensar na moldura de ambos os artigos, importante marcar que se destinam a atender conflitos entre órgãos públicos. Neste aspecto, destaca-se a iniciativa promovida pela Advocacia Geral da União, que, em 27 de setembro de 2007, criou, pelo Ato Regimental nº 5, a Câmara de Conciliação e Arbitragem da Administração Geral – CCAF, muito antes de ambos os diplomas legais, com o objetivo de prevenir e reduzir o número de processos judiciais que envolvem a União, suas autarquias, fundações, sociedades de economia mista e empresas públicas federais. Posteriormente, seu objeto foi ampliado e hoje abarca controvérsias entre entes da Administração Pública Federal e entre estes e a Administração Pública dos Estados, Distrito Federal e Municípios. A repercussão da inédita iniciativa é de tal ordem que Silvia Johonsom di Salvo (2018, p. 19) enaltece constituir-se

> a consolidação da Mediação como método eficiente e apropriado para resolução de conflitos por órgãos e entes da Administração Pública, assim depende invariavelmente da institucionalização desse método – no que a criação da CCAF pode ser considerada um marco de legitimação da Mediação na Administração Pública – e do desenho procedimental conferido ao instituto.

Francisco José Cahali (2018, p. 62), em consonância com o enfoque dado pela autora acima, quanto à relevância do empreendimento, destaca que

> inovações legislativas reconhecem o acerto da iniciativa neste sentido promovida em 2007 pela Advocacia Geral da União pela criação, em sua estrutura, da CCAF – Câmara de Conciliação e Arbitragem da AGU – Advocacia Geral da União, com a intenção de prevenir e reduzir o número de litígios judiciais que envolvam a União, suas autarquias, fundações, empresas públicas federais.

Na mesma linha, Helena Dias Leão Costa (2014, p. 601) afiança que a criação do órgão no âmbito a AGU constitui-se em uma iniciativa voltada para redução da litigiosidade, pois "foi criada com a intenção de diminuir o número litígios judiciais que envolvem a União, suas autarquias, fundações e empresas públicas federais, na figura de demandante e demandado".

Vale relevar que a própria Silvia Johonsom di Salvo (2018, p. 19) pondera que

> a institucionalização da Mediação no âmbito de um órgão da Administração Pública, tal como a CCAF, levanta uma série de questionamentos, pois ao passo que contribui para o desenvolvimento de uma cultura de Mediação, por outro lado pode incluir uma padronização procedimental que desnatura as características inerentes da Mediação, transformando-a em mero modal do processo administrativo.

Em outras palavras, a referida autora aponta questionamentos com relação ao critério de seleção dos conflitos levados à CCAF-AGU, à voluntariedade dos seus participantes e à figura do mediador. Tais questionamentos procedem e devem ser objetivo de análise. Antes, porém, faz-se necessário contextualizar a iniciativa e comentar alguns casos práticos.

As normas que regulamentam o funcionamento da CCAF determinam que, se não for alcançado acordo na conciliação, e somente nos casos envolvendo órgãos e entes da Administração Pública Federal, poderá ser proposta ao Consultor-Geral da União a deliberação das controvérsias, que será feita por meio de parecer. O parecer, se aprovado pelo Advogado-Geral da União e pela Presidência da República, vincula os órgãos e entes da administração pública, por força dos artigos 39 a 41 da Lei Complementar nº 73/93. O §1º do artigo 40, em especial, prevê que órgãos e entidades da Administração Pública Federal ficam obrigados a lhe dar fiel cumprimento. Ressalta-se que a referida arbitragem, que se limitaria apenas aos órgãos da Administração Pública Federal direta, não pode ser considerada a arbitragem nos termos das Leis nº 9.307/96 e nº 13.129/15, embora o parecer do Consultor-Geral seja vinculante para os órgãos envolvidos na controvérsia e a matéria esteja excluída da apreciação do Poder Judiciário, conforme a jurisprudência dominante.

Em continuidade aos seus aspectos legais, vale lembrar a estrutura da CCAF, que foi definida pelo Decreto nº 7.392/2010, alterado pelo Decreto nº 7.526/2011. Como a conciliação é uma das atribuições da Consultoria-Geral da União, a CCAF foi instituída no âmbito deste órgão da AGU. Nesse sentido, o inciso VI do artigo 12 do Decreto 7.392/10 dispõe que à Consultoria-Geral da União compete: "(...) promover, por meio de conciliação, mediação e outras técnicas, a solução dos conflitos, judicializados ou não, de interesse da Administração Federal".

Já o artigo 18 da norma estabelece as competências da CCAF:

- Avaliar a admissibilidade dos pedidos de resolução de conflitos, por meio de conciliação, no âmbito da Advocacia-Geral da União;

- Requisitar aos órgãos e entidades da Administração Pública Federal informações para subsidiar sua atuação;

- Dirimir, por meio de conciliação, as controvérsias entre órgãos e entidades da Administração Pública Federal, bem como entre esses e a Administração Pública dos Estados, do Distrito Federal, e dos Municípios;

- Buscar a solução de conflitos judicializados, nos casos remetidos pelos Ministros dos Tribunais Superiores e demais membros do Judiciário, ou por proposta dos órgãos de direção superior que atuam no contencioso judicial;

- Promover, quando couber, a celebração de Termo de Ajustamento de Conduta nos casos submetidos a procedimento conciliatório;
- Propor, quando couber, ao Consultor-Geral da União o arbitramento das controvérsias não solucionadas por conciliação; e
- Orientar e supervisionar as atividades conciliatórias no âmbito das Consultorias Jurídicas nos Estados.

Infere-se, portanto, que o órgão possui um amplo campo de atuação com inúmeras funções.

Importante destacar que a instituição adotou como um dos seus instrumentos a conciliação, inclusive no nome, muito embora nas informações veiculadas pela mídia em geral seja feita referência à Mediação. Neste particular, Silvia Johonsom di Salvo (2018, p. 131) destaca que

> a referência à conciliação em verdade se dá pela concepção do ato de pacificação pelo caminho junto na busca de uma solução que ponha termo o conflito. Por isso, é preferível a designação de Mediação como prática autocompositiva da CCAF.

Segundo Helena Dias Leão Costa (2014, p. 603), muitas são as vantagens desse novo ambiente de resolução de conflitos, podendo-se enumerar algumas delas:

> 1) rápida solução do conflito, especialmente quando comparado ao tempo que o Poder Judiciário tem decidido suas questões;
>
> 2) redução dos gastos suportados pelos envolvidos durante a tramitação do processo;

3) redução do número de conflitos levados ao Poder Judiciário, que assim ganha condições de julgar mais rapidamente os conflitos que com ele permanecem;

4) aperfeiçoamento da técnica da conciliação, o que tem dado mais credibilidade ao procedimento conciliatório e a própria CCAF;

5) maior aproximação entre os órgãos e entes públicos, havendo constante troca de experiências e compartilhamento de informações e atribuições;

6) comprometimento com o acordo assumido, já que foi construído por todos os órgãos envolvidos, após negociação e sem nenhuma imposição;

7) término do processo com um alto de grau de satisfação das partes envolvidas, tendo em vista o caráter eminentemente democrático do procedimento conciliatório e o aprendizado por ele propiciado.

Independentemente das vantagens pela opção da metodologia consensual, nota-se claramente que constituem iniciativas diferentes, em que os componentes específicos de cada uma das áreas promovem perspectivas diversas, as quais poderão gerar o risco de utilização do instituto da Mediação de maneira desconforme. Evidentemente que cada órgão público possui suas próprias características, em razão das funções que lhe são peculiares. Na realidade, há que se ter claro que os elementos estruturantes da Mediação devem estar devidamente estabelecidos para que possa promover o resultado esperado. Em outras palavras, os participantes, o processo e a presença de um terceiro imparcial e independente se fazem fundamentais para que a Mediação possa promover os resultados buscados.

No mesmo sentido, deve ser lembrado o componente do conflito, que neste aspecto é efetivamente público, por tratar de disputas entre órgãos públicos. Além disso, impende observar que as resistências decorrentes do imperativo do interesse público e a eventual indisponibilidade de direitos podem ser impeditivos a serem enfrentados, bem como o órgão público que sedia a disputa, por se tratar de órgão de controle, para além de também ser instância decisória caso o entendimento proposto não seja alcançado. Estes últimos aspectos serão objeto de análise mais adiante.

Cabe mencionar que, na pesquisa destinada à dissertação que originou este livro, o autor não identificou outra instituição no padrão e experiência da CCAF-AGU, seja em nível estadual ou municipal. Tal fato demonstra o pioneirismo e ineditismo da AGU e, ao mesmo tempo, a resistência quanto à implementação de iniciativas como esta, já que se passaram cinco anos dos adventos de ambos os diplomas legais, o Marco Legal da Mediação e o Código de Processo Civil.

Ademais, a mesma pesquisa aponta a veiculação de informações sobre conflitos entre órgãos públicos que foram levados à CCAF e que resultaram em acordos. Daí o cuidado com que Silvia Johonsom di Salvo (2018, p. 127) assevera:

> dada a experiência de gerenciamento de conflitos da CCAF mesmo antes do advento do marco regulatório da Mediação no Brasil, o desafio da CCAF é avaliar se o desenho institucional e procedimental até o momento adotado é consentâneo ao desenvolvimento do consensualismo na Administração Pública brasileira. Dentre os principais desafios se encontram: a eficiência da CCAF por acordos encetados, assim como o estabelecimento de métricas de aferimento da qualidade.

Ainda com relação à pesquisa junto à CCAF, no período de 2007 a 2018 nota-se que o montante acumulado do valor das demandas é da ordem de R$ 4.291.282.048,73, numa média anual de 25 processos de conciliação em que os envolvidos são órgãos da

Administração Pública direta e indireta nos diversos níveis da Federação, Estados e Municípios. São conflitos dos mais variados possíveis, que envolvem descumprimentos contratuais, dificuldades na execução de obras, decisões administrativas, disputas previdenciárias, custos de manutenção de obras a serviços públicos e operações de transportes, divulgação de pesquisas científicas etc. Portanto, iniciativas em direção ao estímulo de acordos, de maneira geral, inovadoras promotoras de perspectivas diferenciadas para os seus usuários, todos eles órgãos públicos.

É essencial recordar que a atividade já se encontra consolidada, tanto é que em janeiro de 2020 foi publicado o Decreto nº 10.201/2020, determinando à AGU ter maior autonomia para a realização de acordos destinados a prevenir ou dar fim a disputas judiciais e administrativas. O referido Decreto permite à AGU realizar acordos em causas de até R$ 50 milhões em nome da União, e de até R$ 10 milhões em nome de estatais, sem aval do Executivo, superando o limite de até R$ 500 mil estabelecido em um Decreto de 1997. Em termos quantitativos e, por que não dizer, qualitativos, é um voto a mais de confiança às atividades em desenvolvimento na instituição, bem como um incentivo para a sua continuidade.

Conforme esclarece Silvia Johonsom di Salvo (2018, p. 185), o serviço de Mediação na CCAF é desenvolvido por

> mediadores egressos das carreiras da advocacia pública, alocados na CCAF de forma voluntária ou por designação, permanecendo por prática na CCAF por ao menos um ano. Se por um lado é tranquilizador o fato de servidores públicos altamente especializados na matéria de fundo serem os mediadores, há preocupações quanto à confiança das partes na sua imparcialidade.

É muito pertinente este aspecto levantado pela referida autora, o que pontua claramente não ser exata a identificação da metodologia empregada como Mediação, já que um dos eixos observados na Parte II – Mediação deste livro não se enquadra na atividade. Em outras palavras, o mediador da AGU não é um profissional independente, como requer a Mediação nos moldes da Lei nº 13.140/15, pois se trata de ex-servidor público de carreira do Órgão.

A propósito deste último aspecto e de outros levantados anteriormente, convém oferecer algumas observações quanto à clareza dos institutos utilizados, pois o nome da Câmara, como já destacado, inclui o termo Conciliação. Na verdade, o desenvolvimento do método na instituição mais se assemelha a uma negociação assistida. É importante chamar a atenção para este aspecto, a fim de melhor enquadrar a atividade para a promoção do correto entendimento relativo ao método utilizado, abandonando a classificação de autocomposição pela sua imprecisão metodológica e sugerindo, neste livro, a nominação direta dos institutos acima, conforme as observações contidas no item 2.1 da Parte I – Acesso à Justiça ou à Ordem Jurídica Justa e os Métodos de Resolução de Conflitos.

Para tanto, de pronto se retoma a diferenciação entre a Conciliação e a Mediação já apresentada no item 2.2.4 – Conciliação da Parte I – Acesso à Justiça ou à Ordem Jurídica Justa e os Métodos de Resolução de Conflitos, em conjunto com a Parte II – Mediação, em que a própria legislação define a Conciliação para conflitos em que inexiste vínculo entre os conflitantes e a Mediação para os que apresentam esse vínculo, muito embora, como frisado anteriormente, incluam o termo "preferencialmente".

É oportuno trazer a estes esclarecimentos as palavras de André Bergamaschi (2019, p. 118-119), que explana:

a princípio, demandas que envolvam relações pontuais e questões patrimoniais exigem intervenções mais focadas nos próprios resultados práticos do método, na construção da própria solução, e menos foco na construção da relação entre as partes e resolução das questões subjacentes ao conflito. Muitas vezes, é o caso da Administração Pública, em que a necessidade de garantir a isonomia impõe o limite à consideração de elementos subjetivos que não sejam os mesmos estabelecidos para os demais indivíduos. É importante, por outro lado, reconhecer também a existência de zonas cinzentas entre as intervenções, dadas pelos próprios conflitos, que podem surpreender o mediador/conciliador na condução da intervenção. Os conflitos tipicamente patrimoniais e que envolvam relações efêmeras podem revelar, por exemplo, um elemento de reconhecimento pessoal ou coletivo que justifique aprofundar no trato das razões do conflito e possa adicionar pautas que seriam, a princípio, estranhas a uma intervenção superficial. Ambos os métodos buscam a solução do conflito pelo consenso, e é na atividade do terceiro para a obtenção do consenso que se terá a diferença entre eles. Na conciliação, busca-se um consenso entre duas pessoas que não mantêm relação, e o acordo que se busca é simples, geralmente patrimonial, e permite que ambas sigam em frente. A atuação do terceiro é voltada à busca de um arranjo que seja factível e de comum interesse. Já na Mediação, a questão patrimonial não é a única envolvida, e o acordo não mira apenas a satisfação da questão objetiva, pois o relacionamento das partes continuará, o que exigirá do mediador uma imersão maior nas raízes do conflito. Deverá conhecer as partes e a dimensão do conflito, não bastando uma faixa de acordo de comum interesse.

Nota-se claramente que o referido autor faz referência ao papel do terceiro imparcial e independente. O fato de a CCAF ter um profissional egresso da Advocacia Geral da União certamente desenvolverá sua intervenção na perspectiva institucional e baseada na sua trajetória profissional, portanto sem a isenção, requisito da função, podendo esta afirmação ser estendida à instituição.

Mais uma vez, necessário se faz reforçar que se trata da adequação ao método, que mais se aproxima ao que é identificado como negociação assistida. Esta assertiva possui respaldo nas palavras de Silvia Johonsom di Salvo (2018, p. 191), que explica:

> o impacto do mediador pertencer aos quadros da Administração Pública para a confiança das partes; por uma questão de imparcialidade, há que se examinar o conforto das partes em ter como mediador servidor público ou mesmo ex-servidor público do mesmo ente da Administração Pública de que é parte.

A referida autora chama a atenção não somente para a figura do mediador, mas também para o fato de o órgão avocar para si a atividade. Nesse sentido, cabe ressaltar que na atividade desenvolvida existe um terceiro talvez parcial e não independente, que ajuda a reflexão entre os envolvidos, para alcançar um acordo dentro dos parâmetros ditados pelo órgão. Em outras palavras, na metodologia desenvolvida na CCAF-AGU é a própria instituição que oferece a assistência para a negociação entre os órgãos públicos federais, a fim de estimulá-los à criação de um acordo, por intermédio de um terceiro por ela indicado.

Este foi justamente o caso[28] de uma negociação assistida promovida na CCAF, em 2009, por um de seus conciliadores, entre o INCRA – Instituto Nacional de Colonização e Reforma Agrária, a FUNAI – Fundação Nacional do Índio, o ICMBIO – Instituto Chico Mendes de Conservação da Biodiversidade, a Marinha, o Ministério dos Transportes, o IPHAN – Instituto do Patrimônio Histórico e Artístico Na-

---

28. Relato de caso. Disponível em: https://www.conjur.com.br/2009-ago-21/ano-camara-mediação-agu-resolveu-200-conflitos. Acesso em 03 jan.2020.

cional e o Estado do Amazonas, sobre uma ponte em construção sobre o Rio Negro, em Manaus.

O conflito aconteceu a partir de uma ação ajuizada pelo Ministério Público Federal, que defendia estar a construção de uma ponte de interligação entre Manaus e Iranduba, município vizinho, descumprindo a legislação ambiental, comprometendo, com isso, os interesses dos órgãos públicos federais daquela região. A negociação entre eles foi feita sob os auspícios da CCAF, sendo firmado um acordo em que a empresa responsável pela obra se comprometeu a adotar medidas de reparação do dano ambiental causado pela construção e o Estado do Amazonas a responder com medidas de proteção do patrimônio arqueológico da região, visando compatibilizar as fases de obtenção da licença ambiental em urgência com estudos preventivos de arqueologia. Tudo no sentido de atender aos parâmetros legais interpretados pelos órgãos de controle para viabilidade da obra.

A mídia vem noticiando outros acordos celebrados pela CCAF com resultados inéditos. Exemplo disso foi o acordo entre a Philips S/A e sete hospitais federais, em que a referida empresa se comprometeu a disponibilizar tomógrafos para os pacientes daqueles hospitais sem a necessidade de obtenção de liminar. Além desse, outro acordo[29] firmado entre a Agência Nacional de Águas – ANA, a Companhia de Desenvolvimento dos Vales do São Francisco e Parnaíba – CODEVASF e os Estados do Ceará, Paraíba, Pernambuco e Rio Grande do Norte, com o objetivo de que a água da transposição do referido rio seja distribuída para a população daqueles estados.

Outro acordo decorrente da intervenção da CCAF resultou na divul-

---

29. Relatos de casos. Disponíveis em: https://www.conjur.com.br/2009-ago-21/ano-camara-mediação-agu-resolveu-200-conflitos. Acesso em 03 jan.2020.

gação de pesquisa científica destinada à realização do III Levantamento Nacional sobre o Uso de Drogas pela população brasileira, entre a Secretaria Nacional de Políticas sobre Drogas do Ministério da Justiça e Segurança Pública e a Fundação Oswaldo Cruz, vinculada ao Ministério da Saúde.

Percebem-se, nestes casos, os benefícios resultantes das negociações entre os envolvidos, estimuladas pela CCAF. Dentre eles, pode-se citar o encerramento de ações anteriormente ajuizadas ou em vias de serem iniciadas, proporcionando economia aos cofres públicos, evitando gastos com tramitação de processos e otimizando o tempo dos advogados da União e dos procuradores federais com relação a outros processos.

Ao oferecer comentários sobre a iniciativa da CCAF-AGU, é importante notar o quanto a continuidade possibilitou a consolidação da política pública adotada em 2007, em especial como instância administrativa de solução de controvérsias entre entes públicos, que têm primado pelo estímulo à negociação entre os órgãos públicos.

A iniciativa, além de ter sido ampliada, tem repercutido em outros Estados da Federação, sobretudo no âmbito das Procuradorias Gerais Estaduais, que acabaram criando um Rede Nacional de Autocomposição da Administração Pública. A intenção da referida rede consiste em aproveitar a experiência da AGU pelos procuradores dos estados, para ajudar na implantação de estruturas semelhantes no âmbito das advocacias públicas estaduais. A iniciativa é informal, isto é não possui nenhuma previsão no ordenamento jurídico, muito embora venha ao encontro do atendimento dos preceitos legais previstos na Lei nº 13.140/15 e no Código de Processo Civil, que preveem a criação de instituições de prevenção e resolução de conflitos no contexto da Administração

Pública, como já comentado no item 4.3 da Parte II Mediação do presente livro.

Tal fato bem demonstra que os serviços da CCAF-AGU avançarão cada vez mais, uma vez que estão abertos a todas as atividades da Administração Pública Federal. Além disso, a tendência é que a iniciativa venha a ser replicada nas várias instâncias da Administração, quer no âmbito estadual, quer no municipal. E se o forem com adequação do método utilizado, isto é, com a adoção do instrumento da negociação intermediada pelo órgão com profissionais preparados para tanto, superarão obstáculos advindos de limitações relativas ao questionamento sobre a legalidade e indisponibilidade dos interesses públicos, bem como com a preocupação com a seleção dos casos levados ao órgão e com a voluntariedade pressuposta no método.

Com essa perspectiva, atende-se aos parâmetros dos impactos linguísticos oferecidos por ambas as Leis: a nº 13.105/15 e a nº 13.140/15, debatidos no item 4.4 da Parte II – Mediação deste livro, pois, como mencionado no referido item, os comandos oferecidos por ambas apontam para o dever de interpretá-las, atribuindo valores a seus símbolos, oferecendo-lhes significações a partir do percurso gerador do sentido. Apontam, desta forma, para a desnecessidade do enquadramento contratual pressuposto pela Mediação, ao adotar uma metodologia mais simples, acessível e natural, que é a negociação, também debatida em item anterior, o de número 2.2.1 da Parte I – Acesso à Justiça ou à Ordem Jurídica Justa e os Métodos de Resolução de Conflitos.

11. A MEDIAÇÃO COM A ADMINISTRAÇÃO PÚBLICA

Ao se falar da Mediação com Administração Pública, de pronto, vem à mente a conceito pós-moderno da Administração contratual. O foco, portanto, passa a estar nos contratos envolvendo o poder público em geral e a iniciativa privada. Nesse sentido, consiste no emprego da Mediação para resolução de conflitos decorrentes de contratos com entes públicos findos ou em execução. E, em se tratando deste tema, ao se observar a tendência direção ao consensualismo na Administração Pública, denominada por Gustavo Justino de Oliveira (2020, p. 79) como o "novo eixo da dogmática do Direito Administrativo", o instituto da arbitragem chama a atenção pelo seu percurso. De um momento de forte resistência, acalorados debates acadêmicos, doutrinários e jurisprudenciais, passou a ter reconhecimento legal, com o advento da Lei nº 13.129/15, já mencionada no item 2.2.3 da Parte I deste livro. Maurício Tonin (2019, p. 325), ao comentar a referida lei, ressalta que

> inseriu no ordenamento jurídico a previsão expressa de que a Administração Pública direta e indireta pode se valer da arbitragem para resolver conflitos que envolvam direitos patrimoniais disponíveis. Com isso, encerrou com uma discussão que se arrastava acerca da possibilidade ou não da Administração se utilizar desse mecanismo de solução de conflitos.

Em concordância com a assertiva acima, entretanto adicionando alguns cuidados, Bruno Megna (2019, p. 353) acentua que

> superada a fase de resistência da Administração à arbitragem, o processo arbitral devido à Administração é aquele que observa o regime jurídico administrativo, assim compreendido não como um regime de autoridade, mas simplesmente um conjunto de regras especiais a que este sujeito de direito também está submetido, sem prejuízo das demais regras do ordenamento. Esse regime condiciona as opções que se podem fazer na convenção arbitral e, consequentemente, influencia no modo de ser do processo arbitral, cujas regras não só advêm da convenção arbitral como, em alguns casos, advêm diretamente da lei, na medida em que o estatuto social deste sujeito de direitos se confunde com a própria legalidade.

Tais elementos devem também ser previstos quando do emprego da Mediação com a Administração, como será apresentado neste item, a fim de que não somente viabilize sua participação, mas, sobretudo, promova a oportunidade que a Mediação propõe. Tudo isso com o objetivo de justificar a afirmação de André Junqueira (2019, p. 41), de que "a negociação, conciliação, mediação e arbitragem podem estar contidas em um capítulo próprio para resolução de controvérsias em paralelo à tradicional cláusula de foro comum", quando um dos polos da controvérsia é a Administração Pública em um contrato.

A propósito do tema contrato, vale recordar as palavras de Sidney Bittencourt (2015, p. 31), que explica ser "tal expressão usada em sentido lato, abrangendo qualquer contrato celebrado pela Administração, que poderá reger-se tanto pelo Direito Público quanto pelo Direito Privado". Floriano de Azevedo Marques Neto (2009, p. 74), ao apontar a evolução dos contratos administrativos, pondera não ser

> exagero dizer que vivemos uma transformação radical no papel que o instituto contrato cumpre no

Direito Administrativo. Desde o final da primeira metade do século passado até os dias de hoje, a ideia de um contrato de que participe o Poder Público percorreu uma longa trajetória, que vai desde a rejeição de que o Poder Público pudesse travar relações obrigacionais com os privados até o momento atual em que se pode falar do contrato como instrumento para o exercício das atividades fins da Administração, e não apenas como instrumento para suas atividades-meio.

Voltando a Sidney Bittencourt (2015, p. 31-37), os contratos com a Administração se subdividem em dois tipos: os Contratos Privados celebrados pela Administração e os chamados Contratos Administrativos. Os primeiros

são firmados pela Administração com terceiros regidos pelo Direito privado. Nessa situação, a Administração situa-se no mesmo plano jurídico do particular. São exemplos: a locação de um bem imóvel para uso da Administração, que é regulado pela Lei do Inquilinato, o contrato de permuta, regido pelo Direito Civil, o contrato de comodato, também sob a égide do Direito Civil, dentre outros. Já os Contratos Administrativos são ajustes que a Administração celebra com terceiros visando a consecução de objetivos de interesse público. Regem-se precipuamente pelo Direito Público, com aplicação supletiva das normas de Direito Privado. É o que prescreve o artigo 54 da Lei nº 8.666/93. São suas características:

a) presença da Administração;

b) finalidade pública, em face do interesse público;

c) ter como precedente a licitação (ou sua dispensa ou inexigibilidade);

d) bilateralidade, por ser um acordo de vontades que prevê obrigações e direitos de ambas as partes;

e) onerosidade, porque sempre remunerado;

f) formalismo, expressando-se sempre por escrito, obedecendo à forma prescrita em lei;

g) comutatividade, porque estabelece deveres recíprocos;

h) natureza personalíssima, não podendo o particular deixar de atendê-lo de forma direta, estando impedido de transferi-lo para ser executado por terceiros, a não ser com a anuência da Administração; e

h) existência de cláusulas exorbitantes.

Tendo como referência potenciais conflitos decorrentes dos contratos acima, de imediato, como já mencionado anteriormente, vem à mente, de forma geral, o descumprimento de cláusulas contratuais e, possivelmente, a oneração de contratos, quando findos. Quando tais temas são objeto da Mediação, os participantes têm a oportunidade de construir acordos, cujo principal objetivo é a satisfação dos interesses de todos os envolvidos e a possibilidade de soluções de benefícios mútuos.

Tal perspectiva, quando desenvolvida na esfera da Administração, automaticamente leva a questionamentos sobre a indisponibilidade dos interesses públicos, eventuais violações de sua supremacia, bem como a publicidade com que as atividades públicas devam se desenvolver.

Em que pese já ter sido objeto de observações anteriores nos itens que trataram dos princípios da Administração Pública, é imprescindível trazer a estes comentários as palavras de Bruno Megna (2019, p. 90) quanto ao primeiro óbice acima citado:

> Na nova arena pública, Estado e sujeitos privados desenvolvem formas horizontais de se relacionar e não mais se concebem interesses públicos dissociados de interesses populares. Não se nega que o interesse público deve prevalecer, o que se nega é

que isso deva ocorrer sempre com prejuízo para o particular.

No que concerne ao segundo aspecto, com o acordo se pressupõe a possibilidade de ter sido desenvolvida uma transação entre o órgão público e a iniciativa privada, com a intervenção de um mediador. Neste cenário, Romeu Felipe Bacellar Filho (2007, p. 67) explica que

> a Administração Pública pode celebrar acordos e transacionar a fim de evitar litígios despropositados que somente prejudicariam o bom andamento de suas atividades. A transação pressupõe a existência de um espaço de conformação que a Lei outorga ao administrador (em outras palavras, discricionariedade) para valorar, no caso concreto, as medidas necessárias para a proteção do interesse público. A transação existe pra permitir a concretização do interesse público, sem excluir a participação dos particulares interessados na solução da contenda.

Em relação a este aspecto, impende lembrar os esclarecimentos oferecidos no item 2.1 sobre Autotutela, Autocomposição e Heterocomposição e no item 5.2 sobre os Instrumentos Contratuais da Mediação, os quais esclarecem que o instituto civil da transação, como negócio jurídico, não se confunde com Mediação por inúmeras razões, dentre elas componentes imprescindíveis e não existentes na transação e os objetivos distintos a serem alcançados por ambos os institutos.

Em paralelo a estes aspectos, Daniela Gabbay (2020, p. 198-199) chama a atenção para algumas questões relevantes, como a indicação do mediador, não necessariamente profissional da área pública, podendo ser da área privada, e a recomendação de comediação em conflitos coletivos e complexos; a publicidade do eventual acordo, que remete aos aspectos relativos à confidencialidade comentada anteriormente; ou mesmo a antecipação das despesas com a Mediação, para cuja instauração, em se tratando de institucional, as entidades costumam fixar e cobrar valores.

A propósito dos resultados, Juliana de Palma (2014, p. 168) chama a atenção para o fato de que, quando os acordos resultam "da convergência de vontades entre o Poder Público e particulares, a decisão consensual tende a ser cumprida espontaneamente. O cumprimento espontâneo das obrigações pactuadas tende a reduzir sobremaneira a litigiosidade em torno da decisão." Consequentemente, os acordos terminam por serem respostas mais imediatas à sociedade. Adiciona-se a isso a potencial economia de tempo e de recursos orçamentários. Além disso, como salienta Daniel Vargas (2020, p. 32), corroboram na construção da

> nova Administração, de caráter gerencial, que deve ter por norte a ciência insculpida do artigo 37 da Constituição da República, diante da escassez de recursos e da necessidade de sua alocação de forma racionalizada. A adequação dos recursos financeiros, humanos e materiais aos objetivos pretendidos pelo Estado na busca do bem comum deve desbordar dos critérios exclusivamente empresariais, através de uma maior capacidade de governança e atuação que oriente decisões administrativas.

Imperioso notar que todo e qualquer acordo resultante de uma Mediação está sujeito ao controle interno e externo, cuja dimensão Floriano de Azevedo Marques Neto (2010, p. 7-30) assinala ser constituído por três aspectos, a saber: o poder, os meios e os objetivos. Na primeira,

> trata-se de assegurar a liberdade e prescrever o arbítrio, limitando a atuação estatal; a segunda, envolve a utilização mais adequada dos recursos públicos, evitando o desvio de finalidade e improbidade,

> e a terceira, traduz a necessidade de proteção dos objetivos existentes, seja assegurando a estabilidade das metas de longo prazo, seja com a preservação de medidas orientadas a satisfazer os interesses dos cidadãos de modo imediato.

Marçal Justen Filho (2002, p. 73) agrega que

> a consensualidade indica um conjunto muito mais amplo de situações, em que o exercício de competências administrativas unilaterais é subordinado a um processo de composição de interesses com outros sujeitos. Mediante acordos com os diversos segmentos da sociedade, a Administração atinge soluções consensuais, que adquirem cunho vinculante para os diversos envolvidos.

Geisa Neiva[30], por seu turno, destaca:

> dada a amplitude dos direitos que cabe ao Estado proteger, existirão hipóteses em que, ou a norma não irá prever determinada situação, o que é extremamente comum dada a sua natural generalidade e abstração, ou, então, o caminho prescrito pelo legislador não será, em um caso específico o que melhor representa o interesse da coletividade.

Segundo Carlos Alberto de Salles (2011, p. 181), existem inúmeras vantagens para a opção pela Mediação. Dentre elas, destaca-se

---

30. NEIVA, Geisa Rosignoli. *Conciliação e Mediação na Administração Pública – Parâmetros para sua efetivação*. Rio de Janeiro: Lumen Juris, 2019. p. 120. Importante destacar a que referida autora, no mesmo capítulo, apresenta um precedente do STF no aresto de relatoria da Ministra Ellen Grace, que menciona: "Poder Público. Transação. Validade. Em regra, os bens e o interesse público são indisponíveis, porque pertencem à coletividade. E, por isso, o Administrador, mero gestor da coisa pública não tem disponibilidade sobre os interesses confiados à sua guarda e realização. Todavia, há casos em que o princípio da indisponibilidade do interesse público deve ser atenuado, mormente quando se tem em vista que a solução adotada pela Administração é a que melhor atenderá a ultimação desse interesse." (BRASIL. Supremo Tribunal Federal. Embargos de Declaração no Recurso Extraordinário 598.099/MS. Recorrente: Estado do Mato Grosso do Sul. Recorrido: Rômulo Augusto Duarte. Relator Ministro Gilmar Mendes. Plenário. Publicado em 18 dez 2012. Dje 247 Disponível em: http://redir.stf.ju.br/paginadorpub/paginados.jsp?docTP=TP&docID=3216407. Acesso em: 13 jul. 2018).

o sigilo das informações trazidas para a mediação pelas partes, inclusive quanto às suas expectativas é condicionante da confiança dos participantes. E eventual testemunho do mediador fica, também, prejudicado, reconhecendo-lhe o direito a sigilo profissional.

Este é um aspecto relevante, pois, em razão do princípio da publicidade, a Administração Pública está livre para informar o que desejar, valendo o mesmo para a instituição ou a empresa privada, e não sendo possível para o mediador e talvez a instituição, caso existirem previsões neste sentido, quando se tratar da Mediação institucional. Nesse sentido, não pode ser considerado como obstáculo para o uso da Mediação neste campo.

Além disso, Geisa Neiva (2019, p. 124) acrescenta outra vantagem, ao enfatizar que

> é inegável que esses arranjos consensuais trazem grandes vantagens para a sociedade, já que, além de serem obtidos com maior celeridade, com menos custos para o Poder Público – se comparados com as infindáveis demandas judiciais que exigem grande movimentação estatal – ainda serão mais eficientes, ao passo que as saídas as soluções tomadas por consenso tendem a ser cumpridas voluntariamente, ao contrário daquelas impostas por lei, que demandam maior grau de coercibilidade.

Carlos Alberto de Salles (2011, p. 181-182), por seu turno, agrega que a

> predisposição a ajudar as partes na percepção do conflito e de como ele pode ser resolvido, não apenas no sentido de perceber corretamente o conflito, em suas dimensões objetivas e subjetivas. Há situações em que, imersas em suas próprias posições e interesses, as partes não chegam a reconhecer a situação conflituosa por desconhecer a posição do outro sujeito. Assim a Mediação deve ser capaz

de gerar elementos que permitam às partes a percepção e compreensão do conflito, de seu posicionamento em relação a ele e das alternativas para a solução. Por detrás da necessidade de levar a uma correta percepção do conflito, existe, sem dúvida, uma tarefa informacional, consistente em uma das mais vitais e mais controvertidas da mediação. Afinal, a informação é condição básica para que o livre consentimento possa ser dado em bases minimamente legítimas.

Fundamental acrescentar a estas vantagens o ambiente de troca de informação e intercâmbio de perspectivas que a Mediação pode proporcionar, o que naturalmente contribuirá para uma visão mais ampliada por parte dos participantes. Claro que isto só é possível se estiverem participando do processo.

Em relação a este aspecto, vale destacar o efeito que a cláusula de Mediação promove quando é incluída em um contrato. Imperioso lembrar que tais efeitos também ocorrerão caso o órgão público, quando contratar, inclua a referida cláusula, isto é, obrigando-se a participar de uma primeira reunião de Mediação para que possa deliberar se deseja participar efetivamente do processo.

Os comentários apresentados no item 5.2 – Instrumentos Contratuais da Mediação são válidos para os pontos agora levantados, que ajudarão na percepção de que estão diante de processo em que valem todos os componentes relativos à Administração e que só poderá ocorrer se desejarem fazer parte. Para tanto, é fundamental a oportunidade de terem os esclarecimentos iniciais que serão oferecidos na primeira reunião. E, na hipótese de possuírem uma cláusula de Mediação Extrajudicial, usufruirão dos benefícios que ela propõe, dentre os quais se destacam: a escolha do mediador, o estabelecimento de como será desenvolvido o processo, sua duração e temas a que desejarem levar ao debate etc.

Por outro lado, grande preocupação na Administração advém especialmente do agente público, com relação aos órgãos de controle interno e, em especial, externo, como o Ministério Público e/ou os Tribunais de Contas. Tal fato, muitas vezes, aponta no sentido de inviabilizar a própria Mediação, sem dizer o seu futuro resultado.

Laura de Barros (2020, p. 127) bem esclarece este controle, ao afirmar que, em geral, possuem "atribuições precípuas de acompanhar, avaliar e eventualmente reprimir desvios relacionados ao desempenho da função administrativa, de forma tanto preventiva quanto a posteriori". Nota-se aí o objetivo de evitar desvios e não a possibilidade de reverter ou mesmo punir atitudes que talvez beneficiem a coletividade ou mesmo a Administração pelo consenso em função de algum contrato que venha a ser objeto da Mediação.

Por isso, a mesma autora defende a necessidade de se aprofundar o debate,

> com vistas a construir balizas mais seguras e exatas para a fixação de limites previsíveis e confiáveis, objetivamente aferíveis, em prestígio, inclusive da segurança jurídica, igualmente consagrada na Constituição Federal.

Nesse sentido, mesmo o controle deve ser exercido com critérios previamente estabelecidos, sobretudo nas condições econômicas, sociais e jurídicas à época em que foi eventualmente firmado algum acordo para que a Mediação efetivamente possa contribuir efetivamente na perspectiva de futuro para os contratos administrativos.

Além disso, é importante lembrar que a Lei nº 13.655/18 acresceu novos dispositivos à LINDB – Lei de Introdução às Normas do Direito Brasileiro, no que se refere aos artigos de 20 a 30, sendo relevante para as considerações acima o artigo 26, que prevê expressamente a possibilidade de celebração de acordos com os envolvidos em conflitos com a Administração Pública, sobretudo com o objetivo de eliminar incertezas jurídicas e situação contenciosa na aplicação do direito público.

Por isso, Rafael Schwind (2020, p. 175) destaca que, desde a edição da referida lei,

> pode-se dizer que está definitivamente sepultada qualquer compreensão de que a Administração Pública não pode celebrar transações, acordos e compromissos em geral, o que consagra uma evolução do pensamento jurídico a respeito da indisponibilidade do interesse público.

Com ela, nota-se a promoção da pavimentação de estruturas que permitam minimizar eventuais obstáculos para órgãos e agentes públicos em suas ações em direção à Mediação, oferecendo segurança jurídica aos órgãos e agentes públicos. Ao agregar os dispositivos acima mencionados, proporciona maior segurança jurídica para as decisões e atividades do poder público quando promoverem inovações, como asseveram Floriano de Azevedo Marques Neto e Rafael de Freitas (2019, p. 18):

> estabilidade, na medida em que pretende conferir perenidade aos atos jurídicos e aos efeitos deles decorrentes, mesmo quando houver câmbios nas normas ou no entendimento que se faz delas. Tem o vetor da previsibilidade, protraindo mudanças bruscas, surpresas e armadilhas. E, por fim, tem o vetor da proporcionalidade (e da ponderabilidade), na medida em que a aplicação do direito não pode nem ser irracional, nem desproporcional.

Retomando a questão do controle, José Mathias-Pereira (2014, p. 217) lembra que

> a Constituição Federal de 1988 – artigo 70 estabelece que a fiscalização contábil, financeira, orçamentária, operacional e patrimonial da União e das entidades da administração direta e indireta é exercida pelo Congresso Nacional, mediante controle externo, e pelo sistema de controle interno de cada poder. Estabelece também que o controle externo, a cargo do Congresso Nacional, é exercido com o auxílio do Tribunal de Contas da União, ao qual incumbe uma série de competências exclusivas.

Depreende-se que a opção constitucional no que toca este quesito relativo foi no sentido amplo e complexo, consistindo no que Hely Lopes Meirelles (2016, p. 564) define como "todo aquele realizado pela entidade ou órgão responsável pela atividade controlada, no âmbito da própria Administração", sendo inserida organicamente em conformidade com o artigo 74 da Constituição Federal e podendo ser realizada de forma prévia, concomitante ou posteriormente.

A atuação do controle possui ampla liberdade, sendo preservado espaço mínimo de independência, livre do restrito controle orçamentário e legal. Já com relação ao âmbito externo, o mesmo autor (2016, p. 565) explica ser

> o controle que se realiza por órgão estranho à Administração responsável pelo ato controlado, como, por exemplo, a apreciação das contas do Executivo e do Judiciário pelo Legislativo; a auditoria do Tribunal de Contas sobre a efetivação de determinada despesa do executivo; a anulação de um ato executivo por decisão do Judiciário, etc.

Esse controle está previsto no artigo 71 da Constituição Federal, como assinala José Matias-Pereira (2014, p. 220),

> dotando ampla competência, exigindo a adoção de medidas de reestruturação de modo a dotar as Cortes de Contas de capacidade operacional, celeri-

dade e eficácia, imprescindível para assegurar uma eficiente fiscalização dos atos da Administração.

Diante de todo este amplo controle, seja interno ou externo, incluindo neste último o judicial, cumpre trazer as palavras de Juliana de Palma (2014, p. 155), que salienta que a decisão pelo acordo

> deve ser tomada discricionariamente, considerando as especificidades do caso concreto para a modelagem da decisão que se mostre a mais eficiente. Trata-se de uma formulação empírica, lastreada em estudos de caso e análises de custo benefício.

Depreende-se, portanto, que a referida autora evoca em sua recomendação os componentes de discricionariedade do agente e a fundamentação como elemento basilar do acordo realizado. Silvia Johonsom di Salvo (2018, p. 126), por seu turno, acrescenta que, no que toca às soluções derivadas da Mediação, "há elementos necessários a serem observados para garantia da efetividade, para além do consenso entre os participantes". A concessão de publicidade ao acordo confeccionado garante a transparência de todo o processo e da tomada de decisões, como forma de legitimação do instituto e dos resultados dele derivados.

A participação efetiva daqueles que executarão os compromissos assumidos no processo constitui outro elemento a ser pensado, aliado à inclusão na pauta do processo de um plano para sua implementação. Por outro lado, Mauricio Tonin (2019, p. 121) assevera que

> o controle judicial dos acordos celebrados pelo Poder Público será fundamentalmente motivado por terceiros que se sintam prejudicados pela celebração do pacto ou por instituições de controle, que acionarão o Judiciário para requerer a invalidação do acordo diante de denúncias de ilegalidade na celebração do pacto.

Além disso, o mesmo autor defende que o momento demanda a necessidade de quebra do paradigma da resistência do agente público em tomar decisões baseadas no consensualismo. Por isso, Luciane Moessa de Souza (2012, p. 258) enfatiza que,

> se existe grande receio por parte de agentes públicos relacionados à assunção de responsabilidade pela celebração de transações, tal fato se deve a uma cultura que prepondera no Poder Público em que somente se enfoca a responsabilidade por ações, olvidando-se, lamentavelmente, nossos órgãos de controle externo de criar mecanismos que permitam a responsabilização de agentes públicos pela omissão em seus deveres, tal como ocorre pela não celebração de transações em situações nas quais da omissão decorram danos ao interesse ou ao patrimônio público.

Diante deste cenário, Silvia Johonsom Di Salvo (2018, p. 126) apresenta a expectativa de que os órgãos de controle possuam maior "amadurecimento de seu entendimento quanto ao uso do instituto da Mediação, para que seja reconhecido como instrumento legítimo de resolução de controvérsias" no âmbito da Administração Pública.

Ainda sobre a resistência, convém lembrar as observações oferecidas sobre o Capítulo II da Lei de Mediação, constantes no item 4.1.5 da Parte II – Mediação deste livro, que podem ser repetidas neste aspecto, uma vez que o legislador buscou demonstrar a intenção de criar, pelo artigo 40 da Lei nº 13.140/2015, norma protetiva para os funcionários públicos, quando participarem de uma Mediação, com o intuito de blindá-los no exercício de suas atribuições.

Segundo Humberto Dalla Bernardina de Pinho e Marcelo Mazzola (2019, p. 180),

> Poderão somente ser responsabilizados civil, administrativamente ou criminalmente quando, mediante dolo ou fraude, receberem qualquer vantagem patrimonial indevida, permitirem ou facilitarem sua recepção por terceiros.

Osmar Côrtes (2020, p. 237), por seu turno, acrescenta pelo lado da Administração que

> deve ter algum benefício para que se torne atraente participar de uma composição extrajudicial, até porque tem inúmeras vantagens quando é parte em um processo judicial. As vantagens para a Administração não podem se confundir com vantagens para os servidores que representam a Administração e participam de uma Mediação, obviamente.

Vale ainda lembrar que é neste tópico que a Mediação se insere em toda a sua plenitude. Em outras palavras, é onde os três eixos do processo da Mediação ocorrem efetivamente. Os participantes normalmente são pessoas jurídicas, sendo uma de direito público e a outra de direito privado. E o mediador, o terceiro imparcial e independente, é escolhido entre elas, sendo que esta escolha é baseada na credibilidade inicial que aquele profissional possui perante os participantes. A matéria objeto da Mediação é o contrato celebrado decorrente de uma licitação, baseado na Lei nº 8.666/93. Interessante notar que os questionamentos mais frequentes são os mencionados anteriormente, acrescidos da questão da confidencialidade, que pode ser mitigada ou não em função da flexibilidade que a Mediação propõe. Nesse sentido, o que se observa na prática é o dever da confidencialidade oferecido pelo mediador, por seu código de conduta, bem como a instituição que poderá estar administrando o processo, em função do seu próprio código de ética e também de instrumentos legais inerentes à Mediação lá desenvolvida.

Esta última característica demonstra, pelos instrumentos previstos para desenvolvimento da Mediação, os elementos contratuais que marcam a atividade. Todos eles já citados no item 5.2 da Parte II – Mediação da presente obra, os quais valerão nos parâmetros mencionados no referido item, em especial quando existente a cláusula de Mediação.

12. A MEDIAÇÃO DA ADMINISTRAÇÃO PÚBLICA

A Mediação da Administração Pública consiste na inclusão da Mediação como serviço voltado para a população como um todo, podendo incluir pessoas físicas e/ou jurídicas, inclusive do ambiente público, sem qualquer limitação quanto aos conflitos levados à instituição, que presta serviços por intermédio de pessoas treinadas como mediadores, podendo ser funcionários públicos e/ou profissionais do contexto privado. Na maioria das vezes, serão conflitos privados, familiares e de vizinhança, podendo incluir coletivos, com forte intenção de propor a pacificação. Além disso, conflitos entre o poder público, ou mesmo de seus órgãos com o cidadão, também podem ser objeto de inclusão nestes serviços. Nesse sentido, Maurício Tonin (2019, p. 233) oferece a denominação Administração Pública Mediadora de Conflitos. O referido autor faz referência ao artigo 3 º inciso 2º do Código de Processo Civil para enfatizar que

> não se restringe à atuação do Estado enquanto parte num conflito. O dispositivo prevê que o Estado promoverá, sempre que possível, a solução consensual dos conflitos, inclusive daqueles dos quais não é parte.

Convém destacar também que o mesmo autor atribui ainda outro nome à atividade, "Administração na construção de políticas e estruturas para a Mediação", numa demonstração do quão ampla pode ser a iniciativa.

Nesse sentido, funciona como uma instituição da iniciativa privada prestadora dos serviços de Mediação em distintos conflitos e contextos, muito embora seja desenvolvida por agentes públicos. Célia Zapparolli (2009, p. 547) apresenta um exemplo, dos muitos que podem ser desenvolvidos, denominando-o como política pública de Justiça. Ela sublinha que o objetivo é de transformação ou mudanças de paradigmas na própria comunidade onde se dá a implementação. Faz referência também ao Programa de Justiça Comunitária do Tribunal de Justiça do Distrito Federal e ao Programa de Mediação de Conflitos da Secretaria da Defesa Social do Estado de Minas Gerais. E conclui que

> os referidos programas deparam com aspectos que ultrapassam as relações individuais. Atuam no nível das relações intersubjetivas, nos efeitos decorrentes dos conflitos sociais e violências estruturais, gerados pela imposição de infindáveis encargos, diante da percepção ou da efetiva escassez de bens materiais/imateriais, além dos dilemas alocativos. Os dois programas constituem políticas estatais e visam a redução efetiva da demanda por decisão judiciária, atuando nas comunidades e procurando gerar modificações de segunda ordem, transformações individuais, relacionais e comunitárias, com efeitos sociais mais amplos.

Outro exemplo de Mediação da Administração Pública que pode ser lembrado nos presentes comentários é o CEDPI – Centro de Defesa da Propriedade Intelectual criado pelo INPI – Instituto Nacional da Propriedade Industrial, pela Resolução nº 84, de 11 de abril de 2013. Segundo Nathalia Mazzonetto (2014, p. 294-295), foi a referida autarquia federal, em parceria com a OMPI, Organização Mundial da Propriedade Intelectual, que

> inaugurou, de modo pioneiro, o universo dos centros especializados em propriedade intelectual, abrindo o caminho para que outros como a ABPI – Associação Brasileira da Propriedade Intelectual também viessem na sequência. Para a referida auto-

ra o centro possui o objetivo central de "administrar procedimentos de mediação e arbitragem envolvendo disputas relacionadas aos direitos resguardados pela referida Autarquia Federal (marcas, patentes, softwares, etc...)

Importante notar que o referido centro não previa a utilização de mediadores internos a fim de oferecer maior garantia de imparcialidade para o terceiro que exercerá função. Além disso, segundo a mesma autora, o próprio INPI estabeleceu parâmetros a serem seguidos a saber:

1. Não participação do INPI no procedimento como parte;

2. Integração com os processos administrativos em curso junto à autarquia, podendo haver a sua suspensão temporária; e

3. Possibilidade de recurso à chamada consulta técnica preliminar sobre a viabilidade, junto ao INPI, dos acordos de Mediação que recaiam sobre direitos de propriedade intelectual, respeitando-se a independência inerente aos processos de exame promovidos pela instituição.

Trata-se de uma integração não vinculante ao INPI, que foi operacionalizada a partir de um piloto, que não veio a desenvolver muitas atividades, pois mudanças na gestão à frente do órgão alteraram sua efetiva implementação.

Tal descontinuidade, infelizmente, é comum na Administração Pública, ao ocorrerem mudanças das autoridades públicas no exercício de seus mandatos. Essa ocorrência é um fator limitador para a consolidação de serviços de Mediação no contexto público.

Independentemente deste último aspecto, vale lembrar Mauricio Tonin (2019, p. 234), que exemplifica:

casos da Prefeitura de São Paulo, dentre os 257 postos do TJ-SP, alguns deles instalados e em funcionamento em razão de parcerias com instituições públicas e privadas. Um deles é fruto do Convênio nº 262/2015, celebrado entre o Tribunal e a Prefeitura do Município de São Paulo, que dispõe o espaço físico e os mediadores que atuam em conflitos encaminhados pela Defensoria Pública ou daqueles que procuram diretamente o centro. Há também pautas de casos planejados por interesse da própria Administração Municipal. Desta, destacam os mutirões quinzenais da Companhia Metropolitana de Habitação de São Paulo – COHAB, que convida os seus mutuários inadimplentes a celebrarem acordos e evitarem ações de reintegração de posse. A Prefeitura também dispõe de Guardas Civis Metropolitanos realizando mediação extrajudicial na Casas de Mediação, desde 2011. Atualmente são 18 (dezoito) casas espalhadas pela cidade de São Paulo, atendendo conflitos de vizinhança, família (que não exigem homologação judicial) e questões cíveis.

Depreende-se que os componentes de estruturação dos eixos da Mediação não levam a dificuldades apontadas pelos itens anteriormente citados, pois muitas vezes o conflito é privado e, caso seja público, ao envolver um cidadão e um órgão público, normalmente já existe autorização legal para o órgão público participar. Além disso, o mediador que desenvolverá o processo é um profissional capacitado, que exercerá sua função desprendido do sistema público em que está situado, mesmo integrando-o.

Portanto, obstáculos decorrentes de questionamentos de indisponibilidade do interesse público, arguição de previsão legal anterior ou mesmo publicidade acabam não ocorrendo.

Paralelo a isso, pelo fato de estar ligado à Mediação da Administração Pública, aflora o debate em torno da adoção de políticas em direção à desjudicialização no âmbito da Administração Pública, muito embora não seja elemento disparador da Mediação. Nesse sentido, a Prefeitura do Município de São Paulo tornou-se no início de 2020 um exemplo claro da adoção de uma política pública com esta perspectiva. Conseguiu aprovar na Câmara de Vereadores um projeto de lei de política de desjudicialização, coordenada pela Procuradoria Geral, incluindo a Administração direta e indireta de toda a cidade de São Paulo, elegendo a Mediação e a arbitragem como instrumentos da referida política, somando-se à ampliação da Câmara de Resolução de Conflitos mencionada anteriormente.

Dada a sua importância no ordenamento jurídico brasileiro, e por se situar num grande avanço em prol da consensualidade, será objeto de breves observações a seguir.

A Lei nº 17.324, de 19 de janeiro de 2020, dispõe sobre uma série de medidas a serem adotadas pela municipalidade, que visam reduzir a litigiosidade, estimular a solução adequada de controvérsias, promover, sempre que possível, a solução consensual dos conflitos e aprimorar o gerenciamento do volume de demandas administrativas e judiciais. A política de desjudicialização é coordenada pela Procuradoria Geral do Município, que ficará responsável, dentre outras, por:

1. Dirimir conflitos por autocomposição;
2. Arbitrar controvérsias não solucionadas por meios autocompositivos;
3. Celebrar termos de ajustamento de conduta, quando couber e estiver no âmbito de sua competência;
4. Propor, em regulamento, a organização e a uniformização dos procedimentos e parâmetros para a celebração de acordos envolvendo a Administração direta, bem como as

autarquias e fundações representadas judicialmente pela Procuradoria Geral do Município;

5. Disseminar a prática de negociação e coordenar negociações realizadas por órgãos de execução; e
6. Identificar matérias elegíveis à solução consensual de controvérsias.

Nessa linha, ainda, a lei autoriza o Poder Executivo a criar, por decreto, a Câmara de Prevenção e Resolução Administrativa de Conflitos no Município de São Paulo, vinculada à Procuradoria Geral do Município. E ao mesmo tempo já determina que a celebração de acordos para a solução consensual de controvérsias deverá observar alguns critérios como:

1. Serem os direitos, disponíveis ou indisponíveis, objeto de acordo passíveis de transação;
2. Antiguidade do débito;
3. Observância da isonomia perante outros interessados em situação similar;
4. Capacidade contributiva;
5. Qualidade da garantia oferecida; e
6. Edição de ato regulamentar das condições e parâmetros objetivos para celebração de acordos a respeito de determinada controvérsia quando for o caso.

Além disso, cabe lembrar o Programa Municipal de Pacificação Restaurativa, criado em 2017 na cidade de Petrópolis (RJ), que prevê uma série de iniciativas, dentre elas a consolidação da Câmara de Mediação destinada a atender toda a municipalidade, incluindo iniciativa privada e Administração Pública.

Observa-se a inclusão de inúmeros temas envolvendo todos os órgãos municipais, constituindo-se verdadeira política pública em torno da consensualidade, ao mesmo tempo em que inclui temas tributários, pois estabelece que os acordos regulamentados por essa lei abarcam tanto débitos tributários quanto os não tributários, que deverão ser quitados em parcelas mensais e sucessivas. Todavia, os acordos da lei são limitados a R$ 510.000,00 (quinhentos e dez mil reais) e não se aplicam aos acordos firmados em Programas de Parcelamento Incentivado (PPI) anteriores. Ademais, a efetivação do parcelamento, por qualquer forma, implica confissão irretratável do débito e renúncia ao direito sobre o qual se funda a defesa ou recurso interposto no âmbito administrativo ou judicial. Medida interessante é a que prevê a possibilidade de a Administração Pública incluir cláusula de Mediação nos contratos administrativos, convênios, parcerias, contratos de gestão e instrumentos congêneres e utilizar-se de arbitragem para dirimir conflitos relativos a direitos patrimoniais disponíveis, muito embora não fossem necessárias suas inclusões. Porém, reforçam a segurança jurídica para seu uso.

Observa-se, diante do ordenamento jurídico brasileiro, que um grande passo foi tomado pela Administração Pública municipal paulistana em direção ao consensualismo, com a Mediação, avançando de maneira inédita numa perspectiva mais ousada, que consiste na desjudicialização. Tal iniciativa demonstra grande abertura em todas as suas atividades em prol do atendimento às determinações mais sociais da Constituição Federal, com a incorporação efetiva da eficiência em seus serviços, em que a Mediação é uma de suas vertentes e preciosa metodologia, não somente como usuária, mas também como estimuladora e promotora institucional do instituto. Trata-se de um exemplo que, se for seguido pelas mais de cinco mil prefeituras municipais brasileiras, com certeza construirá uma nova realidade local com relação aos conflitos entre cidadãos, entre cidadãos e órgãos públicos e entre órgãos públicos, além de atender de forma ampla aos ditames do artigo 174 do Código de Processo Civil.

Em paralelo a estas iniciativas isoladas, ao se retomar à esfera federal, é importante observar, na legislação citada no item 2 da Parte II – Mediação da presente obra, que algumas leis vão no sentido de estimular iniciativas pontuais em serviços públicos diversos, além das já citadas em itens anteriores. Cabe lembrar a Lei nº 13.460/17, que dispõe sobre a participação, proteção e defesa dos direitos dos usuários dos serviços públicos da Administração direta e indireta. Segundo Sidney Bittencourt (2017, p. 14), constitui-se em um "novo Código de Defesa dos Usuários de Serviços Públicos", prescrevendo direitos básicos para todos eles em todos os serviços públicos, sem exceção. Chamam a atenção, para efeito da presente obra, os serviços de ouvidoria, que deverão, dentre outros, promover a adoção de Mediação entre o usuário e o órgão ou entidade pública, sem prejuízo de outros órgãos competentes. Nota-se, mais uma vez, a intenção na determinação legal em prol da implementação de uma política pública, neste caso de espectro federal, em direção ao estímulo do instituto da Mediação entre ente público e usuário dos seus serviços.

Outro exemplo é a Lei nº 13.988, de 14 de abril de 2020, que dispõe sobre os requisitos e condições para que os órgãos federais e os devedores realizem transação resolutiva de litígio, relativo à cobrança de créditos da Fazenda Pública, tanto de natureza tributária como não tributária. Trata-se de outro avanço, pois estimula a criação de mecanismos dialógicos, como a Mediação, para questões de natureza fiscal, numa tentativa de modificar a prática periódica de parcelamentos especiais, com concessão de prazos e descontos. Em outras palavras, amplia-se a perspectiva da Mediação para o âmbito tributário. No entanto, é importante fazer referência às palavras de Ana Cláudia Paranaguá e Flávia Azeredo de Freitas (2020, p. 19), que reforçam o já mencionado anteriormente:

> para que a Administração Pública participe e, até mesmo, realize um processo de Mediação, é preciso aliar as regras e princípios administrativos com as ferramentas de comunicação, procedimentais e negociais. Deve-se conjugar os interesses das partes, sejam estes privados ou públicos, tendo como propósito atender a demanda da Justiça Social, que privilegia decisões éticas, transparentes, céleres e menos custosas aos cofres públicos.

Neste diapasão, necessário agregar o entendimento de Leila Cuéllar e Egon Moreira (2020. p. 92), que enfatizam tratar-se de

> uma forma de atuação nova para todos, inclusive para a advocacia pública e para a própria Administração Pública Federal, Estadual e Municipal e certamente diversos modelos de câmaras e de procedimentos serão concebidos, adaptados à realidade de cada ente público.

Nessa mesma linha, impende recordar as palavras de Silvia Johonsom di Salvo (2018, p. 127), que destaca o quanto é relevante o planejamento institucional em se tratando da Mediação da Administração Pública, para evitar sua estratificação, sob o risco de se transformar em um processo administrativo. Para tanto,

> é necessário atender a demanda de justiça social que leva a prazos mais curtos e limites temporais que reduzam prazos excessivos. Em relação ao princípio da publicidade afeto à Administração Pública, a institucionalização da Mediação conexa à boa Administração impõe que se torne público o sistema de resolução de conflitos como forma de garantir o acesso cidadão e a eficiência da máquina administrativa. Ainda, sabendo-se que barreiras orçamen-

tárias são uma realidade para qualquer projeto da Administração Pública, fato é que a análise de custos de se implementar métodos de resolução de conflitos deve perpassar também ganhos consequenciais do emprego do método, que reduz custo de transação e de uso da máquina pública para a resolução de controvérsia em processo judicial moroso e oneroso.

Ademais, voltando ao elemento da continuidade, esta faz-se mais do que imprescindível, pois os usuários passam a usufruir de suas vantagens e a descontinuidade reverterá todos os ganhos e vantagens que a Mediação proporciona e ainda proporcionará. Tudo isso para que efetivamente seja construída a Mediação a partir de seus eixos já citados anteriormente, o que deve ser objeto de constante preocupação da Administração Pública.

Nesse sentido, a doutrina já identifica as vantagens e em alguns casos chama de necessidade o uso cada vez maior da Mediação no contexto da Administração Pública, como é o caso de Mariana David (2020, p. 304), que enaltece diversas vantagens, dentre as quais:

> (i) celeridade e eficiência; (ii) o empoderamento das partes sobre todo o procedimento e sobre a própria solução encontrada e escolhida pelas mesmas para resolver o conflito e, bem assim, (iii) a profundidade e a criatividade com que a mediação se debruça sobre o conflito e a relação entre as partes e, por vezes até (iv) a capacidade de reparação da relação entre as partes.

Por derradeiro, muito embora constituam ações de órgãos do Poder Judiciário, não poderiam ser omitidas as iniciativas que se inspiraram na Resolução CNJ n° 125/2010, ao adotarem políticas nacionais em direção ao consensualismo. Nesse sentido, cabe lembrar a Resolução n° 118/2014 do Conselho Nacional do Ministério Público, assim como as ações da Associação Nacional da Defensoria Pública, que em 2014 editou um manual com parâmetros para o desenvolvimento da Mediação em seus órgãos. Tais instrumentos têm resultado no desenvolvimento de núcleos e órgãos em todos os Estados da Federação em que o serviço de Mediação é oferecido aos cidadãos.

Todos estes componentes levam a pensar a Mediação dentro de seu valor único. Por isso, Francisco Cahali (2018, p. 107) afirma:

> lembrando que o proveito da Mediação projeta-se muito além da solução de um litígio para encerrar uma demanda (judicial ou arbitral), o instituto tem aplicação para tratamento de diversos conflitos, mesmo que deles não decorra, por questões variadas, um processo (judicial ou arbitral). Em outras palavras, aproveita-se da Mediação para pacificação de conflitos mesmo que eles não tenham a perspectiva de chegar às portas do Judiciário (...)

Tal afirmação vale inclusive e, em especial, para aqueles conflitos do contexto público como apresentado no presente livro.

Tendo em vista a perspectiva que a Mediação apresenta, seria por demais incompleta eventual omissão quanto ao momento vivenciado por toda a sociedade contemporânea com a pandemia iniciada em dezembro de 2019 na região de Wuhan, na China, que se espalhou por todo o mundo.

Esta pandemia colocou a exigência do distanciamento social entre os cidadãos, bem como a paralisia de muitas atividades econômicas por longo período de tempo, levando a mudanças nos costumes de maneira muito rápida. Demandou, ao mesmo tempo, a criação de novos paradigmas em uma velocidade inusitada, promovendo maior conscientização da interdependência entre seres humanos, sobretudo com relação à proteção que precisa ser individual para que o coletivo também usufrua, resultando na proteção de todos. Tal cenário também se estende à Administração Pública, de maneira ampla, em todos os seus espectros.

Na verdade, no momento da publicação deste livro, vivenciam-se momentos únicos, que exigem decisões rápidas e conscientes, as quais, em função dos conflitos instalados, requerem maior abertura para o diálogo e a Mediação parece ser uma resposta mais do que adequada por promovê-lo, para além de propor a reflexão do vivenciado por todos, que estão sendo afetados em proporções diferentes. Este caminho oferecido pela Mediação perpassa o instituto jurídico da força maior, cujos parâmetros permeiam a revisão de pactos e contratos que necessitam ser atualizados, já que a realidade mudou substancialmente. Tudo pode ser feito por intermédio da tecnologia, que se encontra à disposição de todos, em particular da Mediação, cuja atuação se estende à Administração Pública, que também poderá dela se valer para superar impasses provocados pela referida pandemia.

CONSIDERAÇÕES CONCLUSIVAS

A presente pesquisa partiu do debate em torno da Justiça e de como a contemporaneidade oferece novos paradigmas para seu acesso, que deve ser observado a partir da construção da Ordem Jurídica Justa, compreendida como a utilização do meio mais adequado ao conflito existente. Em paralelo a isso, observou-se que adequação não é fruto do método oferecido, mas a opção realizada para aqueles que estão envolvidos no conflito. Em outras palavras, o adequado não é o método, mas, sim, a forma como seus participantes o veem, pois são eles a identificar a adequação para o que vivenciam.

O sobrevoo geral e pontual percorrido a partir da contribuição do pensamento representado por diversos autores desde a Antiguidade até a Contemporaneidade demonstrou, além da preocupação quanto ao tema para o ser humano, a evolução de seu conceito através dos tempos. Isso leva a uma multiplicidade de perspectivas, cuja subjetividade aflora de tal maneira que o sentido de Justiça passa a ser muito pessoal, sendo transferido para o método utilizado, cuja multiplicidade peculiar aos tempos atuais exige o conhecimento claro de sua estrutura, consciência de sua magnitude e, sobretudo, o alcance de resultados ao usuário.

A pós-modernidade, compreendida como uma soma de distintas perspectivas, sem o componente de negação de outros momentos anteriores, aponta para a diversidade de métodos de resolução de conflitos cujas características próprias demonstram especificidades para a complexidade inerente ao conflito. Tal fato proporciona a vantagem da escolha, que não necessariamente precisa ser acertada, mas mensurada nas características únicas daquela complexidade. Dentre elas, destaca-se a Mediação, instrumento contratual, devidamente instituído legalmente, cujo centro é o diálogo entre aqueles incluídos na complexidade conflituosa.

Ao se observar as quatro partes deste livro, chama a atenção o diálogo com os mais variados autores, de uma extensa gama de disciplinas e distintos saberes: de pensadores da Antiguidade, Idade Média, Modernidade até a Contemporaneidade, passando por temas como Filosofia, Sociologia, Filosofia do Direito, Direito dos Contratos, Direito Administrativo, Direito Processual Civil, Economia, entre outros. Tal fato demonstra a sólida marca que a Mediação apresenta, não somente pela flexibilidade, mas, sobretudo, pela complexidade que ela promove e poderá promover ainda mais. Aponta para a perspectiva interdisciplinar, pressuposto de sua existência, bem como a adequação metodológica, característica amplamente visível de seu método.

Todos esses elementos devem ser devidamente interpretados com base na perspectiva paradigmática do instituto, devendo seus comandos ser observados de maneira única a partir do percurso gerador do sentido da Mediação em sua essência. Em outras palavras, a riqueza que os componentes acima identificados oferecem para a Mediação não pode jamais ser esquecida, sob pena de não se alcançarem os objetivos por ela propostos.

Daí decorre se constituir em um instituto marcado por elementos contratuais, os quais devem ser respeitados em qualquer contexto, para oferecer segurança a todos. Sem tais elementos, não pode ser considerado, já que a falta de um dos seus componentes basilares compromete o próprio instituto. Por isso a necessária diferenciação em relação a outras metodologias, consensuais ou não. Convém lembrar que esta diferenciação ainda é necessária, pois continua a existir a confusão entre as metodologias de solução de conflitos, especialmente entre a conciliação e a Mediação. Nesta obra, buscamos esclarecer esta diferenciação, sobretudo quando se trata da Administração Pública.

Nota-se claramente que a Mediação consiste em um instrumento único no ordenamento jurídico brasileiro, especialmente por possuir características próprias e muito peculiares, não tendo qualquer paradigma anterior que pudesse identificá-la, à exceção de sua prática, já existente. Além disso, muito embora recente em termos de teorização, possui idade mais que milenar: existem registros de seu uso em tempos imemoriais, mesmo antes da Antiguidade. Por isso, é importante enfatizar que todos os seus eixos estruturantes devem ser levados em consideração e estar sempre regularmente definidos – evitando levar a confusão com outros métodos e metodologias –, a partir da construção de novo paradigma, que ela pressupõe, sempre na tentativa de atender ao conflito e sua complexidade, assim como a seus participantes, que nada mais são do que seu centro e sua razão de existência.

Cabe lembrar que a Mediação é uma atividade que existirá se assim seus participantes o desejarem. Da mesma forma, levará a um resultado se a vontade de seus participantes for nesse sentido. E incluirá ou excluirá elementos de acordo com a intenção dos que aceitam dela fazer parte. Nesse sentido, os eixos que a estruturam bem apresentam suas características, que podem ser compreendidas como vantagens, já que sua perspectiva propõe sempre a visão de futuro para todos os nela envolvidos.

Paralelamente aos componentes enfatizados no parágrafo anterior, é fundamental lembrar da interpretação que é dada a partir de sua inclusão no ordenamento jurídico, pois constitui fator importante para se alcançar o significado do instituto. Na verdade, constitui um instrumento da pós-modernidade, resultante de todo um pensar que evoluiu com a humanidade através dos tempos, desde a Grécia Antiga, passando pela Idade Média, Moderna e Contemporânea, até a atualidade. Evoluiu com cada pensamento filosófico que retrata uma época e reflete as aspirações dos cidadãos naquele momento, vindo de todos eles alguns elementos que fazem parte da Mediação.

Tudo isso faz com que estejam claros quais são os parâmetros oferecidos pela atividade ao estar devidamente legitimada no ordenamento jurídico brasileiro. Promove-se, com isso, a exata interpretação do instituto e de suas possíveis aplicações, que se ajustarão conforme o contexto em que for empregado. Daí decorrem os cuidados que devem ser tomados quando se trata do contexto público, em especial a Administração Pública.

A Mediação, para além de constituir-se em um método de solução de conflitos, é uma maneira de promoção de Justiça pautada no diálogo. Além disso, consiste, também, em um instrumento jurídico concretizado pela vontade de seus participantes e devidamente institucionalizado no ordenamento jurídico brasileiro, podendo ser utilizado em diversos contextos, inclusive o da Administração Pública, como apresentado nas duas últimas partes deste livro.

No que se refere especificamente à Administração Pública, destacam-se os seus elementos evolutivos a partir da Constituição Federal, cujos componentes principiológicos impulsionaram a perspectiva consensualista, até então pouco desenvolvida pelo fato de os agentes público a rejeitarem e a ela muito resistirem. Tal evolução transformou radicalmente a perspectiva de sua atividade, que hoje é vista como uma nova vertente dogmática, podendo no futuro se converter em um componente norteador e respeitador de todos os elementos inerentes ao ambiente público.

A pesquisa efetuada demonstra que se encontra em curso uma nova dogmática no Direito Administrativo, impulsionado pelo consensualismo *na, com a* e *da* Administração Pública. Tal dogmática desloca o eixo da supremacia e indisponibilidade do interesse público para maior proximidade ao interesse privado, bem como melhor adequação da eficiência e garantias sociais constitucionais, em que a dicotomia público-privado perde sentido. Este cenário revela ser a Mediação um instrumento para a adoção do princípio da preferência ao consensualismo.

Como demonstrado, a Mediação, ao integrar o direito positivo brasileiro, coroa uma tendência na Administração Pública para o consensualismo. Tal tendência não significa atingir consenso quanto ao conflito, mas, sim, consenso em relação ao método escolhido para solução do conflito. Hoje, a realidade brasileira já permite a escolha do método mais adequado de acordo com o conflito enfrentado e os elementos estruturantes mencionados acima, consagrando a busca pela ordem jurídica justa. A utilização da Mediação nessa área parece ser mais do que adequada e adaptada aos parâmetros públicos.

Quando aplicada à Administração Pública, a Mediação irradia efeitos, da mesma maneira que ocorre no contexto privado, apesar de estar se desenvolvendo em ambiente muito diferente, em que as condições nem sempre são as mais favoráveis, em função das resistências à sua utilização. Tal fato não significa dizer que inexista resistência ou rejeição no contexto da iniciativa privada, mas, sim, que no ambiente público elas são maiores, pelo fato de ser ainda mais nova a sua prática. Diante disto, existe a necessidade de preservar todos os seus elementos intrínsecos, para que possa promover o método efetivo e criar perspectivas para o futuro dos que dela fizerem uso, resultando na eficiência buscada pela

Administração Pública e em tantos outros objetivos a ele inerentes. A legislação contribui para isso.

Daí decorre a importância de sua sistematização e diferenciação quanto à Mediação realizada *na, com a* e *da* Administração Pública, pois cada uma delas possui elementos próprios que se estruturam e desenvolvem perspectivas próprias a partir de seus elementos intrínsecos. Tal fato leva à construção de processos dialógicos únicos, que só podem ser utilizados para aquele caso concreto, já que obedecem a parâmetros próprios e muito peculiares.

Quando se trata da Mediação *na* Administração Pública, o conflito é muito peculiar à área pública, os participantes são integrantes do mesmo contexto e nada mais lógico que o mediador seja imparcial e independente. Com relação à Mediação *com a* Administração Pública, os elementos são outros, o conflito é decorrente de um contrato entre um órgão público e um particular e ambos possuem a oportunidade de escolher o mediador – aquele que mais consideram que possa manter sua imparcialidade e independência antes, durante e após o processo. Quanto à Mediação *da* Administração Pública, o mediador normalmente é da área pública e os participantes podem ser somente da área privada, ou da privada e da pública, e o conflito poderá ser tanto público quanto privado. Daí o necessário tratamento diferenciado, pois o processo deverá ser flexível para atender a estas diferenças.

A Mediação e a Administração Pública constroem conjuntamente um espaço e um momento, em que o diálogo promove a perspectiva única de visualizar e viabilizar o futuro entre os envolvidos no conflito. No contexto da Administração Pública, este momento e espaço obtêm um regime jurídico administrativo próprio e único, no sentido de criar matizes próprias, categorizadas em formas distintas. Exemplo disso, dentre muitos outros, é a própria confidencialidade, característica e fator de convencimento do método como a melhor opção no ambiente privado. No contexto da Administração Pública, por seu turno, deve ser objeto de análise conjunta dos integrantes do processo, a fim de refletir melhor sobre a operacionalização dos compromissos nele assumidos, durante a Mediação e posteriormente.

Em função das particularidades da Administração Pública, faz-se necessário pensar a Mediação, que já se constitui no ápice do consensualismo, como mencionado. Ao mesmo tempo, não se pode esquecer dos eixos estruturantes da Mediação, isto é, processo, participantes e mediador. Os elementos de uma e os elementos da outra não podem ser interpretados como obstáculos para seu uso. Muito pelo contrário: deve-se compreender cada um dentre todos os seus elementos, a fim de proporcionar o melhor para aqueles que dela fazem uso no contexto da Administração Pública.

REFERÊNCIAS BIBLIOGRÁFICAS

AGOSTINHO, Santo. *Diálogo sobre o livre arbítrio*. Rio de Janeiro: Imprensa Nacional, 2001.

AGUIRRE, Caio Eduardo. *Mediação em empresas familiares*. Dissertação de Mestrado PUC-SP, disponível em www.tede2pucsp.br/handle/handle/6866. Acesso em: 27 dez. 2019.

ALMEIDA, Diogo A. Rezende de; PAIVA, Fernanda. Princípios da Mediação. In: ALMEIDA, Tania; PELAJO, Samantha; JONATHAN, Eva (coord.). *Mediação de Conflitos para iniciantes, praticantes e docentes*. 2ª Ed. Salvador: JusPodivm, 2019.

ALMEIDA, Fernando Menezes de. Prefácio. *In*: OLIVEIRA, Gustavo Justino de (org.). *Acordos Administrativos no Brasil*. São Paulo: Almedina, 2020.

ALMEIDA, Guilherme Assis de. Prefácio. *In*: BRAGA NETO, Adolfo (org.). *Mediação Familiar: a experiência da 3ª Vara de Família do Tatuapé*. São Paulo: CLA, 2018.

ALMEIDA, Guilherme Assis de. *Mediação e o Reconhecimento da Pessoa*. São Paulo: CLA, 2019.

ALVES, Lourdes Farias; MARIONI, Marta dos Reis; AIRES, Rita Leria; PEREZ, Valeria; DAOU, Violeta; MARKOVITZ, Joyce; RAWER, Silvia. *Mediação de Conflitos em diferentes contextos da vida cotidiana – Mediação Particular*. In: AIRES, Lourdes Farias (org.). *Fundamentos e Práticas Transformativas em Mediação de Conflitos*. São Paulo: Dash, 2019.

ARAÚJO, Clarice von Oertzen de. *Semiótica do Direito*. São Paulo: Quartier Latin, 2005.

ARISTOTELES. *Ética a Nicômacos – Livro V*. Tradução de Mário da Gama Kury. 3ª Ed. Brasília: Universidade de Brasília, 2007.

ASPERTI, Maria Cecília de Araújo. *Mediação e a Conciliação de Demandas Repetitivas – Os meios consensuais de disputas e os grandes litigantes do ju-

diciário. Belo Horizonte: Fórum, 2018.

ASSED, Alexandre; SANTANNA, Ana Carolina Squadri; CARNEIRO, Mônica. *As Câmaras de Prevenção e Resolução de Conflitos – Primeiras Reflexões*. In: PELAJO, Samantha; FIGUEIREDO, Marcela Rodrigues Souza; MIRANDA NETTO, Fernando Gama; LIMA, Fernando Souza e. *Comentários à Lei de Mediação – Estudos em Homenagem aos 10 anos da Comissão de Mediação de Conflitos da OAB-RJ*. Rio de Janeiro: Processo, 2019.

ASSUMPÇÃO, Cecília Pereira de Almeida; YASBEK, Vania Curi. *Justiça Restaurativa: um conceito em desenvolvimento*. In: GRECCO, Aimée; ASSUMPÇÃO. Cecília Pereira de Almeida; BERNARDES, Célia *et al.* (org.). *Justiça Restaurativa em Ação – Práticas e Reflexões*. São Paulo: Dash, 2014.

ATALIBA, Geraldo. *República e Constituição*. 2ª Ed. São Paulo: Malheiros, 1998.

ÁVILA, Humberto. Moralidade, razoabilidade e eficiência na atividade administrativa. *Revista Eletrônica de Direito do Estado*. Salvador, IBDF. N4, out/dez.2005. Disponível em: http://direitodoestado.com.br/artigo/humberto-avila/moralidade-razoabilidade-e-eficiência-atividade-administrativa. Acesso em: 30 dez. 2019.

ÁVILA, Humberto. *Teoria dos Princípios – da definição à aplicação dos princípios jurídicos*. 19ª Ed. São Paulo: Malheiros, 2019.

AZEVEDO, André Gomma de. *Desafios de Acesso à Justiça ante o Fortalecimento da Autocomposição como Política Pública Nacional*. In: PELUSO, Min. Antônio Cezar; RICHA, Morgana de Almeida (coord.). *Conciliação e Mediação: Estruturação da Política Judiciária Nacional – CNJ*. Rio de Janeiro: Forense, 2011.

BACELLAR FILHO, Romeu Felipe. *Direito Administrativo e Novo Código Civil*. Belo Horizonte: Fórum, 2007.

BACELLAR FILHO, Romeu Felipe. *O Contrato Administrativo no Brasil*. São Paulo: Revista do Advogado, Ano XXIX, dezembro, 2009. Contratos com o Poder Público.

BANDEIRA DE MELLO, Celso Antônio. *Curso de Direito Administrativo*. 34ª Ed. São Paulo: Malheiros, 2019.

BARROS, Laura Mendes Amando de. *O que fazer quando o "Fiscalizador-Controlador" assume a Gestão no lugar do Gestor? O Acordo Administrativo "sitiado" e o Problema da Ineficiência e da Responsabilização da Administração pelo Ministério Público*. In: OLIVEIRA, Gustavo Justino de (org.). *Acordos Administrativos no Brasil* – Teoria e Prática. São Paulo: Almedina, 2020.

BATISTA JÚNIOR, Onofre Alves. *Transações Administrativas*. São Paulo: Quartier Latin, 2007.

BAYER, Sandra Regina Garcia Olivan. *Mediação de Conflitos Familiares*. In: NASCIMBENI, Asdrubal Franco; BERTASI, Maria Odete Duque; RANZOLIN, Ricardo Borges (org.). *Temas de Mediação e Arbitragem*. São Paulo: Lex, 2017.

BEER, Veronica Caterina. *O papel do advogado no contexto da mediação*. Dissertação de Mestrado PUC-SP, disponível em: www.tede2pucsp.br/handle/handle/6866. Acesso em: 28 dez. 2019.

BERGAMASCHI, André Luís. *A Resolução dos Conflitos envolvendo a Administração Pública por meio de mecanismos consensuais*. Tese de Mestrado. Disponível em www.tesesusp.br. Acesso em: 30 dez. 2019.

BITTAR, Carlos Alberto. *Curso de Direito Civil*. V. 1. Rio de Janeiro: Forense Universitária, 1994.

BITTAR, Eduardo Carlos Bianca. *Curso de Filosofia do Direito*. 10ª Ed. São Paulo: Atlas, 2014.

BITTENCOURT, Sidney. *Contratos da Administração Pública – Oriundos de Licitações, Dispensas e Inexigibilidades*. Leme: Jhmizuno, 2015.

BOBBIO, Norberto. *A Era dos Direitos*. Tradução de Carlos Nelson Coutinho. Rio de Janeiro: Elsevier, 2004.

BRAGA NETO, Adolfo. *Alguns Aspectos Relevantes sobre a Mediação de Conflitos*. In: GRINOVER, Ada Pelegrini; WATANABE, Kazuo; LAGRASTA NETO, Caetano. *Mediação e Gerenciamento do processo – Revolução na Prestação Jurisidicional – Guia Prático para a Instalação do Setor de Conciliação e Mediação*. São Paulo: Atlas, 2007.

BRAGA NETO, Adolfo. *Breve história da Mediação de Conflitos no Brasil – da iniciativa privada à política pública. In*: SALES, Lilia Maia de Moraes; BRAGA NETO, Adolfo (org.). *Aspectos Atuais sobre a Mediação e outros Métodos Extrajudiciais de Resolução de Conflitos.* Rio de Janeiro: GZ, 2012.

BRAGA NETO, Adolfo. *Mediação – uma experiência brasileira.* São Paulo: CLA, 2017.

BRAGA NETO, Adolfo. *A Mediação no Fórum do Tatuapé na visão de supervisores e mediadores. In*: BRAGA NETO (org.). Adolfo. *Mediação Familiar: a experiência da 3ª Vara de Família do Tatuapé.* São Paulo: CLA, 2018.

BRAGA NETO, Adolfo. *Mediação de Conflitos: Conceito e Técnicas. In*: SALLES, Carlos Alberto; LORENCINI, Marco Antonio Garcia Lopes; SILVA, Paulo Eduardo Alves da (org.). *Negociação, Mediação, Conciliação e Arbitragem –* Curso de Métodos Adequados de Solução de Controvérsias Rio de Janeiro: Forense, 2019.

BRAGA NETO, Adolfo. *Mediação Empresarial na Prática. In*: NASCIMBENI, Asdrubal Franco; BERTARSI, Maria Odete Duque; RANZOLIN, Ricardo Borges (org.). *Temas de Mediação e Arbitragem III.* São Paulo: Lex, 2019.

BRANDÃO, Bárbara Bueno; BACAL, Eduardo Braga; FIGUEIREDO, Marcela Rodrigues Souza. *Das Disposições Gerais sobre a Mediação de Conflitos na Lei 13.140/2015. In*: PELAJO, Samantha, FIGUEIREDO, Marcela Rodrigues Souza; MIRANDA NETTO, Fernando Gama; LIMA, Fernando Souza e. *Comentários à Lei de Mediação – Estudos em Homenagem aos 10 anos da Comissão de Mediação de Conflitos da OAB-RJ.* Rio de Janeiro: Processo, 2019.

BRUNO, Marcos Gomes da Silva. *Resumo Jurídico de Obrigações e Contratos.* 4ª Ed. São Paulo: Quartier Latin, 2005.

CAHALI, Cláudia Elisabete Schwerz. *O Gerenciamento de Processos Judiciais – em busca da efetividade da prestação jurisdicional.* Brasília: Gazeta Jurídica, 2013.

CAHALI, Francisco José. *Curso de Arbitragem – Mediação – Conciliação – Tribunal Multiportas.* 7ª Ed. São Paulo: Revista dos Tribunais, 2018.

CALMON, Petrônio. *Fundamentos da Mediação e da Conciliação.* Rio de Janeiro: Forense, 2007.

CARAZZA, Roque Antônio. *Curso de Direito Constitucional Tributário*. 2ª Ed. São Paulo: RT, 1991.

CARMONA, Carlos Alberto. *Arbitragem e Processo – um comentário à Lei n 9307/96*. 2ª Ed. São Paulo: Atlas, 2007.

CARVALHO, André Castro; LINO, Marcos do Santos. *O Dispute Board nos contratos de concessão de serviços públicos*. In: MARCONDES, Fernando (org.). *Direito da Construção – Estudos sobre as várias áreas do Direito aplicadas ao mercado da Construção*. São Paulo: Pini, 2014.

CARVALHO, Paulo de Barros. *Direito tributário, linguagem e método*. 6ª Ed. São Paulo: Noeses, 2015.

CASTELO BRANCO, Janaína Soares Noleto. *Advocacia Pública e Solução Consensual dos Conflitos*. Salvador: JusPodivm, 2018.

CASTRO NEVES, José Roberto de. *Contratos I*. Rio de Janeiro: GZ, 2017.

CASTRO NEVES, José Roberto de. *Contratos II*. Rio de Janeiro: GZ, 2017.

CÍCERO, Marco Túlio. *Dos Deveres*. Tradução e notas de João Mendes Neto. São Paulo: Saraiva, 1965.

CINTRA, Antônio Carlos de Araújo; GRINOVER, Ada Pelegrini; DINAMARCO, Cândido Rangel. *Teoria Geral do Processo*, 8ª Ed. São Paulo: Revista dos Tribunais, 1991.

CONFÚCIO. *Os Analectos*. Tradução de D. C. Lau. São Paulo: L&PM, 2006.

CÔRTES, Osmar Mendes Paixão. *Responsabilidade dos Servidores e Empregados Públicos que participam de Mediações*. In: PINHO, Humberto Dalla Bernardina de; RODRIGUES, Roberto de Aragão Ribeiro (coord.). *Mediação e Arbitragem na Administração Pública*. Santa Cruz do Sul: Essere nel Mondo, 2020.

COSTA, Helena Dias Leão. *Os meios alternativos de Solução de Conflitos e a experiência da Câmara de Conciliação e Arbitragem da Administração Federal – CCAF*. In: GABBAY, Daniela Monteiro; TAKAHASHI, Bruno (org.). *Justiça Federal: inovações nos mecanismos consensuais de solução de conflitos*. Brasília: Gazeta Jurídica, 2014.

CUÉLLAR, Leila; MOREIRA, Egon Bockmann. *Câmara de Autocomposição da Administração Pública Brasileira: Reflexões sobre o âmbito da atuação*. In: CUÉLLAR, Leila; MOREIRA, Egon Bockmann; GARCIA, Flávio Amaral; CRUZ, Elisa Schmidlin. *Direito Administrativo e Alternative Dispute Resolution – Arbitragem, Dispute Board, Mediação e Conciliação*. Belo Horizonte: Fórum, 2020.

DAVID, Mariana Soares. *A necessidade e admissibilidade da mediação administrativa*. In: MOREIRA, Antonio Júdice; NASCIMBENI, Asdrubal Franco; BEYRODT, Christiana; TONIN, Maurício Morais. *Mediação e Arbitragem na Administração Pública*. São Paulo: Almedina, 2020.

DEMARCHI, Juliana. *Técnicas de Conciliação e Mediação*. In: GRINOVER, Ada Pelegrini; WATANABE, Kazuo; LAGRASTA NETO, Caetano. *Mediação e Gerenciamento do processo – Revolução na Prestação Jurisdicional – Guia Prático para a Instalação do Setor de Conciliação e Mediação*. São Paulo: Atlas, 2007.

DE VITO, Renato Campos Pinto. *Justiça Criminal, Justiça Restaurativa e Direitos Humanos*. In: SLAKMON, Catherine; DE VITO, Renato Campos; PINTO, Renato Sócrates Gomes (org.). *Justiça Restaurativa*. Brasília: Ministério da Justiça, 2005.

DI PIETRO, Maria Sylvia Zanella. *Direito Administrativo*. 20ª Ed. São Paulo: Atlas, 2007.

DIAS, José Carlos de Mello. *A Mediação vista como forma de pacificação de conflitos*. In: SALLES, Carlos Alberto de (coord.). *As Grandes Transformações do Processo Civil Brasileiro*. São Paulo: Quartier Latin, 2009.

DINAMARCO, Cândido Rangel; LOPES, Bruno Vasconcelos Carrilho. *Teoria Geral do Novo Processo Civil*. 2ª Ed. São Paulo: Malheiros, 2016.

DINIZ, Maria Helena. *Direito Civil Brasileiro: Teoria Geral do Direito Civil*. São Paulo: Saraiva, 2005.

DINIZ, Maria Helena. *Curso de Direito Civil Brasileiro*. Vol. 3. 15ª Ed. São Paulo: Saraiva, 2008.

DONNINI, Rogerio. *Responsabilidade civil na pós-modernidade – Felicidade, proteção, enriquecimento com causa e tempo perdido*. Porto Alegre: Sergio Antonio Fabris, 2015.

DWORKIN, Ronald Myles. *Levando os Direitos a Sério*. Tradução de Ivone C. Benedetti. São Paulo: Martins Fontes, 2002.

FERRAZ JUNIOR, Tercio Sampaio. *Introdução ao Estudo do Direito*. São Paulo: Atlas, 1988.

FERRAZ JUNIOR, Tercio Sampaio. *Estudos de Filosofia do Direito – Reflexões sobre o Poder, a Liberdade, a Justiça e o Direito*. Rio de Janeiro: Forense, 2006.

FERRAZ JUNIOR, Tercio Sampaio. *Do Discurso sobre a Justiça*. Disponível em www.revistas.usp.br. Acesso em: 23 dez. 2019.

FERRAZ JUNIOR, Tercio Sampaio. *Prefácio*. In: GUERRA, Sérgio. *Discricionariedade, Regulação e Reflexividade*. 4ª Ed. Belo Horizonte: Fórum, 2019.

FIORANELLI JUNIOR, Adelmo. *Direito e Linguagem*. In: DI GIORGI, Beatriz; CAMPILONGO, Celso Fernandes; PIOVESAN, Flavia (coord.). *Direito, Cidadania e Justiça – Ensaios sobre lógica, interpretação, teoria, sociologia e filosofias jurídicas*. São Paulo: RT, 1995.

FOLGER, Joseph Patrick; BUSH, Robert A. Baruch. *The Promise of Mediation*. Nova York: Jossey-Bass, 2005.

FOLGER, Joseph Patrick; BUSH, Robert A. Baruch; DELLA NOCE, Dorothy J. *Transformative Mediation: A Sourcebook*. Dayton: ISCT, 2010.

FORBES, Carlos Suplicy de Figueiredo. *Mediação Empresarial: a experiência institucional no CAM-CCBC*. In: BRAGA NETO, Adolfo (org.). *Mediação Empresarial – experiências brasileiras*. São Paulo: CLA, 2019.

FREITAS JR., Antonio Rodrigues de. *Conflitos de Justiça e Limites da Mediação para a Difusão da Cultura da Paz*. In: SALLES, Carlos Alberto de (coord.). As *Grandes Transformações do Processo Civil Brasileiro*. São Paulo: Quartier Latin, 2009.

GABBAY, Daniela Monteiro. *Negociação*. In: PELUSO, Min. Antônio Cezar; RICHA, Morgana de Almeida (coord.). *Conciliação e Mediação: Estruturação da Política Judiciária Nacional – CNJ*. Rio de Janeiro: Forense, 2011.

GABBAY, Daniela Monteiro. *Mediação & Judiciário no Brasil e nos EUA – Condições, Desafios e Limites para a institucionalização da Mediação no Judiciário*. Brasília: Gazeta Jurídica, 2013.

GABBAY, Daniela Monteiro; YAMAMOTO, Ricardo. *Entre a norma e a prática: desafios na redação da cláusula de mediação em contratos administrativos.* In: MOREIRA, Antonio Júdice; NASCIMBENI, Asdrubal Franco; BEYRODT, Christiana; TONIN, Maurício Morais. *Mediação e Arbitragem na Administração Pública.* São Paulo: Almedina, 2020.

GOMES, Orlando. *Contratos.* Rio de Janeiro: Forense, 2007.

GRECCO, Renato. *O momento da formação do Contrato – Das negociações preliminares ao vínculo contratual.* São Paulo: Almedina Brasil, 2019.

GRINOVER, Ada Pellegrini. *Ensaio sobe a processualidade.* Brasília: Gazeta Jurídica, 2016.

GROSSI, Teresa Mônica S. B. de Menezes. *Mediação: um meio de acesso substancial à Justiça e de elevado alcance social.* In: CANUTO, Alessandra; ISOLDI, Ana Luiza; SITA, Maurício (coord.). *Manual de Solução de Conflitos.* São Paulo: Literare Books International, 2019.

GUERRA, Sergio. *Discricionariedade, Regulação e Reflexividade. Uma Nova teoria sobre as Escolhas Administrativas.* 5ª Ed. Belo Horizonte: Fórum, 2019.

GUERREIRO, Luis Fernando. *Efetividade das estipulações voltadas à instituição dos meios multiportas de solução de litígios.* Tese de Doutorado. Disponível em: www.tesesusp.br. Acesso em: 30 dez. 2019.

GUILHERME, Luiz Fernando do Vale de Almeida. *Manual dos MESCs – Meios Extrajudiciais de Solução de Conflitos.* Barueri: Manole, 2016.

HABERMAS, Jürgen. *Direito e democracia: entre facticidade e validade.* Tradução de Flávio Beno Siebeneichler. Rio de Janeiro: Tempo Brasileiro, 1997.

HOBBES, Thomas. *Leviatã ou Matéria, Forma, Poder de um Estado Eclesiástico e Civil.* Tradução de João Paulo Moraes e Maria Beatriz Nizza da Silva. 2ª Ed. Lisboa: Imprensa Nacional, 2000.

HOLLERCACH, Amanda Torres; REGO, Bruno de Moraes. A *Mediação aplicada aos litígios coletivos sobre a posse de imóvel*: considerações sobre o artigo 565 do Novo Código de Processo Civil. In: ALMEIDA, Diogo Assumpção Rezende de; PANTOJA, Fernanda Medina; PELAJO, Samantha (coord.).

A Mediação no Novo Código de Processo Civil. 2ª Ed. Rio de Janeiro: Forense, 2016.

IMBELLONI, Marcela Roza Zen. *Concertação Urbanística: Propostas para a Resolução de Conflitos no âmbito do Conjunto Residencial Graciosa (Município de Pinhais – PR).* In: OLIVEIRA, Gustavo Justino de (coord.). *Acordos Administrativos no Brasil – Teoria e Prática.* São Paulo: Almedina, 2020.

ISOLDI, Ana Luiza. *Gestão de conflitos no contexto da hospedagem.* In: CANUTO, Alessandra; ISOLDI, Ana Luiza; SITA, Maurício (coord.). *Manual de Solução de Conflitos.* São Paulo: Literare Books International, 2019.

ISSLER, Daniel; PENIDO, Egberto de Almeida. *A Justiça Restaurativa nas Comarcas de São Paulo e Guarulhos.* In: SALES, Lilia Maia de Morais; BRAGA NETO, Adolfo (org.). *Aspectos Atuais sobre a Mediação e outros Métodos Extrajudiciais de Resolução de Conflitos.* Rio de Janeiro: GZ, 2012.

JUDT, Tony. *Pensando o século XX.* Tradução de Otacílio Nunes. Rio de Janeiro: Objetiva, 2014.

JUNQUEIRA, André Rodrigues. *Arbitragem nas Parcerias Público-Privadas – Um estudo de caso.* Belo Horizonte: Fórum, 2019.

JUSTEN FILHO, Marçal. *O direito das agências reguladoras independentes.* São Paulo: Dialética, 2002.

JUSTEN FILHO, Marçal. *Curso de Direito Administrativo.* 13ª Ed. São Paulo: Revista dos Tribunais, 2018.

KANT, Immanuel. *Crítica da Razão Pura.* Tradução de J. Rodrigues de Merege. Lisboa: Edições 70, 2006.

KANT, Immanuel. *Fundamentação da Metafísica dos Costumes.* Tradução de Paulo Quintela. Lisboa: Edições 70, 2007.

KELSEN, Hans. *O que é Justiça?* Tradução de Luiz Carlos Borges e Vera Barkow. 3ª Ed. São Paulo: Martins Fontes, 2001.

KROETZ, Maria Candida do Amaral. *Mediação em contratos empresariais de longa duração.* In: BRAGA NETO, Adolfo (org.). *Mediação Empresarial – experiências brasileiras.* São Paulo: CLA, 2019.

LAGRASTA, Valéria Ferioli. *Mediação Judicial – Análise da realidade brasileira – origem e evolução até a Resolução n. 125, do Conselho Nacional de Justiça.* Rio de Janeiro: Forense, 2012.

LEMES, Selma Maria Ferreira. *Árbitro – Princípios da Independência e Imparcialidade.* São Paulo: LTR, 2001.

LEMES, Selma Maria Ferreira. *Arbitragem na Administração Pública – Fundamentos Jurídicos e Eficiência Econômica.* São Paulo: Quartier Latin, 2007.

LEVY, Fernanda Rocha Lourenço. *Cláusulas escalonadas – A mediação comercial no contexto da arbitragem.* São Paulo: Saraiva, 2013.

LIMA, Leandro Rigueira Rennó. *Mediação empresarial e as competições acadêmicas.* In: BRAGA NETO, Adolfo (org.). *Mediação Empresarial – experiências brasileiras.* São Paulo: CLA, 2019.

LORENCINI, Marco Antonio Garcia Lopes. *A Contribuição dos Meios Alternativos de Solução de Controvérsias.* In: SALLES, Carlos Alberto de (coord.). *As Grandes Transformações do Processo Civil Brasileiro.* São Paulo: Quartier Latin, 2009.

LUHMANN, Niklas. *Sociologia do direito.* Vol. 1. Tradução de Gustavo Bayer. Rio de Janeiro: Tempo Brasileiro, 1983.

LUHMANN, Niklas. *Sociologia do direito.* Vol. 2. Tradução de Gustavo Bayer. Rio de Janeiro: Tempo Brasileiro, 1985.

MAIA NETO, Francisco. *Adjudicação e CRD: Formas dinâmicas de soluções de conflito.* In: HOLANDA, Flavia (org.). *Métodos Extrajudiciais de Resolução de Conflitos Empresariais – Adjudicação, Dispute Board, Mediação e Arbitragem.* São Paulo: IOB Sage, 2017.

MARCONDES, Fernando. *O papel do Advogado nos Dispute Boards.* In: HOLANDA, Flavia (org.). *Métodos Extrajudiciais de Resolução de Conflitos Empresariais – Adjudicação, Dispute Board, Mediação e Arbitragem.* São Paulo: IOB Sage, 2017.

MARQUES NETO, Floriano de Azevedo. *Do Contrato Administrativo à Administração Contratual.* São Paulo. *Revista do Advogado* Ano XXIX, dezembro, 2009. Contratos com o Poder Público.

MARQUES NETO, Floriano de Azevedo. *Os grandes desafios do controle da Administração Pública*. Fórum de Contratação e Gestão Pública – FCGP, Belo Horizonte, ano 9, n. 100, p. 7-30, abr. 2010.

MARQUES NETO, Floriano de Azevedo; FREITAS, Rafael Véras de. *Comentários à Lei nº 13.655/2018 (Lei da Segurança para a Inovação Pública)*. Belo Horizonte: Fórum, 2019.

MARRARA, Thiago. Acordos no Direito da Concorrência. *In*: OLIVEIRA, Gustavo Justino de (coord.). *Acordos Administrativos no Brasil – Teoria e Prática*. São Paulo: Almedina, 2020.

MARTINS-COSTA, Judith Hofmeister. Autoridade e utilidade da doutrina: a construção dos modelos doutrinários. *In*: MARTINS-COSTA, Judith Hofmeister (coord.). *Modelos de direito privado*. São Paulo: Marcial Pons, 2014.

MARTINS-COSTA, Judith Hofmeister. *A Boa-Fé no Direito Privado: critérios para a sua aplicação*. 2ª Ed. São Paulo: Saraiva, 2018.

MATIAS-PEREIRA, José. *Curso de Administração Pública – foco nas instituições e ações governamentais*. 4ª Ed. São Paulo: Atlas, 2014.

MAZZONETTO, Nathalia. Novos (e adequados) rumos da Administração Pública na resolução de conflitos. *In*: GABBAY, Daniela Monteiro; TAKAHASHI, Bruno (org.). *Justiça Federal: inovações nos mecanismos consensuais de solução de conflitos*. Brasília: Gazeta Jurídica, 2014.

MAZZONETTO, Nathalia; PERLMAN, Marcelo. Mediação e os pactos de non compete: *uma parceria necessária*. *In*: BRAGA NETO, Adolfo (org.). *Mediação Empresarial – experiências brasileiras*. São Paulo: CLA, 2019.

MEDAUAR, Odete. *Considerações sobre o futuro das cláusulas exorbitantes nos contratos administrativos*. São Paulo. Revista do Advogado, Ano XXIX, dezembro, 2009. Contratos com o Poder Público.

MEDAUAR, Odete. *Direito Administrativo Moderno*. 19ª Ed. São Paulo: Revista dos Tribunais, 2015.

MEDAUAR, Odete. *O direito administrativo em evolução*. 3ª Ed. Brasília: Gazeta Jurídica, 2017.

MEGNA, Bruno. *A Administração Pública e os meios consensuais de solução de conflitos ou enfrentando o Leviatã nos novos mares da consensualidade*. Revista da Procuradoria Geral do Estado de São Paulo, 82, julho/dezembro 2015.

MEGNA, Bruno. *Arbitragem e Administração Pública – Fundamento Teóricos e Soluções Práticas*. Belo Horizonte: Fórum, 2019.

MEIRELLES, Hely Lopes. *Direito Administrativo Brasileiro*. 26ª Ed. São Paulo: Revista dos Tribunais, 2016.

MENDONÇA, Paulo Roberto Soares. *Tópica e o Supremo Tribunal Federal*. Rio de Janeiro: Renovar, 2003.

MONTENEGRO, Jacqueline Lima. *Prefácio*. In: ALMEIDA, Diogo Assumpção Rezende de; PANTOJA, Fernanda Medina; PELAJO, Samantha (coord.). *A Mediação no Novo Código de Processo Civil*. 2ª Ed. Rio de Janeiro: Forense, 2016.

MOORE, Christopher W. *O Processo de Mediação: estratégias práticas para resolução de conflitos*. Artmed: Porto Alegre, 1998.

MOREIRA NETO, Diogo de Figueiredo. *Novos Institutos Consensuais da Ação Administrativa*. Revista de Direito Administrativo, Rio de Janeiro, v. 231, p. 129-156, jan/mar. 2003.

MOREIRA NETO, Diogo de Figueiredo. *Mutações de Direito Administrativo. Novas considerações* (Avaliação e controle das transformações). *Revista Eletrônica sobre Reforma do Estado*. Salvador, nº 2, jun/jul/ago. 2005. Disponível em: http://www.direitodoestado.com.br/codrevista.asp?cod=46/. Acesso em: 27 fev. 2020.

MOREIRA NETO, Diogo de Figueiredo. *O futuro das cláusulas exorbitantes nos contratos administrativos*. In: ARAGÃO, Alexandre Santos de; MARQUES NETO, Floriano de Azevedo. *Direito Administrativo e seus novos paradigmas*. Belo Horizonte: Fórum, 2008.

MOREIRA NETO, Diogo de Figueiredo. *Quatro paradigmas do Direito Administrativo pós-moderno – Legitimidade – finalidade – eficiência – resultado*. Belo Horizonte: Fórum, 2008.

MOREIRA NETO, Diogo de Figueiredo. *Poder, Direito e Estado: o direito ad-*

ministrativo em tempos de globalização. Belo Horizonte: Fórum, 2011.

MOURÃO, Barbara Musumeci; STROZEMBERG, Pedro. *Mediação de Conflitos nas UPPs: Notícias de uma experiência*. Rio de Janeiro: CESeC/UCAM, 2016.

MUNIZ, Mirian Blanco. *Uma outra verdade na Mediação – Um romance que retrata a força da comunicação na construção do nosso futuro*. São Paulo: Dash, 2013.

MUNIZ, Petrônio. *Operação Arbiter*. 2ª Ed. Salvador: AlepBahia, 2016.

NEIVA, Geisa Rosignoli. *Conciliação e Mediação na Administração Pública – Parâmetros para sua efetivação*. Rio de Janeiro: Lumen Juris, 2019.

NICÁCIO, Camila Silva. De "alternativa" a método primeiro de resolução de conflitos: horizontes da mediação para além de sua institucionalização. In: BRAGA NETO, Adolfo. *Mediação: uma experiência brasileira*. São Paulo: CLA, 2018.

OLIVEIRA, Angela. *Mediação – Métodos de Resolução de Controvérsias nr 01*. São Paulo: LTR, 1999.

OLIVEIRA, Gustavo Justino de. *Convênio é acordo, mas não é contrato: contributo de Hely Lopes Meirelles para a evolução dos acordos administrativos no Brasil*. In: WALD, Arnold; JUSTEN FILHO, Marçal; PEREIRA, Cesar Augusto Guimarães (org.). *O direito administrativo na atualidade: estudos em homenagem ao centenário de Hely Lopes Meirelles (1917-2017), defensor do estado de direito*. São Paulo: Malheiros, 2017.

OLIVEIRA, Gustavo Justino de. *Prefácio*. In: JUNQUEIRA, André Rodrigues. *Arbitragem nas Parcerias Público-Privadas – um estudo de caso*. Belo Horizonte: Fórum, 2019.

OLIVEIRA, Gustavo Justino de. *Introdução*. In: OLIVEIRA, Gustavo Justino de; BARROS FILHO, Wilson Accioli de (org.). *Acordos Administrativos no Brasil*. São Paulo: Almedina, 2020.

OZORIO NUNES, Antonio Carlos. *Manual de Mediação – Guia Prático da Autocomposição*. São Paulo: Revista dos Tribunais, 2016.

PACHUKANIS, Evgeni Bronislávovich. *Teoria Geral do Direito e Marxismo*.

Tradução de Silvio Donizete Chagas. São Paulo: Acadêmica, 1988.

PALLAMOLLA, Raffaella. *Justiça Restaurativa: da teoria à prática*. São Paulo: Ibccrim, 2009.

PALMA, Juliana Bonacorsi de. *A consensualidade na Administração Pública e seu controle judicial*. In: GABBAY, Daniela Monteiro; TAKAHASHI, Bruno (org.). *Justiça Federal: inovações nos mecanismos consensuais de solução de conflitos*. Brasília: Gazeta Jurídica, 2014.

PALMA, Juliana Bonacorsi de. *Atuação Administrativa Consensual – Estudo dos acordos substitutivos no processo administrativo sancionador*. Dissertação de Mestrado. Disponível em: www.tesesusp.br. Acesso em: 30 dez. 2019.

PAPA, Amedeo. *Disputas Societárias em Empresas Familiares em busca da autonomia perdida*. In: PRADO, Roberta Nioac (coord.). *Empresas Familiares e Famílias Empresárias – Governança e Planejamento Jurídico e Sucessório*. São Paulo: Quartier Latin, 2019.

PARANAGUÁ, Ana Claudia P. Cáo; FREITAS, Flávia Corrêa Azeredo de. *Advocacia Pública Federal e a prática da Mediação Privada: reflexões à luz da Orientação Normativa n.57/2019 do Advogado-Geral da União*. Santa Cruz do Sul: Essere nel Mondo, 2020.

PELAJO, Samantha; LIMA, Evandro Souza e. *A mediação nas ações de família*. In: ALMEIDA, Diogo Assumpção Rezende de; PANTOJA, Fernanda Medina; PELAJO, Samantha (coord.). *A Mediação no Novo Código de Processo Civil*. 2ª Ed. Rio de Janeiro: Forense, 2016.

PEREIRA, Paulo Sérgio Veltena. *Contratos – Tutela Judicial e Novos Modelos Decisórios*. Curitiba: Juruá, 2018.

PIERONI, Fabrizio de Lima. *A Consensualidade e a Administração Pública: a autocomposição como método adequado para a solução de conflitos concernentes aos entes públicos*. Dissertação de mestrado. Disponível em: www.tede2.pucsp.br. Acesso em: 30 jan. 2020.

PINHO, Humberto Dalla Bernardina de; PAUMGARTTEN, Michele Pedrosa. *Desafios para a Integração entre o Sistema Jurisdicional e Mediação a Partir do Novo Código de Processo Civil. Quais as perspectivas para a Justiça Brasi-*

leira? In: ALMEIDA, Diogo Assumpção Rezende de; PANTOJA, Fernanda Medina; PELAJO, Samantha (coord.). *A Mediação no Novo Código de Processo Civil*. 2ª Ed. Rio de Janeiro: Forense, 2016.

PINHO, Humberto Dalla Bernardina de; MAZZOLA, Marcelo. *Manual de Mediação e Arbitragem*. São Paulo: Saraiva, 2019.

PLATÃO. *A República – Livros IX e XX*. Tradução de Carlos Alberto Nunes. 3ª Ed. Belém: UFPA, 2000.

RAWLS, John. *Justiça e Democracia*. Tradução de Ivone C. Benedetti. São Paulo, Martins Fontes, 2000.

REALE, Miguel. *Lições Preliminares de Direito*. São Paulo: Saraiva 1999.

REALE, Miguel. *Filosofia do Direito*. 20ª Ed. São Paulo: Saraiva, 2012.

RODRIGUES, Oswaldo Peregrina. *Os novos tipos familiares em face da Lei em vigor – As relações jurídicas privadas e a dignidade das pessoas humanas que as integram*. São Paulo: Claris, 2016.

RODRIGUES, Oswaldo Peregrina; STEFANO, Isa Gabriela de Almeida. *Teoria Geral do Direito Civil*. Vol. I. São Paulo: Verbatim, 2010.

RODRIGUES, Silvio. *Direito Civil*. Vol. III. 30ª Ed. São Paulo: Saraiva, 2005.

ROSA, Beatriz; ISSA, Ricardo. *Mediação Empresarial e Engenharia*. In: BRAGA NETO, Adolfo (org.). *Mediação Empresarial – experiências brasileiras*. São Paulo: CLA, 2019.

SALES, Lília Maia de Morais. *A Mediação de Conflitos: relato de experiências sobre a Mediação Comunitária*. In: BRAGA NETO, Adolfo. *Mediação: uma experiência brasileira*. 2ª Ed. São Paulo: CLA, 2019.

SALLA, Ricardo Medina. *Arbitragem e Administração Pública – Brasil, Argentina, Paraguai e Uruguai*. São Paulo: Quartier Latin, 2015.

SALLES, Carlos Alberto de. *Arbitragem em Contratos Administrativos*. Rio de Janeiro: Forense, 2011.

SALLES, Carlos Alberto de. *A indisponibilidade e a solução consensual de controvérsias*. In: GABBAY, Daniela Monteiro; TAKAHASHI, Bruno (org.). *Justiça Federal: inovações nos mecanismos consensuais de solução de confli-

tos. Brasília: Gazeta Jurídica, 2014.

SALLES, Carlos Alberto de. Prefácio. In: FREITAS JR., Antônio Rodrigues de; ALMEIDA, Guilherme Assis de (coord.). *Mediação & o novo Código de Processo Civil*. Curitiba: Juruá, 2018.

SALLES, Carlos Alberto de; LORENCINI, Marco Antônio Garcia Lopes; SILVA, Paulo Eduardo Alves da (org.). *Negociação, Mediação, Conciliação e Arbitragem – Curso de Métodos Adequados de Solução de Controvérsias*. Rio de Janeiro: Forense, 2019.

SALVO, Silvia Helena Picarelli Gonçalves Johonsom di. *Mediação na Administração Pública Brasileira – O Desenho Institucional e Procedimental*. São Paulo: Almedina, 2018.

SAMPAIO, Lia Regina Castaldi; BRAGA NETO, Adolfo. *O que é Mediação de Conflitos*. São Paulo: Brasiliense, 2007.

SANDEL, Michael J. *Justiça – O que é fazer a coisa certa*. Tradução de Heloisa Matias e Maria Alice Máximo. 6ª Ed. Rio de Janeiro: Civilização Brasileira, 2012.

SANTOS, Bruno Grego dos. *Transação Extrajudicial na Administração Pública*. Tese de Doutorado. Disponível em: www.tesesusp.br. Acesso em: 30 jan. 2020.

SANTOS, Lia Justiniano dos; D´AVILA FILHO, Luiz Gonzaga. *A Mediação de Conflitos e a Mudança de Paradigma*. *In*: SALLES, Carlos Alberto de (coord.). *As Grandes Transformações do Processo Civil Brasileiro*. São Paulo: Quartier Latin, 2009.

SANTOS, Maria Celeste Cordeiro Leite dos. *Poder Simbólico e Violência Simbólica*. São Paulo: Cultural Paulista. 1985.

SCHWIND, Rafael Wallbach. *Acordos na Lei de Introdução às Normas do Direito Brasileiro – LINDB: Normas de Sobredireito sobre a Celebração de Compromissos pela Administração Pública*. *In*: OLIVEIRA, Gustavo Justino de (org.). *Acordos Administrativos no Brasil – Teoria e Prática*. São Paulo: Almedina, 2020.

SILVA, Érica Barbosa e. *Conciliação Judicial*. Brasília: Gazeta Jurídica, 2013.

SILVA, Paulo Eduardo Alves da. *Resolução de Disputas: Métodos Adequados para Resultados Possíveis e Métodos Possíveis para Resultados Adequados*. In: SALLES, Carlos Alberto de; LORENCINI, Marco Antônio Garcia Lopes; SILVA, Paulo Eduardo Alves da (org.). *Negociação, Mediação, Conciliação e Arbitragem – Curso de Métodos Adequados de Solução de Conflitos*. Rio de Janeiro: Forense, 2019.

SILVA, Virgílio Afonso da. *Direitos Fundamentais – conteúdo essencial, restrições e eficiência*. 2ª Ed. São Paulo: Malheiros, 2011.

SIMÕES, Alexandre Palermo. *Mediação nos conflitos comerciais*. In: BRAGA NETO, Adolfo (org.). *Mediação Empresarial – experiências brasileiras*. São Paulo: CLA, 2019.

SOUZA, Luciane Moessa de. *Meios consensuais de solução de conflitos envolvendo entes públicos: negociação, mediação e conciliação na esfera administrativa e judicial*. Belo Horizonte: Fórum, 2012.

SOUZA, Luciane Moessa de. *Mediação de Conflitos envolvendo entes públicos*. In: SOUZA, Luciane Moessa de (coord.). *Mediação de conflitos – Novo paradigma de acesso à Justiça*. 2ª Ed. Santa Cruz do Sul: Essere nel Mondo, 2015.

SOUZA, Mara Freire Rodrigues de; BUENO, Flávia Scarpinella. *Mediação: uma solução adequada para os conflitos ambientais entre a Administração Pública e o administrado*. In: MOREIRA, Antonio Júdice; NASCIMBENI, Asdrubal Franco; BEYRODT, Christiana; TONIN, Maurício Morais. *Mediação e Arbitragem na Administração Pública*. São Paulo: Almedina, 2020.

STRAUS, Flávio Augusto Saraiva; FERNANDES, Guilherme Antonio de Almeida Lopes. *Linguagem, Violência e Cultura de Paz*. In: FREITAS JR., Antonio Rodrigues de; ALMEIDA, Guilherme Assis de (coord.). *Mediação & o novo Código de Processo Civil*. Curitiba: Juruá, 2018.

STRAUSS, Leo. *Direito Natural e História*. Tradução de Bruno Costa Simões. São Paulo: Martins Fontes, 2014.

SUPIOT, Alain. *Homo Juridicus – Ensaio sobre a função antropológica do Direito*. Tradução de Maria Ermantina de Almeida Prado Galvão. São Paulo: Martins Fontes, 2007.

TAKAHASHI, Bruno. *Desequilíbrio de poder e conciliação – o papel do conciliador em conflitos previdenciários*. Brasília: Gazeta Jurídica, 2016.

TARTUCE, Fernanda. *Técnicas de Mediação*. In: SILVA, Luciana Aboim Machado Gonçalves da (org.). *Mediação de Conflitos*. São Paulo: Atlas, 2013.

TARTUCE, Fernanda. *Mediação no Conflitos Civis*. 3ª Ed. São Paulo: Forense, 2016.

TARTUCE, Fernanda. *Mediação em Conflitos Contratuais e Indenizatórios*. In: NASCIMBENI, Asdrubal Franco; BERTASI, Maria Odete Duque; RANZOLIN, Ricardo Borges (org.). *Temas de Mediação e Arbitragem*. São Paulo: Lex, 2017.

TARTUCE, Flavio. *Direito Civil: Teoria Geral dos Contratos e Contratos em Espécie*, Vol. III Série de Concursos Públicos. São Paulo: Método, 2006.

TIMBÓ, Marcelo. *Introdução ao estudo dos Contratos*. Salvador: Edufba, 2019.

TIMM, Luciano Benetti; MAGALHÃES JÚNIOR, Danilo Brum de. *A Mediação pela Perspectiva da Análise Econômica do Direito*. In: NASCIMBENI, Asdrubal Franco; BERTASI, Maria Odete Duque; RANZOLIN, Ricardo Borges (org.). *Temas de Mediação e Arbitragem*. São Paulo: Lex, 2017.

TOMÁS DE AQUINO, São. *Suma Teológica – Tratado de Justiça – II Seção da Parte II*. Porto: Resjuridica, 2002.

TONIN, Maurício Morais. *Arbitragem, Mediação e Outros Métodos de Solução de Conflitos Envolvendo o Poder Público*. São Paulo: Almedina, 2019.

TONIN, Maurício Morais. *Mediação e Administração Pública: a participação como parte e como mediador de conflitos*. In: NASCIMBENI, Asdrubal Franco; BERTASI, Maria Odete Duque; RANZOLIN, Ricardo Borges. *Temas de Mediação e Arbitragem III*. São Paulo: Lex, 2019.

VALLE, Vivian Cristina Lima López. *O acordo administrativo entre o Direito Público e o Direito Privado: emergência de uma racionalidade jurídico-normativa público-privada?* In: OLIVEIRA, Gustavo Justino de. *Acordos Administrativos no Brasil*. São Paulo: Almedina, 2020.

VARGAS, Daniel Vianna. *A Mediação como instrumento de eficiência na Administração Pública, sob o prisma da Análise Econômica do Direito. In: PINHO, Humberto Dalla Bernardina de; RODRIGUES, Roberto de Aragão Ribeiro (coord.). Mediação e Arbitragem na Administração Pública. Santa Cruz do Sul: Essere nel Mondo, 2020.

VASCONCELOS, Carlos Eduardo de. Mediação de Conflitos e Práticas Restaurativas. 5ª Ed. São Paulo: Método, 2016.

VENOSA, Silvio de Salvo. Teoria Geral dos Contratos. São Paulo: Atlas, 1997.

VENOSA, Silvio de Salvo. Direito Civil – Parte Geral. São Paulo: Atlas, 2017.

VENOSA, Silvio de Salvo. Direito Civil 3º vol. – Contratos. 19ª Ed. São Paulo: Atlas, 2019.

VEZZULLA, Juan Carlos. Mediação, Teoria e Prática. Guia para utilizadores e profissionais. Lisboa: CEM, 2003.

VEZZULLA, Juan Carlos. Adolescentes, Família, Escola e Lei. A Mediação de Conflitos. Lisboa: Agora Comunicação, 2006.

WALD, Arnoldo. A Recente Evolução da Arbitragem no Direito Brasileiro. In: MARTINS, Pedro A. Batista; GARCEZ, José Maria Rossani. Reflexões sobre Arbitragem – In memoriam do Desembargador Claudio Vianna de Lima. São Paulo, LTR, 2002.

WARAT, Luis Alberto. Ecologia, psicanálise e mediação. In: WARAT, Luis Alberto (coord.). Em nome do acordo: mediação no direito. Buenos Aires: Almed, 1998.

WARAT, Luis Alberto. Surfando na Pororoca – O ofício do mediador. Florianópolis: Boiteux, 2004

WATANABE, Kazuo. Política Pública do Poder Judiciário Nacional para Tratamento Adequado dos Conflitos de Interesses. In: PELUSO, Antonio Cezar; RICHA, Morgana (coord.). Conciliação e Mediação: Estruturação da Política Judiciária Nacional. Rio de Janeiro: Forense, 2011.

WATANABE, Kazuo. Acesso a Ordem Jurídica Justa. Depoimento. Ano 12 nº 30. Rio de Janeiro: Cadernos FGV Projetos, 2017.

WATANABE, Kazuo. Acesso à Ordem Jurídica Justa (conceito atualizado de acesso à Justiça). Processos Coletivos e Outros Estudos. Belo Horizonte: Del Rey, 2019.

WEBB, Stuart G.; OUSKY, Ronald D. *O caminho colaborativo para o divórcio.* São Paulo: IBPC, 2017.

YAGHSISIAN, Adriana Machado; FREITAS, Gilberto Passos; CARDOSO, Simone Alves. *Mediação – Instrumento de Cidadania e Pacificação.* Santos: Universitária Leopoldianum, 2018.

ZAPPAROLLI, Celia Regina. *Políticas Públicas de Justiça e a Mediação de Conflitos Intra-familiares. In*: SALLES, Carlos Alberto de (coord.). *As Grandes Transformações do Processo Civil Brasileiro.* São Paulo: Quartier Latin, 2009.

ZAPPAROLLI, Celia Regina; KRÄHENBUHL, Monica Coelho. *Negociação, Conciliação, Mediação, Facilitação Assistida, Prevenção, Gestão de Crises nos Sistemas e suas Técnicas.* São Paulo: LTR, 2012.

ZARDO, Francisco. *Infrações e sanções em licitações e contratos administrativos.* São Paulo: Revista dos Tribunais, 2014.

POSFÁCIO

Um livro sistematizando as aplicações e os desafios da utilização da Mediação na Administração Pública era para lá de necessário. Afinal, Administração Pública, no Brasil especialmente, não é uma coisa simples. Ela está envolvida em enorme complexidade. Sua configuração organizacional e jurídica, com diversos níveis, sobreposições de competência, tipos e subtipos, além de inúmeras possibilidades de controle, direto e indireto, por órgãos públicos e pelos cidadãos, fazem dela um objeto de estudo tão fascinante quanto complicado. No que toca à Mediação, como se pode extrair desse breve quadro, destaca-se o elevado grau de conflituosidade da Administração contemporânea. A tarefa de escrever sobre esse tema, portanto, não é tarefa fácil.

Para se desincumbir dela, ninguém melhor do que Adolfo Braga Neto, um de nossos pioneiros da Mediação e, mais do que isso, um devotado batalhador por sua aplicação, divulgação e desenvolvimento. Quem já superou todas as barreiras para o reconhecimento dos méritos da Mediação está habilitado para mais esse desafio.

Esta obra vem, assim, em excelente hora e pelas melhores mãos possíveis.

As mudanças do Estado contemporâneo são inegáveis, goste-se pouco, muito ou nada delas. Para os estudiosos, o Estado, nos dias correntes, coloca-se como a esfinge da velha parábola grega: "decifra-me ou devoro-te".

Deixando de lado qualquer perspectiva crítica, possível a partir de posicionamentos ideológicos antagônicos, observa-se uma tendência ao encolhimento do tamanho do Estado, com proporcional aumento de sua capacidade regulatória. Em apertadíssima suma, o Estado contemporâneo busca instrumentalizar ações privadas para atingir objetivos que lhe são próprios. Para tanto, tem de colocar-se em uma situação de maior horizontalidade em relação aos particulares, de maneira a criar uma confiança legítima, indispensável para o incremento das práticas negociais que servem de base para essas novas formas de atuação estatal.

O chamado consensualismo na Administração Pública é uma significativa expressão desse tipo de transformação vivida pelo Estado. Esse conceito aponta para uma Administração Pública menos unilateral, capaz de gerar resultados por meio da negociação e realização de contratos com particulares. Com isso, há um enfraquecimento da envelhecida noção de supremacia do interesse público, preceito pautado no monopólio de a Administração (e o administrador!) defini-lo.

É nesse âmbito, das transformações do Estado e da Administração Pública, que se constata a importância deste trabalho de Adolfo Braga Neto. Afinal, a Mediação é poderoso mecanismo para propiciar a comunicação entre partes e para criar espaços de consenso em elas. Apresenta-se, assim, como um instrumento necessário para eficaz implantação da consensualidade na Administração Pública.

Esta obra, agora trazida a público, tem entre outras qualidades, o fato de, mesmo sem ter esse objetivo, apresentar questões complexas de maneira bastante didática. Esse didatismo se deve à especial capacidade de síntese do autor, reunindo em categorias analíticas simples os elementos essenciais de seu objeto de estudo.

Exemplo disso é a apresentação da própria Mediação. O texto traz ao leitor seu conceito apresentado a partir de três eixos, a saber, o do processo, o dos participantes e o do mediador. *Touché*! Estão aí os elementos essenciais para compreensão desse instituto. De fato, fundamental compreender como esse mecanismo se desenvolve, quais são suas características básicas. Fundamental, também, saber como se dá a inserção dos participantes na sua dinâmica e quais devem ser as bases pelas quais um terceiro, o mediador, ajuda a partes a construir uma solução.

Outro bom exemplo, no mesmo sentido, é o modo pelo qual o autor apresenta ao leitor as várias formas pelas quais a Administração Pública pode estar envolvida em Mediação. Daí a fórmula "na, com a, da", isto é, Mediação no contexto interno da Administração, envolvendo-a como parte e aquela propiciada por ela para terceiros.

É verdade, pode-se pensar a Mediação servindo de instrumento naqueles casos nos quais a Administração age com poder decisório, podendo envolver órgãos internos, agentes ou simples interessados em determinada decisão administrativa.

De igual maneira, deve-se destacar a Administração na posição de mediada, ou seja, participando da Mediação em busca de satisfação para um interesse próprio, ainda que este incorpore um "interesse público", em sentido lato. Nesta modalidade, "com a", pode-se tratar de litígios contratuais ou mesmo questões de exponencial conflituosidade, como envolvendo interesses de grupos específicos em face da Administração ou mesmo de setores regulados.

Por fim, a Administração pode atuar como verdadeira provedora de serviços de Mediação para utilização pelos administrados, na função de pacificação social, de eliminação de conflitos. Nesse sentido, a denominação Mediação "da" Administração.

Cabe destacar, por outro lado, a centralidade dada pelo autor ao papel do contrato na definição e viabilização da Mediação. Embora admita um peculiar hibridismo na natureza do instituto, aponta o contrato como uma de suas características essenciais, elemento constitutivo de sua definição. Acerta o autor também nesse ponto.

De fato, saber como as partes se submetem ao procedimento de Mediação é uma questão fundamental. Com a evidente ressalva de que as partes não estão obrigadas a chegar a um acordo, sem um instrumento a vinculá-las a participar da Mediação, sua efetividade resta seriamente prejudicada. Há necessidade de um consenso de base quanto à obrigatoriedade de sua instauração.

Nesse ponto, o paralelo, mesmo de *lege lata*, com a arbitragem é inevitável. Como naquela, a Mediação pode ser contratada – ou convencionada – por meio de cláusula em um contrato ou de um pacto em separado, quando for relativa a um conflito que já houver eclodido. É o que a Lei nº 9.307/1996 denomina, em relação à arbitragem, de cláusula compromissória e compromisso arbitral (arts. 4º e 9º), modalidades da convenção de arbitragem (art. 3º). Mesmo a Lei de Mediação (nº 13.140/2015) não tendo trazido disciplina legal semelhante, sua aplicação pode ser retirada das normas gerais de contrato.

Importante, de qualquer forma, a observação quanto à conveniência de a Mediação ser estabelecida em bases contratuais. O contrato coloca em bases mais claras o caráter consensual do instituto, impulsiona uma decisão mais bem informada das partes quanto à escolha do método, permite definições procedimentais importantes e uma clara definição de participantes com suficientes poderes para transacionar. Tudo isso, projetado para o âmbito da Administração Pública e do contrato administrativo, tem ainda renovada repercussão e levanta questões específicas.

Sem querer repetir o que já foi dito, de maneira mais percuciente e extensiva pelo autor, são esses pontos que se entendeu cabíveis neste posfácio, sem prejuízo de outros tantos que devem ter chamado a atenção do leitor. O objetivo aqui perseguido foi o de propiciar ao leitor, de maneira singela, a algumas diretrizes para compreensão e discussão do texto.

Ficam registrados os renovados parabéns ao autor pelos resultados alcançados com esta obra e o incentivo ao leitor para debater as importantes questões nela tratadas.

Carlos Alberto de Salles
Professor Associado da Faculdade de Direito da Universidade de São Paulo (USP) e Desembargador do Tribunal de Justiça de São Paulo (TJSP)

Conheça outros títulos da Editora CL-A sobre Mediação e temas conexos

- *Mediação: uma experiência brasileira*, de Adolfo Braga Neto (1ª edição 2017, 2ª edição revisada e ampliada 2019)
- *Mediação Familiar: a experiência da 3ª Vara de Família do Tatuapé*, organizado por Adolfo Braga Neto (2018)
- *Justiça Juvenil Restaurativa e novas formas de solução de conflitos*, de Karyna Batista Sposato e Luciana Aboim Machado Gonçalves da Silva (2018)
- *Mediação e o Reconhecimento da Pessoa*, de Guilherme Assis de Almeida (2019)
- *Mediação Empresarial – experiências brasileiras*, organizado por Adolfo Braga Neto (2019)